Ellen Ismail
Sudaniya – Frauen aus Sudan

P H
V

Ellen Ismail

Sudaniya

Frauen aus Sudan

Peter Hammer Verlag

Ellen Ismail *promovierte in Ethnologie, Afrika-
nistik und Anglistik an der Universität zu Köln. Sie
lebte fast 30 Jahre im Sudan, arbeitete als Dozentin
an der Universität Khartum und als Beraterin für
nationale und internationale Organisationen in der
Entwicklungshilfe. Außerdem engagiert sie sich seit
Jahren ehrenamtlich besonders für die Belange
sudanesischer Frauen und Kinder. Die Autorin ist
mit dem Musikethnologen Mahi Ismail verheiratet.
Das Ehepaar hat drei Kinder und sieben Enkel.
Die Familie lebt in Deutschland, Sudan und Großbritannien.*

*Bilgiz gewidmet
und den Frauen, die durch ihre Verdienste den Fortschritt
des Sudan unterstützen.*

Vollständig überarbeitete Neuausgabe des Titels
Frauen im Sudan von Ellen Ismail, Peter Hammer Verlag GmbH,
Wuppertal 1999.

Die Fotos stammen aus dem Besitz der Familie Ismail.
Redaktion: Charlotte Pichelmann

Aus Rücksicht auf die bessere Lesbarkeit wird die weibliche
Schreibform nicht konsequent angewendet.

Umschlag: Magdalene Krumbeck unter Verwendung
eines Fotos von Ellen Ismail
Satz: Graphium press
Druck: CPI – Clausen & Bosse, Leck
ISBN 978-3-7795-0203-6
www.peter-hammer-verlag.de

Inhaltsverzeichnis

Politik und Empowerment

Teil 2

Gespräche mit sudanesischen Frauen
1989/99

Ethnische Karte von Sudan / © Ellen Ismail

Vorwort

Das vorliegende Buch ist eine stark überarbeitete und erweiterte Neuauflage der 1989 erschienenen ersten Publikation *Frauen im Sudan*, die ich gemeinsam mit meiner Co-Autorin Maureen Makki in englischer und deutscher Sprache verfasst habe. 1999 folgte eine weitere Publikation mit damaligen aktuellen Themen. Die jetzige Neuauflage setzt sich aus dem Grundwissen der beiden oben genannten Publikationen zusammen und befasst sich zusätzlich mit aktuellen Themen und Befragungen. Das Buch ist durch langjähriges in der Praxis erworbenes Wissen im afro- arabischen Raum allmählich gewachsen. Ich habe im Sudan über 30 Jahre mit meinem sudanesischen Ehemann gelebt. Unsere drei Kinder sind im Sudan aufgewachsen. Sie leben heute im Sudan, in England und Deutschland. Unsere Enkel leben im Sudan und in Deutschland.

Die im vorliegenden Buch 2007/08 durchführten Interviews weisen auf eine vorteilhafte Entwicklung der Frauen und Mädchen im Sudan hin. Es zeigt sich zwar, das abseits der Boom-Town Khartum der Sudan noch immer ein Entwicklungsland ist. Trotzdem besitzen Frauen und Mädchen der neuen Generation mit einem erweiterten Horizont mehr Möglichkeiten. Größtenteils durch das Ergebnis von aktiven und produktiven Beiträgen der Frauen selbst, unterstützt durch erweiterte Bildung, wirtschaftliche Unabhängigkeit und das dadurch erlangte Selbstvertrauen. Das wird besonders von den Männern der jüngeren Generation anerkannt und respektiert.

Der erste Teil dieses Buches gewährt faszinierende Einblicke in eine fast unbekannte und oft unverständliche Kultur und Gesellschaft. Wichtige Hintergrundinformationen zu den Themen gesellschaftliche Stellung und Rolle der sudanesischen Frauen, Bildung, Politik und Empowerment, Religion und Menschenrechte werden ausführlich erläutert.

Der zweite Teil befasst sich mit einfühlsamen Befragungen und den Aussagen von Frauen. Langjährige Freundschaften zu einigen Befragten und persönliche Kenntnis der sudanesischen Kultur machten die Interviews möglich. Frauen aus verschiedenen Gesellschaftsschichten sprechen offen und ohne Tabus über ihre Einstellung zur Polygamie, Religion, weiblichen Beschneidung, Heirat und Ehe, Scheidung und Witwenschaft, Bildung und Zukunft. Die geschilderten Themen sind typisch für den Wirkungskreis der Mehrzahl der Frauen.

Jede befragte Frau entschied sich selbst, über welche der Themen sie sprechen wollte. Die Frauen wurden über die Veröffentlichung der Interviews informiert. Sie waren damit einverstanden. Einige baten um das fertige Manuskript vor der Veröffentlichung und gaben dann ihre Zustimmung. Die Namen und biografischen Daten wurden auf Wunsch geändert. Obgleich einige der befragten Frauen keine Einwände gegen eine Veröffentlichung ihrer korrekten Daten hatten, hielt ich es für besser, in Anbetracht der traditionellen Gesellschaft im Sudan aus ethischen Gründen das Vertrauen meiner Gesprächspartnerinnen nicht zu beanspruchen. Ähnlichkeiten mit anderen sudanesischen Frauen sind zufällig und nicht beabsichtigt. Die veröffentlichen Fotos zeigen nicht die befragten Frauen, sondern Frauen in ähnlichen Situationen. Einige der Interviews mit Frauen, die keine oder wenig formale Bildung hatten, sind sehr kurz. Diese Frauen sind es nicht gewöhnt, sich auszudrücken und über sich selbst zu sprechen. Sie akzeptieren ihre Lebensumstände fraglos, ungeachtet der Härte. Man kann jedoch das Leben dieser Frauen nicht objektiv betrachten. Meine persönliche Erfahrung hat mich gelehrt, dass die mit unseren „westlichen" Augen gesehenen weniger glücklichen Frauen geistig entspannter sind und sich an den kleinen Annehmlichkeiten des Lebens mehr erfreuen als viele Frauen, die alle gesellschaftlichen und wirtschaftlichen Vorteile genießen.

Ich habe absichtlich den Stil der arabischen und englischen Übersetzung so wiedergegeben, wie es nach dem Original möglich war. Ich wollte die eigene Art des Ausdrucks der Frauen sprechen lassen.

Die arabischen Termini werden in einem alphabetischen Glossar am Ende dieses Buches übersetzt und erklärt.

Das Glossar erklärt im Text vorkommende sudanesische Termini in arabischer Umschrift nach der vereinfachten englischsprachigen Vorlage von Sudan Notes and Records.
Der Kern der Aussage jeder Frau ist gleichzeitig Überschrift ihres persönlichen Interviews.

Für die Leserin und den Leser ist es aufschlussreich, die aktuellen Interviews (2007/8) mit den Befragungen von 1990/99 zu vergleichen. Es fällt auf, dass trotz der sich inzwischen anbahnenden Modernität nach westlichem Vorbild die Frauen gewisse Muster ihrer traditionellen Kultur nicht missen wollen.

Ich danke meinen sudanesischen Freundinnen, die mich durch ihre Informationen unterstützt haben. Vor allem danke ich allen Frauen, die mir Einsicht in ihr persönliches Leben gaben und erlaubten, ihre Aussagen zu veröffentlichen.

Besonders herzlich danke ich Charlotte Pichelmann, die durch Kritik und Anregungen die redaktionelle Arbeit hervorragend und mit großer Geduld ausgeführt hat.

Ich hoffe, mit diesem Buch mehr Verständnis für Frauen weltweit und vor allem für Sudanesinnen zu gewinnen. Möge diese Erkenntnis das kulturelle Bewusstsein der Leserin und des Lesers erweitern.

Ellen Ismail
Sommer 2008

Einleitung

Bilad As-Sudan – Land der Schwarzen

Die Republik Sudan (*bilad as-Sudan* = Land der Schwarzen) ist seit 1956 ein unabhängiger Staat. Das Land ist etwa so groß wie die Europäische Union. Es ist ein Vielvölkerstaat mit vielen kulturellen, ethnischen und religiösen Unterschieden. Die heutigen Grenzen wurden am Ende der Kolonialzeit im 19. Jahrhundert festgelegt. Ohne Rücksicht auf kulturelle Unterschiede der Volksgruppen und existierende Königreiche. Differenzen in der gesellschaftlichen Entwicklung innerhalb des flächenmäßig größten Landes Afrikas mit etwa 40 Millionen Einwohnern bleiben nicht aus.

Die Klima- und Vegetationszonen wie auch die Bevölkerung und Kultur sind eine Miniatur Afrikas. Aufgrund dieser Konstellation ist die Bevölkerung ein Konglomerat, bestehend aus Schwarzafrikanern im Süden und hellhäutigen Sudanesen im Norden. Die Mehrheit der Sudanesen ist eine Vereinigung aus beidem. Sudanesen sind entweder traditionelle Hirten, Bauern und Fischer oder Handwerker, Händler und moderne Stadtmenschen, Intellektuelle und Wissenschaftler, die mit den letzten modernen Errungenschaften vertraut sind.

Die Lebensader bildet das Flusssystem des Nil, das das Land vom Süden zum Norden durchdringt. Die Nilbewohner im Norden (Shaiqiya, Ja'aliyin) sowie die Nachkommen der Nubier (Danagla, Mahas, Sukkot) sind sehr stolze Menschen. Sie halten sich für die Herren des Bodens und Träger einer antiken Hochkultur (B. Streck, Sudan, 2007). Sie sehen auf die Bauern und Nomaden aus dem Westen (Kabbabish, Bedeiriya u.a.) und Osten (Hadendawa, Beja u.a.) und aus dem Süden (Dinka, Nuer u.a.) herab. Ehen innerhalb der gleichen Volksgruppe werden auch heute noch bevorzugt, das gilt besonders für die Nilbewohner (*awlad al bahr*) im Norden.

Es wurde bisher nicht erreicht, einen einheitlichen Nationalstaat zu bilden. Ein jahrelanger Bürgerkrieg zwischen dem Nord-

und Südsudan wurde zwar durch das Friedensabkommen 2005 beendet, doch bei den Interviews mit Frauen aus dem Norden und dem Süden werden die Probleme deutlich, die durch die politischen und kulturellen Unterschiede entstehen. Die heutigen Unruhen im Westen und Osten beruhen teilweise auf Marginalisierung des Staates was diese ländlichen Gebiete angeht. Vom Staat angestrebte Bildung und Gesundheit für alle Sudanesen konzentriert sich bisher hauptsächlich auf die Stadtbevölkerung. Die in den Städten fortschreitende Modernisierung und Weiterentwicklung hat die Landbevölkerung bisher kaum erreicht. Nicht jedes Dorf verfügt über eine Grundschule. Weiterbildende Schulen und medizinische Versorgung existieren nur in größeren Gemeinden und Städten. Eine positive Entwicklung macht sich aber seit Jahren bei jungen Städtern stark bemerkbar. Besonders junge ehrgeizige Frauen und Mädchen nutzen ihre Chancen. In weiterbildenden Schulen und an den Universitäten sind Studentinnen oft in der Mehrzahl. Mädchen sind strebsamer als Jungen. Sie wissen, nur mit einem gehobenen Bildungsstand können sie einen einträglichen Beruf erlangen und dadurch ihre gesellschaftliche und wirtschaftliche Situation verbessern. Zusätzlich werden Frauen und Mädchen erstmalig, angesichts der bedauernswerten wirtschaftlichen Situation für die Mehrheit der Bevölkerung, von ihren Familien angehalten und unterstützt, sich weiterzubilden. Das zu erwartende zusätzliche Einkommen ist für die Familie unentbehrlich. Mädchen und Frauen erlangen infolgedessen Ansehen und eine gewisse Unabhängigkeit.

13

Teil 1

Gesellschaft und Idealverhalten – Kulturwandel

Soziale Stellung der Frau zwischen Tradition und Moderne

Im Spannungsfeld zwischen Tradition und Moderne steht heute ganz besonders die soziale Stellung der Frauen im Sudan.

Männer sind in der sudanesischen Gesellschaft dominierend, auch in den Familien. Zumindest soll das für den Außenstehenden den Anschein haben. Dies gilt nicht nur für den islamischen Teil des Landes, sondern für den ganzen Sudan. In der Dominanz der männlichen Bevölkerung sind nur unmerkliche kulturelle Unterschiede zwischen Stadt- und Landbevölkerung, Nomaden und Sesshaften, Muslimen, Christen und Atheisten spürbar. Kulturen sind gekennzeichnet durch Volksgruppen und Familienverbände. Dies hat einen auffälligen Einfluss auf die Lebensführung der Sudanesen. Die Vielehe ist nicht nur bei den Muslimen, sondern auch bei Christen und Atheisten verbreitet, selten jedoch bei den städtischen Intellektuellen.

Ein auffälliges Merkmal ist die Geschlechtertrennung. Der öffentliche Bereich ist die Domäne der Männer. Haus und Hof ist der Lebensbereich der Frauen. Bestimmte Einschränkungen und Verhaltensweisen sind beiden Geschlechtern auferlegt, sollten sie den jeweils andersgeschlechtlichen Bereich betreten.

Traditionelle muslimische Frauen sollten nicht unnötig das Haus verlassen – und wenn, dann nie ohne Begleitung und sei es nur mit einem Kind. Frauen sollten keine Unterhaltung mit fremden Männern führen. Außerhalb des Hauses sollten sie über dem Kleid den traditionellen *tob* (Umhang) tragen und sich an die muslimische Kleiderordnung halten. Es wird von der Ehefrau erwartet, sich für ihren Mann attraktiv zu halten, treu und gehorsam zu sein und seine Familie zu respektieren. Gegenüber Fremden soll sie freundlich, aber zurückhaltend sein. Frauen sind zwar überwiegend ans Haus gebunden, doch Frauen und Mädchen auf dem Land müssen ihre Familie mit Wasser, Brennholz und Nahrung versorgen und sind aus diesem Grund gezwungen, Haus und Hof zu verlassen.

Außerdem übernehmen sie einen großen Teil der Landwirtschaft und Versorgung von Kleinvieh.

Durch die Geschlechtertrennung sind auch die Männer in ihrer Freiheit eingeschränkt. So sollte ein nicht zum engeren Familienkreis gehörender Mann niemals den Frauenteil des Hauses (Harem) betreten. Er darf den Harem nur betreten, wenn er persönlich von dem Familienoberhaupt dazu aufgefordert wurde. In den meisten Fällen kommt die Hausfrau zur Begrüßung eines männlichen Gastes in den Männerteil des Hauses. Sie begrüßt den Gast und zieht sich wieder zurück. Die dem Gast danach angebotenen Speisen und Getränke werden entweder von einem Hausangestellten oder einem Jungen der Familie gebracht, selten von einem Mädchen. Nur in sehr progressiven Familien setzt sich die Frau gemeinsam mit ihrem Mann oder einem anderen männlichen Familienmitglied zu einem männlichen Gast und unterhält sich mit ihm. Der Verhaltenskodex verbietet es, dass sich eine Frau allein mit einem fremden Mann in einem geschlossenen Raum aufhält. Nach einer offiziellen Verlobung darf das Paar gemeinsam ins Kino gehen, ein öffentliches Lokal besuchen oder sich im Haus der Braut treffen. Das junge Paar sollte jedoch immer zu sehen sein. Auf die Einhaltung der traditionellen Geschlechtertrennung wird am strengsten in den Städten des Nordens und in den im Niltal nördlich von Khartum lebenden Familien geachtet. Aber auch dort ist das gesellschaftliche Leben der Geschlechter getrennt: Frauen leben und kommunizieren unter Frauen und Männer unter Männern. Interaktionen zwischen den Geschlechtern folgen einem bestimmten Muster und sind begrenzt.

Einen niedrigen Status hat eine junge Frau, die nach der Ehe im Haushalt ihrer Schwiegermutter wohnt. Sie steht nicht nur unter der Autorität ihrer Schwiegermutter, sondern auch ihrer Schwägerinnen. Ihr Einfluss kann nur indirekt über ihren Mann erfolgen. Unstimmigkeiten mit der Schwiegermutter sind die Regel, denn auch die ältere Frau möchte den Einfluss auf ihren Sohn nicht verlieren. Nur wenn die junge Frau eigene Kinder bekommt, besonders Söhne, wird ihr Status in der Familienhierarchie steigen.

Wenn sudanesische Frauen älter werden – besonders nach der Menopause – gewinnen sie an Status. Sie erlangen relative Freiheit und eine gewisse Macht. Alte Frauen haben großen Einfluss auf Familienereignisse. Sie sind Urheberinnen der weiblichen Genitalverstümmelung. Großmütter sind Bewahrerinnen der Tradition und der Rituale. Eine ältere Frau erlangt außerdem gewisse männliche Sonderrechte. Sie kann unbegleitet einkaufen gehen. Sie kann Tee und Kaffee in der Öffentlichkeit trinken. Sie darf rauchen. Sie kann allein lange Reisen antreten, um ihre Verwandten und Freundinnen zu besuchen.

Generell wird die muslimische Sudanesin die islamischen Gesetze hinsichtlich Ehe, Scheidung und Kindersorgerecht ohne zu zweifeln anerkennen. Auch nichtmuslimische Sudanesinnen akzeptieren die traditionellen Normen und Werte. Insbesondere Frauen aus den ländlichen Gebieten unterwerfen sich voll und ganz den Regeln der traditionellen Gesellschaftsordnung. Den modernen westlichen Einflüssen sind vorwiegend gebildete Sudanesinnen ausgesetzt und damit beginnt die Hinterfragung vieler Traditionen.

Ehemalig lebten wohlhabende Städterinnen aus konservativen Familien in wirtschaftlicher Abhängigkeit, in gesellschaftlicher Abgeschlossenheit und oft in konservativer Untätigkeit. Ein Wandel zu weniger Abhängigkeit macht sich auch hier bemerkbar. Zwangloser können sich heute Frauen bewegen, die aus wirtschaftlichen Gründen ihr Haus verlassen. Sie machen selbstständig ihre Einkäufe und arbeiten außerhalb ihres Hauses in unterschiedlichen Berufen. Land- und Nomadenfrauen leben traditionell weder abgeschlossen noch untätig. Sie sind Arbeitspartnerinnen ihres Mannes und erlangen dadurch eine gewisse wirtschaftliche Unabhängigkeit. Nomadenfrauen zum Beispiel übernehmen 67% der täglichen Arbeiten.

Die Emanzipation junger gebildeter Frauen ist nicht aufzuhalten. Dabei ist der westliche Einfluss nicht allein richtungsweisend, sondern die Frauen beziehen sich wie viele jungen Menschen in den islamischen Ländern wieder auf ihre eigenen Wurzeln und versuchen, von daher eine Modernisierung anzustreben. Es wäre daher falsch, Vergleiche mit den Ergebnissen der Frauenemanzipation in Europa und den USA anzustellen. Evaluierung der Sozialstruktur und der Lebensbedingungen nach westlichem Muster führt zu Missverständnissen. Verschiedenartige Ausgangspositionen und gesellschaftliche Entwicklungen während der letzten Jahrhunderte erlauben keinen Vergleich. Nicht ohne Grund hat der islamische Fundamentalismus unter jungen Sudanesinnen so viele Anhängerinnen. Die Mehrzahl der gebildeten Frauen – ob religiös oder eher weltlich eingestellt – ist nicht länger bereit, ohne Vorbehalt Genitalverstümmelung, Isolation in der Gesellschaft, Polygamie und Heirat mit einem unbekannten Mann zu akzeptieren. Bildung, Berufstätigkeit und dadurch wirtschaftliche Unabhängigkeit sind ihre Hauptziele. Immer mehr Frauen erkämpfen sich ihren Platz in der Gesellschaft. Durch Freundschaften, wechselseitiges Besuchen und gegenseitige Unterstützung entwickeln Frauen einen starke Solidarität. Manche schließen sich zu Verbänden zusammen, andere machen sich einen Namen im Bereich der Kunst oder Politik.

Der Kulturwandel bewegt sich in zwei Richtungen: in die Moderne westlicher Prägung und in die Revitalisierung der Tradition. Die Revitalisierung der Tradition ist eine Transformation der Tradition, denn Revitalisierung bringt Neues und selektiert aus dem Überlieferten. Die modernen westlichen Wert- und Lebensvorstellungen erschütterten die Identität der Sudanesen und führten zur Entwurzelung besonders der jungen Menschen. Diese Entwurzelung, das überhebliche Auftreten des Westens sowie der oft negative Einfluss der westlichen Staaten haben dazu beigetragen, dass sich auch westlich-demokratisch gebildete Sudanesen wieder auf die eigene Kultur und Tradition besinnen. Sie erhoffen dadurch eine Wiedererlangung der eigenen Identität. Besonders ausgeprägt macht sich das bei den Muslimschwestern bemerkbar. Sie stützen sich auf den Islamischen Fundamentalismus, der seinen Ursprung in Ägypten hat. Die besondere Kleidung der Muslimschwestern – Kopftuch, langer Rock, Bluse mit langen Ärmeln – prägen das Bild der Städte. „Wir wollen nicht wie unsere westlichen Schwestern vermarktet werden", ist eine der Aussagen junger Frauen.

Seit mehreren Jahren macht sich daher besonders im Nordsudan eine sich ausdehnende Bewegung unter jungen Sudanesen bemerkbar. Die islamischen Fundamentalisten, die ein Zurück zu den orthodoxen islamischen Gesetzen verlangen, gewinnen immer mehr Anhänger unter jungen Menschen beiderlei Geschlechts. Zuerst schlossen sich Schüler und Schülerinnen aus Oberschulen diesem Wechsel an, danach fanden sich immer mehr Anhänger unter den Studenten und Studentinnen. Heute sind fast alle Schlüsselpositionen in Politik, Wirtschaft und Bildung in den Händen der islamischen Fundamentalisten.

Die Familie

Für Sudanesen ist die Herkunft wichtig. Die Mehrzahl kennt ihren Stammbaum und weiß, aus welcher Linie die Familie stammt. In kleinen Dorfgemeinden sind fast alle Bewohner gleicher Abstammung. In den Städten sind Bürger ganzer Stadtteile miteinander verwandt. Da sich alle kennen, wird der Einzelne sehr stark durch seine Umwelt kontrolliert. Durch das übliche regelmäßige gegenseitige Besuchen, besonders der Frauen untereinander, werden Nachrichten und Klatsch sehr schnell verbreitet. Die Meinung der anderen, besonders bestimmter Personen, bestimmt die Handlungen vieler Sudanesen. Es wird Wert darauf gelegt, dem Ruf der Familie nicht zu schaden. Von den Familienmitgliedern wird erwartet, sich an die Normen und Werte der Gesellschaft zu halten. Die Familie gilt als Einheit. Innerhalb des Familienkreises ist die Mutter die dominierende Persönlichkeit. Die Mutter wird geschätzt und geliebt. Zwischen den Frauen innerhalb der Familie besteht eine starke Bindung. Streitigkeiten dürfen nicht an die Öffentlichkeit gelangen. Es wird eher vorgezogen, einen kranken oder arbeitsunwilligen Verwandten zu unterstützen, als dessen Frau und Kinder dem Gerede der Nachbarn preiszugeben. So hat manch gut verdienender Sudanese nicht nur seine Frau und seine Kinder zu ernähren, sondern zusätzlich Verwandte.

Mehr als Zweidrittel der sudanesischen Gesellschaft ist islamischen Glaubens. Das patrilokale und patrilineare System ist vorherrschend. Nur die gesellschaftliche Identifikation des Vaters ist wichtig. Einzig die patrilineare Abstammung gibt Status. Nur die Söhne haben das Recht auf Erbschaft. Töchter erben zwar auch nach dem muslimischen Recht Schari'a, doch ist es ein vergleichsweise kleiner Teil des Erbes. Großzügige Väter und Ehemänner schenken daher ihren Töchtern und Ehefrauen je nach wirtschaftlichen Verhältnissen Geld, Gold, Haus und Landbesitz. Die Geschenke können die Frauen selbst verwalten und darüber verfügen.

Söhne sind wichtig für das Weiterbestehen und die Erweiterung des Patriarchats; denn Töchter gehören zwar ihr Leben lang zur Familie des Vaters – sie behalten auch nach der Ehe den Namen ihres Vaters – aber sie können die väterliche Linie nicht fortführen. Ihre Kinder gehören zur Abstammungslinie des Ehemannes. Frauen können daher nur durch ihre Söhne Einfluss auf die patriarchalische Herkunft des Ehemannes gewinnen.

Aufgrund des Erbrechts ziehen Familien es vor, dass Ehen innerhalb der Großfamilie vollzogen werden. Wünschenswert für einen Mann ist daher die Ehe entweder mit der Tochter des Vaterbruders *bint'amm* oder mit einer Kusine väterlicherseits. Bei den städtischen Ober- und Mittelschichten sind Ehen mit einer Frau die Regel. Polygamie ist selten. Auf dem Lande und bei der ärmeren Stadtbevölkerung ist Polygamie noch üblich, da die Frauen zum Familieneinkommen beitragen. Doch nicht nur Muslime haben mehrere Frauen. Auch Männer, die der christlichen oder einer traditionellen afrikanischen Religion angehören, sind oft mit mehreren Frauen gleichzeitig verheiratet. Männer der gebildeten Mittelschicht heiraten aus mehreren Gründen nicht mehr als eine Frau gleichzeitig. Einerseits können sie sich aus wirtschaftlichen Gründen mehrere Frauen nicht leisten, andererseits verliert ein gebildeter Mann sein Ansehen in der Gesellschaft. Außerdem lieben die meisten Ehemänner ihre Frauen oder sie respektieren sie zumindest als Mütter ihrer Kinder. Männer sind auch bequem, sie wollen ihr Familienleben durch Scheidung oder eine zweite Frau nicht stören. Anders ist es, wenn eine Frau keine Kinder bekommen kann. Sie muss entweder eine Zweitfrau akzeptieren oder mit einer Scheidung rechnen.

Sudanesische Muslime haben eine sehr klare Definition in der Abstammungsterminologie und den gefühlsmäßigen Verbindungen. *Agriba* sind die Blutsverwandten und *nasaba* die angeheirateten Verwandten. Die Blutsverwandten werden wiederum unterteilt in: ‚*asaba*, Verwandte väterlicherseits, und j*ahma*, Verwandte mütterlicherseits. Die Verwandten der Mutter werden als *khal* klassifiziert und die des Vaters als *'amm*. Die *'amm* Verwandten werden

Junge Mädchen aus Omdurman

Großmutter mit Töchtern und Enkeln

von den Kindern mit Respekt behandelt. Die Verbindung ist sehr formal. Es ist eine Widerspiegelung des Verhaltens gegenüber dem Vater. Verbindungen mit nahen Verwandten der Mutter sind normalerweise unkomplizierter. Das Mutter-Kind-Verhältnis ist sehr eng. Wenn ein Kind Trost braucht, dann wird es sich gewöhnlich an die Verwandten mütterlicherseits – die *khal*-Gruppe – wenden.

Die Mutter besetzt eine emotionale, zentrale Stellung. Sie ist die Vertraute der Jungen und Mädchen. Sie hat eine zentrale Rolle in der Kultur. Sie spielt, lacht und singt mit ihren Kindern. Die Kinder kommen zu ihr mit ihren Freuden und ihren Sorgen. Der Vater wird von den Kindern geliebt und verehrt. Aber sie behandeln ihn mit Scheu. Die Beziehungen sind eher zurückhaltend.

Von Kindheit an nehmen die Mädchen an einer Intergenerationen-Welt gemeinsam mit der Mutter, den Großmüttern und Tanten teil. Die Jungen müssen sich im Alter von zehn bis zwölf Jahren aus dem Kreis der Mutter lösen. Sie schließen sich dann zu gleichaltrigen Gruppen zusammen. Freundschaften, die sich in dieser Zeit bilden, halten oft ein Leben lang und gegenseitiges Unterstützen in fast allen Lebenslagen wird voneinander erwartet.

Obgleich die Söhne zum engen Kreis der Mutter nur bis zur Pubertät gehören, so ist der Einfluss der sudanesischen Frauen auf ihre Söhne sehr groß. Die Mutter spielt auch eine entscheidende Rolle bei der Wahl der Schwiegertochter. Söhne sind nicht nur erwünscht, weil sie die Kontinuität der Familie garantieren, sondern durch Söhne gewinnt eine Frau an Ansehen und Macht. Trotzdem wünscht sich eine Frau auch Töchter, denn durch sie hat sie Hilfe im Haushalt und vor allem auch Gesellschaft. Das Mutter-Tochter-Verhältnis ist meistens sehr eng. Eine Tochter wird fast immer bei der Geburt ihres Kindes in das Haus ihrer Mutter zurückkehren und dort mindestens 40 Tage zur Rekonvaleszenz bleiben.

Die Familie ist für die Sudanesen ein „Reservoir". Hier verbinden sich wirtschaftliche Unterstützung, politischer Einfluss, Sozialhilfe und Sicherheit. Das Verwandtschaftsbündnis bringt eine komplizierte Interaktion von wechselseitigen Pflichten und Rechten mit sich. Es garantiert ein Netzwerk der Unterstützung des Einzelnen in allen Lebenslagen. Dieses Bündnis wird durch gegenseitige informelle Besuche und sporadische Gefälligkeiten am Leben gehalten. Zu besonderen Anlässen – Hochzeiten, Beerdigungen, Beschneidungen und islamische Feste – sind alle Familienmitglieder verpflichtet, zu erscheinen und beizusteuern.

Die Ehre der Familie *sharaf* muss beschützt und verteidigt werden. Die Ehre eines weiblichen Familienmitglieds wird bestimmt durch die sexuelle Rechtschaffenheit und Keuschheit, die nicht nur vom Vater und den Brüdern beschützt und verteidigt wird, sondern auch von allen männlichen Familienmitgliedern väterlicherseits. Die Sittsamkeit der Frau und die Ehre des Mannes *karama* sind von äußerster Wichtigkeit für jede Familie. In Zusammenhang mit diesem Ehrenkodex haben Brüder Autorität über ihre Schwestern. Dies gilt auch, wenn die Mädchen älter sind als ihre Brüder.

Heirat und Ehe

Traditionelle Ehen im Sudan sind auch heute noch vereinbarte Eheschließungen. Das Familienoberhaupt, meistens der älteste Mann, teilt die Männer und Mädchen im heiratsfähigen Alter einander zu. Normalerweise geschieht dies mit Einwilligung der Partner. In besonderen Fällen kann ein Mann den Wunsch äußern, ein bestimmtes Mädchen aus der Familie oder außerhalb der Familie heiraten zu dürfen. Dieser Wunsch wird dem Familienoberhaupt zugetragen, das, falls es zustimmt, um das Mädchen anhalten lässt. Im islamischen Norden des Sudan werden immer noch Heiraten innerhalb der Großfamilie vorgezogen. Die Südsudanesen dagegen, die vorwiegend Christen oder Anhänger traditioneller afrikanischer Religionen sind, heiraten selten innerhalb der Großfamilie. Sie ziehen Ehen zwischen Mitgliedern der gleichen Volksgruppe vor.

Eheschließungen nach obigem Muster sind bei konservativen Sudanesen immer noch üblich. Junge Leute haben zwar heute mehr Möglichkeiten, sich beim Studium oder am Arbeitsplatz zu treffen, doch ohne Zustimmung der Familie können sie nicht heiraten. Sudanesen glauben, dass Ehen ohne Zustimmung der Eltern unglücklich werden. Bevor jedoch die Eltern die Zustimmung zur Heirat geben, werden von beiden Seiten Erkundigungen über den Leumund der zukünftigen Ehepartner und über ihre Familien eingezogen. Die soziale und wirtschaftliche Stellung des zukünftigen Ehemannes ist dabei wichtig, ebenfalls der ethnische Ursprung und der moralische Ruf. Kein Vater, besonders aus der Mittel- oder Oberschicht, wird es erlauben, dass seine Tochter unter ihrer sozialen Stellung heiratet. Dem Mann ist es jedoch erlaubt, eine Frau mit niedrigem Status zu heiraten, da die Frau durch die Heirat automatisch die soziale Stellung des Ehemannes erhält. Vorgezogen werden jedoch Partner mit gleichem Hintergrund, um die soziale Stellung der Nachkommen nicht zu gefährden.

Eine Partnerwahl oder Liebesheiraten nach westlichem Muster sind sehr selten. Wenn sich junge Leute entschließen zu heiraten, müssen sie dennoch das System der Familienentscheidung durchlaufen. Der größte Teil der Sudanesen bezweifelt den Erfolg einer nur auf Liebe aufgebauten Ehe. Eltern akzeptieren die Neigung zu einer Liebesheirat eher bei einem Sohn als bei einer Tochter. Der gute Leumund eines Mädchens wird behütet und soll bewahrt werden. Geht ein Mädchen eine Liebesbeziehung ein und es kommt nicht zur Heirat, so ist nicht nur der Ruf des Mädchens geschädigt, sondern auch der Ruf ihrer Eltern, Geschwister und der ihrer Verwandten bis zum dritten Grad. Voreheliche Liebesbeziehungen zwischen den Geschlechtern werden gleichgesetzt mit sexuellen Beziehungen und daher als *aib* (Schande) bezeichnet.

Im Islam gelten voreheliche Beziehungen für Männer und Frauen als Sünde. In kleinen Gemeinden und Dörfern, in denen jeder jeden kennt, wird in der Regel das Gebot der Enthaltsamkeit beachtet. Die städtische Bevölkerung hingegen erwartet dies nur von Frauen und Mädchen. Heute wird zwar kaum noch die öffentliche Keuschheitsprüfung am Hochzeitstag eines Mädchens vorgenommen, aber es wird erwartet, dass die Braut als Jungfrau in die Ehe geht. Eine entjungferte Braut kann vom Ehemann sofort verstoßen werden. Die Jungfräulichkeit steht in gewisser Hinsicht auch in Verbindung mit der Genitalverstümmelung von Mädchen.

Im Süden des Sudan leben vorwiegend Ackerbauern und Rindernomaden. Bei den Ackerbauern sind Ehen nicht sehr gefestigt. Scheidungen können leicht vollzogen werden. Die Rindernomaden indessen halten schon aus wirtschaftlichen Gründen an einer einmal geschlossenen Ehe fest. Der hohe Brautpreis, welcher in Rindern geleistet werden muss, ist ein Grund dafür. Bei einer Scheidung fordert der Ehemann den Brautpreis zurück. Ehebruch und Scheidung ziehen daher große wirtschaftliche Konsequenzen nach sich. Zweck der Ehe ist vor allem das Fortbestehen der Familie. Vorherrschend sind die Großfamilie und die Polygamie. Fast jeder Mann im Südsudan hat zwei Frauen, selten mehr. Die Polygamie gilt als Familienplanung, da die Frau während der Stillzeit vom Mann nicht berührt werden darf. Die Stillzeit beträgt etwa zwei Jahre. Hervorgerufen durch die hohe Kindersterblichkeit im Sudan sind viele Kinder erwünscht. Mindestens vier Kinder wünschen sich die meisten Sudanesen. Je mehr Kinder eine Frau hat, desto größer sind ihr Ansehen und ihre Macht. Eine Frau ohne Kinder wird oft verstoßen. Für die Mehrzahl der Frauen sind Kinder der Hauptgrund für eine Ehe.

Die nach traditioneller Ordnung geschlossenen Ehen, das heißt, vereinbarte Ehen innerhalb der Abstammung, sind relativ dauerhaft. Dafür gibt es Gründe. Das Wesentliche in der ehelichen Gemeinschaft ist gegenseitiger Respekt und Reziprozität der Partner. Von einem guten Ehemann erwartet die Frau, dass er verantwortlich, freundlich und großzügig ist. Ebenfalls erwartet sie von ihm Respekt gegenüber ihrer Familie. Sie wünscht sich, dass er ihr treu bleibt. Von seiner Frau erwartet der Mann, dass sie ihn bedient oder Angestellte dazu anhält. Sie soll das Haus in Ordnung halten und sich nach den üblichen Normen verhalten. Die Gesellschaft erwartet von einem Ehemann, dass er seine Frau bestraft, wenn sie sich nicht an die Normen hält. Doch zunächst muss er eine Beschwerde über seine Frau dem Vater oder Vormund der Frau vortragen. Ein Mann, der seine Frau schlägt, verliert sein Ansehen in der Gesellschaft. Die Frau, die Prügel akzeptiert, verliert ihre Würde.

Scheidung

Eine Scheidung ist für beide Partner von Nachteil. Beide verlieren an gesellschaftlichem Ansehen. Eine geschiedene Frau hat ein niedriges Ansehen in der Gesellschaft. Trotzdem verlangen heute viele junge, vor allem gebildete Frauen die Scheidung. Das ist ein neues gesellschaftliches Phänomen.

Normalerweise werden geschiedene Frauen wieder von ihren Familien aufgenommen. Sie fallen dann unter den Schutz ihres Vaters oder der männlichen Verwandten. Die *Schari'a* im Sudan legt fest, dass Jungen bis zum 7. Lebensjahr und Mädchen bis zum 12. bei der Mutter bleiben dürfen. Danach werden sie dem Vater zugesprochen. Doch in den meisten Fällen bleiben die Kinder bei der Mutter, die fast immer zu ihrer Familie zurückkehrt. Der Vater der Kinder kommt seinen gesetzlich festgelegten finanziellen Unterstützungen oft nicht nach, sodass die Familie der geschiedenen Frau die ganze finanzielle Belastung zu tragen hat. Deshalb wird eine Frau alles daran setzen, durch Arbeit sich und ihre Kinder zu ernähren. Eine Frau mit beruflicher Ausbildung wird Arbeit finden, doch die Mehrzahl der geschiedenen Frauen hat Schwierigkeiten, ein ausreichendes Einkommen für sich und ihre Kinder zu schaffen. Frauen ohne formale Bildung versuchen durch Imbissstände auf dem Markt oder Verkauf von selbst hergestellten Nahrungsmitteln sich und ihre Kinder zu ernähren. Einige Frauen, besonders die aus dem südlichen Sudan, brauen Bier und verkaufen es. Da das in der *Schari'a* verboten ist, enden sie oft im Gefängnis oder werden öffentlich geprügelt. Viele Frauen arbeiten daher als Dienstmädchen oder sogar als Prostituierte; Letzteres ist ebenfalls von der *Schari'a* verboten.

Die Mehrzahl der Frauen setzt alles daran, ihre Ehe zu erhalten. Sie fügen sich den Wünschen ihres Mannes und verhalten sich entsprechend den Erwartungen der Gesellschaft. Auch Männer versuchen, eine Scheidung zu verhindern, jedoch aus anderen Gründen. Der finanzielle Faktor spielt dabei eine große Rolle. Geht die Scheidung vom Ehemann aus, so kann er das Brautgeld nicht zurückverlangen. Für seine neue Frau muss er aber wieder Brautgeld an die Eltern der zukünftigen Ehefrau zahlen. Brautgeld kann dem sozialen Status entsprechend sehr hoch sein. Außerdem werden sich die Eltern der zukünftigen Braut sehr genau erkundigen, weshalb eine Scheidung stattgefunden hat. Ein brutaler Mann oder ein Alkoholiker wird kaum eine seinem sozialen Status entsprechende Frau finden. Männer dieses Niveaus heiraten daher oft Frauen mit einem niedrigeren gesellschaftlichen Status, oder eine Frau, die nicht den sozialen Rückhalt ihrer Familie hat.

Gebildete geschiedene Frauen haben keine Probleme, eine entsprechende berufliche Tätigkeit zu finden. Sie sind daher wirtschaftlich unabhängig und selbstsicher. Sie können sich frei im Kreis ihrer Freunde und Bekannten bewegen. Oft sind sie froh über die Freiheit und die Unabhängigkeit, die sie durch die Scheidung erhalten haben. Doch nur starke Frauen können sich der Kritik der traditionellen Gesellschaft widersetzen.

Witwen

Eine muslimische Witwe muss vier Monate und zehn Tage nach dem Tode ihres Mannes in völliger Isolation leben. Dem islamischen Gesetz folgend, soll festgestellt werden, ob die Witwe noch ein Kind des Verstorbenen erwartet. Dieses Kind würde dann noch zu der Familie des Mannes gehören und erbberechtigt sein. In dieser Isolationszeit ist es der Witwe nicht erlaubt, Schmuck zu tragen, sich mit Henna zu schmücken und zu parfümieren. Sie trägt einen weißen *tob* (Umhang) und sollte auf einer Strohmatte schlafen. Während der Trauerperiode sind ihre Töchter oder andere weibliche Verwandte ständig bei ihr. Am Ende der Trauerperiode besucht die Witwe das Grab ihres Mannes, und wenn sie zu den Nil-Arabern gehört, wird sie eine rituelle Waschung im Nil vornehmen. Nach der Trauerperiode kann die Witwe wieder heiraten.

Ältere Frauen heiraten meistens nicht wieder. Sie tragen den weißen *tob* als Zeichen der Trauer ein Leben lang. Gewöhnlich behalten Witwen ihren eigenen Haushalt, oder sie ziehen zu einem ihrer erwachsenen Kinder. Jüngere Witwen kehren mit ihren Kindern häufig in das Haus ihres Vaters zurück. Eine neue Ehe bringt oft Probleme für die Witwe mit Kindern. Die Familie ihres verstorbenen Mannes wird die Kinder verlangen, da sie nach dem traditionellen Gesetz dort hingehören. Die Mutter der Kinder hat dann eine schwere Entscheidung zu treffen: Entweder sie heiratet wieder und verliert ihre Kinder an die Familie ihres verstorbenen Mannes, oder sie bleibt ihr Leben lang Witwe. Witwen werden von der sudanesischen Gesellschaft respektiert, wenn sie die traditionellen Normen und Werte beachten, die von ihnen bestimmte Verhaltensweisen verlangen: Zurückgezogenheit und Ehrbarkeit.

Menschenrechtsverletzungen

Ausbeutung von Frauen und Mädchen

Tausende von Mädchen werden jedes Jahr weltweit gegen ihren Willen in Bordelle gebracht. Allein in Asien lebt etwa eine Million Mädchen unter sklavenähnlichen Bedingungen als Prostituierte. Oftmals sind es die Eltern selbst, die ihre Töchter an Bordellbesitzer verkaufen. Hauptursachen sind in der Regel die große Armut der Familien und die geringe Wertschätzung von Mädchen.[1] Im Sudan wird Prostitution verleugnet, man spricht nicht darüber. Es ist aber bekannt, dass sich besonders mittellose Frauen und Mädchen aus den städtischen Randgebieten (Slums) aus Geldnot verkaufen.

Unter finanzieller und oft auch sexueller Ausbeutung leidet eine weitere Mädchengruppe: die Dienstmädchen. Schon in sehr jungen Jahren müssen oft 12- bis 14-jährige Mädchen in fremden Haushalten arbeiten. Dies ist nicht nur in Lateinamerika und Asien üblich, sondern auch im Sudan bekannt. Die Mädchen müssen nicht nur jederzeit ihrer Herrschaft zur Verfügung stehen und werden nicht nur sehr schlecht bezahlt, sondern sie sind oftmals auch sexuellen Übergriffen der Herren des Haushalts ausgesetzt. Für ihre Familien sind diese Mädchen oft die einzige Einnahmequelle. Manchmal haben die Mädchen Glück und werden in den Familienverband ihrer Arbeitgeber aufgenommen. Sie bleiben dann jahrelang bei der gleichen Familie und halten auch später noch Kontakt. Es ist bewiesen, dass sudanesisch-arabische Milizen in den Bürgerkriegen im Südsudan (der 2002 beendet wurde) und jetzt ebenfalls in Darfur Dörfer überfallen, die Männer töten, Frauen und Mädchen gefangen nehmen und als „Dienstmädchen" verkaufen.[2]

---

1   UNICEF „Fortschritt der Nationen" 1998
2   Mende Nazer, Sklavin – authentischer Lebensbericht, 2002

Gewalt gegen Frauen und Mädchen

Gewalt gegen Frauen und Mädchen hat viele Gesichter. Körperliche Gewalt gegen Frauen und Mädchen beinhaltet unter anderem Vergewaltigung, Prügel, Inzest, Mädchenhandel und Prostitution sowie weibliche Genitalverstümmelung. Bisher liegen sehr wenige Daten über Gewalt gegen Frauen und Mädchen aus den afro-arabischen Ländern vor. Der Grund ist die Verleugnung der Tatsachen.

Das Prügeln wird mit dem Islam gerechtfertigt. Prophet Mohammed hat dagegen in zahlreichen Überlieferungen (*Hadith*) darauf hingewiesen: „Schlagt, doch wisst, dass die Besten unter euch nicht schlagen!" und weiterhin: „Seid ihr fähig, eure Frauen wie Sklaven zu schlagen und ihnen nachts beizuschlafen?" Der ägyptische Soziologe Ali Din-Essayed erklärt, dass das islamische Recht (*Schari'a*) die Prügelstrafe zumindest in ihrem Ausmaß einschränkt: „Peitsche und Stock sind von der *Schari'a* verboten und auch Hiebe ins Gesicht oder auf den Kopf. Nur ein leichter Schlag mit einem Stöckchen oder einem geknoteten Taschentuch ist erlaubt. Außerdem sieht die *Schari'a* Schläge erst als dritte Stufe in der Bestrafungsskala der ungehorsamen Ehefrau vor. Die erste ist das sachliche Ermahnen, die zweite das Fernbleiben des Mannes vom Ehebett bis zu sechs Monaten."

Für den Sudan sind keine offiziellen Informationen vorhanden. Doch dass Inzest und Gewalt gegen Frauen und Mädchen auch ein, wenn auch verdecktes, Thema ist, wurde bei dem 8. Al Bugaa-Festival[3] in Khartum im April 2008 klar. Das Festival wurde von dem momentan wohl berühmtesten sudanesischen Künstler, dem Choreographen und Musiker Stephen Ochalla, eröffnet. Es greift die brisantesten Themen Afrikas auf: Völkermord, Gewalt gegen Frauen, Hunger. Die Freizügigkeit der Texte ist für sudanesische Verhältnisse ungeheuerlich und schockierte das Publikum – die Frauen mehr als die Männer. Diese Enthüllungen weisen auf eine erstaunliche Entwicklung hin. Über Themen, die sich mit Frauen befassten, wurde seit der Übernahme der Militärregierung Bashir (1989), die eng mit der National Islamic Front (NIF) zusammenarbeitet, kaum gesprochen.[4] Im Gegenteil, neue für Frauen negative Gesetze wurden erlassen (Women living under Muslim Law,

1990)[5]. Zuerst traf es die Kleiderordnung. Muslimische Frauen müssen sich nach der islamischen Kleiderordnung richten. Die Mehrzahl der muslimischen Sudanesinnen trägt daher die heute allgemein in modernen islamischen Ländern übliche Kleidung: langer Rock, Bluse mit langen Ärmeln und Kopftuch. Frauen, die weiterhin den traditionellen *tob* (langes um Körper und Kopf gewundenes Tuch) tragen, werden nicht behelligt. Unterdessen hat sich die strenge Kleiderordnung gelockert. Auch weite Hosen mit einem langen Oberteil, wie in Pakistan üblich, werden von jungen Mädchen gern getragen. Die Kopfhaare müssen jedoch immer verdeckt sein. Für mutige Mädchen bietet sich auch ein elegant aus dem Schleier drapierter Turban an.

Am härtesten treffen die neuen Gesetze Frauen, die Alkohol herstellen oder sich als Prostituierte betätigen. Dies trifft besonders Vertriebene aus den südlichen und westlichen Regionen des Landes. Sie brauen Marisa, ein lokales Bier, das im Süden und teilweise im Westen ein übliches „Nahrungsgetränk" für die ganze Familie ist. Werden sie beim Verkauf des Bieres überführt, können sie entweder ein Geständnis unterschreiben und müssen schwören, dass sie diese Zuwiderhandlung nicht wiederholen, oder sie werden öffentlich mit bis zu 20 Stockschlägen bestraft oder, im schlimmsten Fall, erhalten sie Gefängnisstrafen. Die Frauen kennen ihre Rechte nicht und sind oft Bestechungen unterworfen und werden auch von Polizisten missbraucht. Überdies werden Frauen, die ihren Lebensunterhalt als Straßenhändlerinnen verdienen, schikaniert und manchmal geschlagen. Es wird ihnen vorgeworfen, dass sie den Kleinhandel dazu benutzen, um Unmoral und Prostitution zu verbergen. Frauen, die trotz Verwarnung den Kleinhandel fortsetzen, werden von der Polizei verhaftet und sofort einem Richter vorgeführt. Diese Gesetze sind zwar noch immer in Kraft. Sie werden aber seit einiger Zeit eher locker gehandhabt.

---

3   Aus: FAZ, 11. April 2008
4   Nada Mustafa, Political Islam and the Status of Women,
Case of the Sudan 1989–95, UNESCO Seminar, Hamburg 1995
5   Dies.

Weibliche Genitalverstümmelung/Beschneidung[6]

Selten hat die westlichen Industrienationen in den letzten Jahren etwas so erschüttert wie die Erkenntnis, dass Genitalverstümmelung an Frauen und Mädchen in 25 Ländern in Asien, Nahost und vorwiegend in einigen Ländern Afrikas noch heute praktiziert wird. Weltweit sind schätzungsweise fast 130 Millionen Frauen und Mädchen davon betroffen. Die drei häufigsten Formen sind[7]:

Typ I: Klitoridektomie, von Muslimen „Sunna" (Tradition) genannt, die mildeste Form – Amputation eines Teils oder der ganzen Klitoris. Blutungen werden durch Druck oder eine kleine Naht gestoppt.

Typ II: Exzision – die häufigste Form – die vollständige Amputation der Klitoris und der kleinen Schamlippen. Blutungen werden durch eine Naht beendet.

Etwa 85 Prozent aller Frauen werden diesen Methoden unterzogen.

Typ III: Infibulation (im Sudan „Pharaonische Beschneidung" genannt) – die extremste Form: die Klitoris, die kleinen und großen Schamlippen werden amputiert. Die Vulva wird zusammengenäht und/oder zusammengedrückt, indem die Beine des Mädchens zusammengebunden werden, bis die Wunde verheilt ist. Diese extreme Art wird nur bei Frauen am Horn von Afrika und einigen Teilen Sudans noch immer durchgeführt.

Im Sudan ist die weibliche Genitalverstümmelung für viele Betroffenen keine „barbarische Sitte" aus grauer Vorzeit. Vor allem bei älteren Frauen hat sie hohe Wertschätzung, selbst wenn sie Schmerzen und Opfer erfordert. Ähnlich wie ein sich zum Islam bekennender Mann beschnitten sein muss, sind nach Auffassung breiter Volksschichten im Sudan auch die Frauen zur Beschneidung verpflichtet. Eine *higsa* (Unreine/Nichtbeschnittene) genießt einen

---

6 Female Genital Mutilation/Cutting = FGM/C
7 Nahid Toubia: Female Genital Mutilation, A Call for Global Action, Rainbo New York, 1995

schlechten Ruf. Die Mehrzahl der Sudanesen wissen nicht, dass Muslimfrauen in anderen islamischen Ländern nicht beschnitten sind. Sie bringen die Beschneidung der Frau mit einer kulturellen Forderung des Islam in Verbindung. Es existiert aber keine Sure im Koran, die sich mit diesem Thema beschäftigt. Die Frauen beziehen sich auf den *Hadith*, die schriftliche Überlieferung des Propheten. Im *Hadith* soll der Prophet der Hebamme Umm Atiya geraten haben, „nicht mit Gewalt zu schwächen" (keine zu großen Eingriffe vorzunehmen). Diese Worte sollen angeblich von der Pharaonischen Beschneidung abraten und eine Empfehlung zu einer leichteren Operation (*Sunna*) sein.

Die Beschneidung der Mädchen und Jungen wird überwiegend im Sudan vor Schulbeginn im Alter zwischen 5 und 6 Jahren durchgeführt. Für die Kinder war es bisher ein großes gesellschaftliches Ereignis. Sie standen im Mittelpunkt eines großen Festes und bekamen viele Geschenke. Die Atmosphäre des Festes und die Riten in Verbindung mit der Beschneidung erzeugten ein Feld der Kommunikation, das ohne Zweifel von großer Wichtigkeit für die Kinder war und ihr soziales Zugehörigkeitsgefühl untermauerte. Kleine Mädchen, deren Eltern die Beschneidung verneinten, hatten große Schwierigkeiten unter Gleichaltrigen. Sie wurden in der Schule von Mitschülerinnen gehänselt. Sie baten ihre Eltern um die Beschneidung. Sie wollten nicht anders sein als ihre Freundinnen. Progressiv denkende Mütter schreckten nicht vor einer Scheinbeschneidung zurück, um ihre Töchter von dem seelischen Druck zu befreien. Heute werden kaum noch große Feste für dieses Ritual gefeiert. Vor allem bei den gebildeten Sudanesen ist es mittlerweile bekannt, dass FGM/C eine barbarische Sitte ist, mit vielen negativen Folgen für Frauen und Mädchen. Doch althergebrachte Vorstellungen über die Sexualität und die Rolle von Frauen sind die Faktoren, die die Fortführung des Brauches begünstigen. Das Verhaltensmuster – sichtbar und gefühlsmäßig – folgt jahrhundertealten Praktiken. Verwandte, Nachbarinnen, Freundinnen – alle nehmen an der Zeremonie teil. Das Mädchen wird mit *arusa* (Braut) angeredet. Das ist ein Hinweis auf die zukünftige Rolle der Mädchen. Für die meisten Mädchen ist das Ritual ein einschneidendes und traumatisches Erlebnis, das ihre ganze zukünftige Entwicklung beeinflusst. Die chirurgischen Einzelheiten der Operation unterscheiden sich wesentlich. Es hängt alles von der Handfertigkeit der ausführenden Person und von den Wünschen der Eltern ab.

Die „Pharaonische Beschneidung" – Infibulation – wurde von der britischen Kolonialverwaltung im Sudan 1946 verboten. Dennoch wird sie noch immer, wenn auch die „mildere" Art, praktiziert. Nach einer wissenschaftlichen Untersuchung, die 1982 von Dr. Asma Dareer im Nordsudan durchgeführt wurde, waren zu der Zeit fast 100 Prozent der nordsudanesischen Frauen davon betroffen. Trotz der Bekämpfung von FGM/C im Sudan seit den 70iger Jahren durch Sudanesinnen und Sudanesen, wie zum Beispiel Mitgliedern der Badri-Familie von der Ahfad University for Women, sind nach Analysen und Studien von der Leiterin Dr. Bilgiz Badri (BBSAWS),[8] in den letzten 30 Jahren nicht die erhofften Erfolge erzielt worden. Dr. Bilgiz Badri sagte kürzlich: „Es arbeiten auch mehrere muslimische Frauenorganisationen gegen FGM/C im Sudan. Es besteht zwar wenig Zusammenarbeit, aber auch keine Feindseligkeit untereinander. Es existieren einige Bemühungen seitens der sudanesischen Regierung. Aber weibliche FGM/C hat weder Staatspriorität noch Vorrang in der Tagesordnung. Daher sind die Wirkungen unserer Bemühungen nicht groß, aber es sind Fortschritte zu verzeichnen. Eine politische Verpflichtung ist notwendig, um eine schnelle Änderung zu erreichen. Durch normale befürwortende Bemühungen wird nichts erreicht. Wenn die meisten Menschen unter Krieg, Armut, Krankheit leiden, dann wird nur die Elite davon profitieren, die Elite in allen Teilen des Sudan – aber nur die aufgeklärte Elite!" Männer und deren Meinungsbildner – religiöse und politische – wurden bisher nicht ausreichend mit einbezogen.

Es ist noch ein langer Weg, bis alle Mädchen auf dieser Welt von diesem unmenschlichen Ritual verschont bleiben. Die schwerwiegendsten Gründe sind:
• Weibliche Genitalverstümmelung ist verbunden mit dem gesellschaftlichen Wertesystem

---

8   Ahfad University for Women, Omdurman/Sudan

- es ist ein Ritual, das tiefe Gefühle und seelische Reaktionen bewirkt
- die Ausübenden (Hebammen usw.) haben kein alternatives Einkommen
- es fehlen immer noch ausreichende Informationen, es mangelt an Aufklärung und Bildung für die betroffenen Menschen
- es ist in den meisten Ländern kein politischer Tatbestand/ Thema

Während eines Seminars der Weltgesundheitsorganisation (WHO) im Sudan 1979 wies Frau Awatif Osman, Leiterin des Schwestern-kollegs in Omdurman, daraufhin, dass die leichteste Art der Be-schneidung, die Sunna, die gesetzlich nicht verboten sei und bisher zur Ausbildung der Hebammen gehörte, nunmehr aus dem Unter-richtsplan gestrichen werde.

Das von den Vereinten Nationen unterstützte Inter-Afrika-Komitee gegen gefährliche traditionelle Praktiken an Frauen und Kindern wurde 1984 in Dakar gegründet. 24 afrikanische Staaten sind mittlerweile Mitglied im IAC. Regelmäßige Seminare, die in Khartum, Nairobi, Kairo und Peking stattfanden, halten die Mit-glieder über Maßnahmen und Resultate auf dem Laufenden. Der Sudan ist ein aktives Mitglied dieses Komitees. Progressive Frauen und Männer aus Ministerien und dem privaten Bereich – hier un-ter anderem die Babiker Badri[9] Familie, Hawa-Gesellschaft, Entis-har Charity Society[10] und SNCTP[11] – kämpfen seit über 30 Jahren gegen FGM/C. Ein weit gefächertes Programm bearbeitet SNCTP unter der Leitung der energischen Dr. Amna Abdel Rahman Has-san. Sie ist außerdem 2. Vorsitzende vom Inter-African Commitee on Traditional Practices Affecting the Health of Women and Child-ren (IAC). Zum Programm des SNCTP gehört nicht nur FGM/C, sondern gehören auch Verhinderung von Zwangsehen und Frühe-hen, häufige Schwangerschaften, Ernährungstabus für schwangere

9   Ahfad University for Women, Omdurman
10   Community Empowerment Program, Abandonment of FGM/M Zweig von TOSTAN Senegal
11   Sudan National Commitee on Traditional Practices

Dr. Amna Abdel Rahman in ihrem Büro

Frauen und Kinder, Gewalt gegen Frauen, Gesichtnarben und Tätowierung. Zielgruppen für die Aufklärung der betroffenen Frauen und Mädchen sind: Entscheidungsträger und Meinungsführer, Verantwortliche von Religionsgemeinschaften und Gemeinden, Frauen- und Jugendorganisationen, Personal des Gesundheitswesen, Lehrer, Sozialarbeiter und Jugendliche. Dr. Amna hat es erreicht, die Öffentlichkeit und die Medien in ihre Kampagnen mit einzubeziehen. Ihr wurde ein Ministerposten angeboten, den sie ablehnte mit der Begründung, „dann könne sie sich nicht mehr frei äußern und ungehindert arbeiten". Laut der letzten veröffentlichten FGM/C-Statistik (1990) waren etwa 89% Frauen und Mädchen davon betroffen, ausgenommen die Südprovinzen. Dr. Amna ist überzeugt, dass die jetzige sich noch in Arbeit befindliche Statistik positiver ausfallen wird. Sie meint, dass es trotz der Überzeugungsarbeit, unterstützt durch Videos und Plakate, noch viele Jahre dauern wird, bis dieses schreckliche Ritual beseitigt ist, da es Teil der sudanesischen Kultur ist. Laut UNICEF-Statistik 2000-2006 sind noch immer 90% Frauen zwischen 15–49 Jahren davon betroffen, (Stadt: 92%, Land: 88%) Eine positive Entwicklung ist jedoch bei den heutigen Kindern zu verzeichnen. Die UNICEF-Statistik spricht von Studien, die zwischen 2000–2006 durchgeführt wurden. Sie besagen, dass im Sudan „nur noch" 58% der Töchter diese Tortur erleiden müssen.

Fatima Ahmed Ibrahim, Gründerin und Präsidentin der unter dem jetzigen Regime im Sudan verbotenen Sudanese Women's Union und Kämpferin für Menschenrechte, sagte vor einiger Zeit auf einem Kongress: „Das Analphabetentum der Frauen zu bekämpfen, ist im Moment wichtiger als der Kampf gegen die weibliche Genitalverstümmelung. Nur durch Alphabetisierung und Aufklärung der Frauen kann gegen diesen Brauch erfolgreich vorgegangen werden." Fatima Ahmed Ibrahim hat mit ihrer Aussage recht, denn nur bei gebildeten Frauen ist ein Rückgang zu verzeichnen. Frauen mit wenig oder ohne formale Bildung sind bereit, ihre Töchter zu verschonen, sofern sie entsprechend informiert und belehrt werden.

Der Sudan kann auf die längste Vergangenheit im Kampf gegen die FGM/C zurückblicken. Die englische Kolonialverwaltung er-

Flyer gegen Beschneidung der Ahfad Universität

richtete 1921 ein Institut für die Ausbildung von Hebammen und 1943 wurde ein Medizinerkomitee von dem damaligen General-gouverneur ins Leben gerufen, um das Problem zu untersuchen. Das Ergebnis war eine Broschüre in englischer und arabischer Sprache – unterstützt von religiösen Anführern – in der dargelegt wurde, dass Infibulation grausam und gefährlich sei und abgeschafft werden sollte. Die Kampagne wurde durch Presse und Rundfunk verbreitet.

Diese Initiative zeigte jedoch wenig Wirkung, sodass die Regierung 1946 die Infibulation per Gesetz verbot. Das Ergebnis war, dass die Eltern ihre teilweise noch sehr kleinen Mädchen schnell genital verstümmeln ließen, bevor das Gesetz in Kraft treten konnte. Dadurch entstanden zahlreiche ernsthafte medizinische Komplikationen, die teilweise zum Tode führten. Unter dem Gesetz wurden Hebammen, die Infibulation praktizierten, mit bis zu sieben Jahren Gefängnis bestraft. Als die erste Hebamme verhaftet wurde, kam es zu Unruhen, sodass das Gesetz geändert werden musste und nur wenige gerichtliche Verfolgungen stattfanden.

Die Worte eines sudanesischen Richters aus den 50er-Jahren sind heute noch bezeichnend:

„... Es muss daran gedacht werden, welche Risiken es mit sich bringt, wenn ein neues Gesetz mit harter Anwendung eingeführt wird, ohne die Bevölkerung rechtzeitig vorzubereiten ... keine gesellschaftliche Reform kann angemessene und gerechte Wirkung durch ein Gesetz erreichen, besonders, wenn dieses Gesetz durch Fremdherrschaft auferlegt ist ... der normale, bescheidene, verschämte sudanesische Mann, zu dessen angeblicher Befriedigung Frauen diese Operation in Heimlichkeit ausüben, wird es nicht tolerieren, dass seine weiblichen Verwandten ins Gefängnis geworfen oder bestraft werden für etwas, das ihre Ahnen schon seit tausend Jahren durchführten, ohne daran gehindert zu werden ... der einzige erfolgreiche Weg, um diesen schlechten und grausamen Brauch auszurotten, ist durch Aufklärung und Bildung zu erreichen, und zwar von Männern und Frauen gleichermaßen."

Nach letzten Informationen hat die sudanesische Regierung 2008 eine Strategie ausgearbeitet, die vorsieht, FGM/C bis zum Jahr 2018 zu beenden. Ein Gesetz wurde entworfen, das sich aber erst im Anfangsstadium befindet.

Es ist leider Tatsache, dass sich Töchter von Migrantinnen und Migranten aus den oben genannten Gebieten in ihrem Gastland oder bei Besuchen in ihren Herkunftsländern der traditionellen FGM/C unterwerfen müssen. Einige westliche Länder, unter anderen Kanada, Australien, England, USA, Schweden, Frankreich, haben deshalb Maßnahmen entwickelt und durchgeführt, die zur Aufklärung der Mütter und Väter und über Verbote des Brauches im Gastland informieren. In Deutschland war das Vorhandensein dieser Praktiken kaum bekannt oder wurde einfach nicht zur Kenntnis genommen. Erst durch die 4. Weltfrauenkonferenz in Peking 1995 wurde das Thema weltweit aufgegriffen. Heute befassen sich mehrere deutsche Organisationen, zum Beispiel PROSAD, INTREGA, FORWARD Germany, mit der Bekämpfung von FGM/C in Deutschland, teilweise mit Unterstützung des Bundesministeriums für wirtschaftliche Zusammenarbeit. In Paris wurde Anfang 1999 zum ersten Mal eine Frau aus Mali zu einer längeren Gefängnisstrafe verurteilt. Sie hatte zahlreiche FGM/C-Operationen an Töchtern aus Migrantenfamilien in Frankreich durchgeführt. Die Eltern der Mädchen bekamen Gefängnisstrafen auf Bewährung. In Schweden wurde ein Vater aus Somalia verurteilt, da er auf FGM/C seiner Tochter bestanden hatte. Es ist leider eine Tatsache, dass Männer und deren Meinungsbildner – religiöse und politische – bisher nicht ausreichend mit einbezogen wurden.

Einstellung der Religionen zu FGM/C

Da FGM/C hauptsächlich an muslimischen Frauen und nur an wenigen Christinnen, Jüdinnen und anders Gläubigen praktiziert wird, besteht fälschlicherweise die Annahme, dass FGM/C vom Islam verlangt wird. In islamischen Gemeinden in Ägypten und im Sudan wird die Verstümmelung der weiblichen Genitalorgane unter dem Vorwand der Solidarität mit religiösen Prinzipien praktiziert. Dabei ist den meisten nicht bekannt, dass in vielen arabischen Ländern wie z.B. Saudi Arabien – der Wiege des Islam – der Brauch nicht üblich ist. Auch in den islamischen Ländern Algerien, Marokko, Libyen, Tunesien, Kuwait, Jordanien und den östlichen Mittelmeerländern sowie im Irak, Iran und der Türkei ist FGM/C nicht üblich. Es gibt keine Basis für irgendeine religiöse Vorschrift, die Genitalverstümmelung der weiblichen Geschlechtsorgane anordnet. Dr. Hassan M. Hatout von der medizinischen Fakultät der Universität von Kuwait, dessen Ansichten mit Dr. Ali Abdul Moneim, Professor für Islamisches Recht an der Universität Kuwait, übereinstimmen, sagt Folgendes: Es ist nicht richtig zu behaupten, dass Genitalverstümmelung an weiblichen Geschlechtsorganen Tradition (Sunna) im Islam ist. Nur die männliche Beschneidung ist eine Tradition, die vom Propheten Abraham übernommen wurde und bis heute auch bei den Juden durchgeführt wird.

Während ein allgemeiner Konsens bei Muslimen und Juden über die männliche Beschneidung herrscht, der sich auf die Gebote Gottes an Abraham bezieht, existiert keine klare Definition für weibliche Beschneidung. Die oft angegebene Anweisung von Prophet Mohammed an die traditionelle Hebamme Um Atteya, in der er gesagt haben soll, „verringere, aber zerstöre nicht", wird als unzuverlässig und nicht authentisch angezweifelt. Der Mufti des Sudan hatte schon 1946 klar bekannt gegeben, dass die Worte › Verschönerung‹, ›vorzugsweise‹ und ›empfehlenswert‹ keine Verpflichtung bedeuten[12]. Ein Scheich der Al Azhar Universität in Kairo appellierte: „Der Islam ehrt besonders die Mädchen, morgen sind sie Frauen und danach Mütter. Wenn Mädchen im Islam so wichtig sind, weshalb sollten Eltern dann ein Körperteil der Mädchen – wie es bei der Beschneidung der Fall ist – ohne gesundheitliche Gründe entfernen lassen?"

Während eines Workshops über traditionelle Bräuche in Nairobi 1985 sagte Scheich Dr. Abdel Rahman Al Naggar unter anderem Folgendes: „Der Heilige Koran erwähnt nicht ein einziges Mal die Beschneidung von Mädchen, obgleich er immer wieder auf Sachverhalte verweist, die Frauen betreffen, wie zum Beispiel: Schwangerschaft, Geburt, Stillen, Ehe, Scheidung, Menstruation." Der Vertreter der christlichen Religionen, Dr. Maurice Assad von der Koptischen Kirche Ägyptens, sagte auf dem gleichen Seminar: „Der christliche Glaube entsagt der weiblichen Beschneidung, und zwar nicht nur, weil sie in der Bibel nicht erwähnt wird – auch nicht in den Hebräischen und Griechischen Schriften (Altes und Neues Testament) – sondern auch, weil es eine schreckliche und unmenschliche Handlung ist."

Wie kann weibliche FGM/C verhindert werden?

Im Nordsudan, in Somalia und Djibouti, Regionen, in denen die Infibulation in höchstem Maße praktiziert wird (fast 100 Prozent), werden besonders von Frauen die größten Anstrengungen unternommen, um diesen Brauch auszumerzen.

Die Hebammen sind angehalten, keine Genitalverstümmelungen mehr auszuüben. Dass sich die Hebammen auch 25 Jahre später – weder die staatlich ausgebildeten noch die traditionellen – nicht daran halten, ist kein Geheimnis. Vor allem in den langen Sommerferien wird der Brauch regelmäßig durchgeführt. Es ist jedoch kaum noch die Infibulation, sondern überwiegend die Sunna.

---

12   Ba'asher cit op.

Die Mädchen sprechen ganz offen untereinander darüber und diejenigen, deren Eltern sich weigern, fühlen sich als Außenseiterinnen. Gleichwohl besteht die Hoffnung, dass dieses unmenschliche Ritual bald der Vergangenheit angehört. Vielleicht in 10 Jahren, vielleicht aber auch erst in 50 Jahren. Eines ist jedoch glaubhaft: Es bewegt sich etwas. Zahlreiche nationale und internationale Seminare, Tagungen und öffentliche Appelle in den Medien finden regelmäßig in Afrika, Europa und Nordamerika statt.

Um einige zu nennen: 1982 fand das erste internationale Seminar zur Bekämpfung von weiblicher Genitalverstümmelung in Dakar (Senegal) statt und die Organisation CAMS wurde gegründet. Zwei Jahre später wurde unter der Schirmherrschaft der Vereinten Nationen das bis heute sehr erfolgreiche Inter-African Committee on Traditional Practices Affecting the Health of Women and Children (IAC) ins Leben gerufen, das in vielen afrikanischen Ländern Niederlassungen hat. Drei Monate später, ebenfalls 1984, fand in Khartum (Sudan) der Workshop unter der Leitung der Babikr Badri Scientific Association for Women Studies (BBSAWS) „African Women Speak an Female Circumsicion" statt. Das war der Anfang für praktische und dynamische Konfrontation mit dem Thema. Doch unerlässlich sind Bildung und Aufklärung beginnend von unten (grass-root-level) und nicht aufgesetzt von oben. Erfolgreiche Überzeugungsarbeit beginnt vor Ort und nicht auf Tagungen.

Menschenrechte

Gesundheit

Frauen und Mädchen haben das Recht, ein Höchstmaß an körperlicher und geistiger Gesundheit zu genießen, damit sie gesellschaftlich und wirtschaftlich ein produktives Dasein führen können. Um das zu erreichen, müssen sie nicht nur Zugang zu entsprechenden Informationen und Dienstleistungen haben, sondern auch lernen, aktiv an Entscheidungen teilzunehmen, um ihre Gesundheit und allgemeines Wohlbefinden zu verbessern und zu fördern.
World Health Organization 1994

Doch dieses Recht haben nur wenige sudanesische Frauen für sich erkämpfen können. Ein simples Erklärungsmuster und einfache Lösungswege gibt es nicht. Zwar ist das Anrecht auf vermeidbaren Tod, Krankheit und Verletzung ein grundlegendes Menschenrecht für Männer und Frauen, aber es ist offensichtlich, dass Frauen und Mädchen aufgrund geschlechtlicher Diskriminierung in fast allen Gesellschaften unverhältnismäßig höheren Risiken von Krankheit und Tod ausgesetzt sind.

Viele unausgesprochene kulturelle Vorschriften leiten das Verhalten von Frauen und Männern. Sie beginnen mit dem Tag der Geburt. Im Sudan – und nicht nur dort – ist die Freude mancher Eltern schon bei der Geburt einer Tochter gedämpft. Mütter stillen ihre Töchter vielfach früh ab, um durch eine erneute Schwangerschaft einen Sohn gebären zu können.[13] Durch diese Benachteiligung sind Mädchen leichter Infektionen und Durchfallerkrankungen ausgesetzt.

Ganz besonders in ärmeren Familien spüren die Mädchen die Geringschätzung innerhalb der Familie. Sie bekommen weniger zu essen als ihre Brüder, die ihre Mahlzeit meistens mit den Männern

---

13   UNICEF 1990

43

der Familie einnehmen. Mädchen werden medizinisch schlechter versorgt, dürfen seltener zur Schule gehen oder müssen ihre Schulbildung früh abbrechen, da das Schulgeld höchstens für ein Kind reicht und das bedeutet für den Jungen. Mädchen müssen oft sehr früh im eigenen Haushalt helfen und nicht nur dort, sondern sie werden gezwungen, schon in sehr jungen Jahren als Dienstmädchen zu arbeiten. UNICEF schätzt, dass weltweit jedes Jahr etwa 1,5 Millionen Mädchen sterben, weil ihre Eltern Söhne bevorzugen und Mädchen in den ersten Lebensjahren schlechter versorgen als Jungen.

Schutz für Mutter und Kind

Das Risiko, durch Schwangerschaft und Geburt zu sterben, ist für Frauen aus Entwicklungsländern im Gegensatz zu Frauen aus Industrienationen 600 zu 80. Die Müttersterblichkeit in Westeuropa und Nordamerika liegt unter 10 auf 100.000 Geburten, in Afrika sind es zwischen 500 und 2000. Dabei hat die Müttersterblichkeit nichts mit dem Reichtum eines Landes zu tun. In Zambia, einem der ärmsten Länder der Welt, ist die Müttersterblichkeit 150 auf 100.000 Geburten, das ist niedrig für Afrika, wo nur jeder fünften Frau ausgebildete Helferinnen bei der Geburt zur Verfügung stehen. Zambia unterhält jedoch einen guten Gesundheitsdienst für Mutter und Kind. Kuwait – ein durch das Ölvorkommen reiches Land – hat einen ausgezeichneten Gesundheitsdienst und dadurch eine Müttersterblichkeit von 2-6 auf 100.000. Das ist niedriger als in Westeuropa und Nordamerika. Auch in anderen arabischen Ländern wie Qatar, Oman und den Arabischen Emiraten investiert die Regierung großzügig in kostenfreien Gesundheitsdienst und Mutterschutz.

Leichte Verfügbarkeit von Krankenhäusern und ausgebildetem Fachpersonal im Gesundheitswesen können die Krankheits- und Sterblichkeitsraten von Müttern und Kindern erheblich senken. Viele der Frauen nehmen die verfügbaren Gesundheitsdienste nicht in Anspruch, weil sie entweder nicht informiert sind, oder die Entfernungen in den ländlichen Regionen zu groß sind. Vielleicht unterstützt sie aber auch niemand in der Familie, einen Gesundheitsdienst aufzusuchen, und ihnen selbst fehlt der Mut dazu. Der

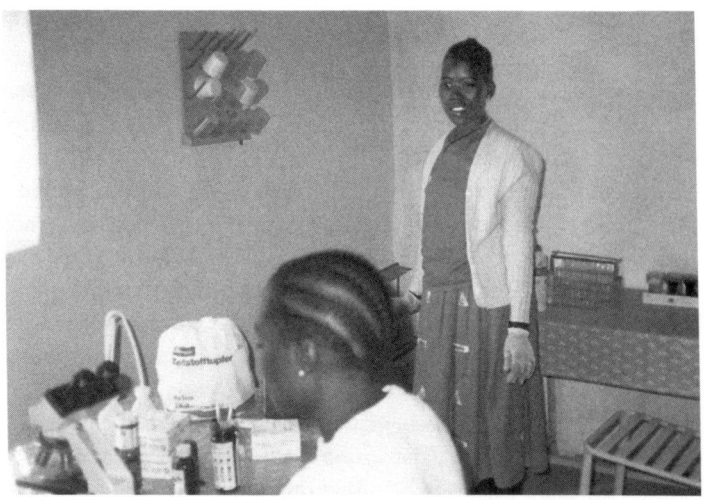

Gesundheitszentrum in Hag Yousif, Stadtrand von Khartum

Sudan, ein Land mit niedrigem Einkommen, ist eine Ausnahme. Dort werden 87%[14] der Geburten von Fachpersonal betreut, wobei nur 51%[15] der Bevölkerung Zugang zu Gesundheitsdiensten hat. Aber der Sudan kann seit den 50er-Jahren auf Hebammen mit einer gut etablierten Ausbildung und ein funktionierendes Netzwerk im Gesundheitsdienst zurückgreifen.[16]

Die von UNICEF[17] im Sudan registrierte Müttersterblichkeit beträgt 550 von 100.000 Frauen (2000–2006). Nach Schätzung des sudanesischen Staats starben 450 von 100.000 Frauen im Jahr 2005.

Frühehen – Teenager-Bräute
Da nur in wenigen Ländern Studien über die verschiedenen Einflüsse, die das Leben von jungen Mädchen formen, existieren, ermög-

---

14   UNICEF Statistik 2000–2006
15   UNICEF dies.
16   Nahid Toubia, Arab Women dies.
17   UNICEF 2000–2006

lichen nur die zahlreichen Studien über reproduktive Gesundheit einen weltweiten Vergleich. Doch die Studien, die sich nur mit reproduktiver Gesundheit der Mädchen befassen, ignorieren andere tiefgründige Veränderungen, die sich während der entscheidenden Entwicklungsphase abspielen.

In den letzten Jahrzehnten hat sich die Zeitspanne zwischen Pubertät, Heirat und Schwangerschaft in den Industrienationen und auch in einigen Entwicklungsländern vergrößert. Studien über das Leben von Jugendlichen am Ende des 20. Jahrhunderts wurden daher seit einiger Zeit in Auftrag gegeben. Nach einer kürzlich von UNICEF durchgeführten Untersuchung[18] wird in Zukunft die Mehrzahl der Jugendlichen aus Ländern der Dritten Welt in Städten leben. Das Leben junger Sudanesen verändert sich ebenfalls rapide. Es findet eine große Bewegung von Land zur Stadt statt. Die jungen Menschen hoffen Arbeit, Bildung und ein besseres Leben zu finden. Der Umzug in die Stadt hat negative und positive Seiten:

- Zunehmende Risiken – Alkohol, Drogen, Gewalt, HIV/AIDS
- Verlust der Kultur und Isolation von der Großfamilie
- Verbesserter Zugang zu Schulen und Gesundheitsdiensten (wenn subventioniert)
- Bessere Arbeitsmöglichkeiten
- Allmähliches Absinken der Geburtenrate

Die Regel ist Mangelernährung und viele Stunden ermüdende Arbeit für die Mehrheit der jungen Frauen und Mädchen. Hinzu kommen oft Frühehen und häufige Schwangerschaften. In Nordafrika und dem Nahen Osten liegt der regionale Durchschnitt junger Ehefrauen mit Kindern über 10 Prozent; der Jemen steht mit 24 Prozent an erster Stelle, Sudan mit 15 Prozent an zweiter, Ägypten mit 14 Prozent an dritter und Tunesien mit 4 Prozent an letzter Stelle.[19] Die letzte UNICEF-Statistik zwischen 1987–2006 für sudanesische junge Ehefrauen mit Kind(ern) zeigt eine Steigerung auf 27%[20], davon Stadt: 19% und auf dem Land: 34%. Registrierte

---

18   UNICEF: The Progress of Nations, 1998.
19   Dies.
20   UNICEF 1987–2006

46

Geburten sudanesischer Teenager-Bräute waren 82% in der Stadt und 46% auf dem Lande. Die vergleichsweise registrierte niedrige Geburtenzahl auf dem Land lässt sich entweder damit erklären, dass entweder die Säuglinge früh starben oder die Entfernung zum nächsten Standesamt zu groß war und keine Registrierung stattfand. Andererseits treibt es unverheiratete junge Mädchen in Armut, die in den Randgebieten der großen Städte wohnen, nicht selten zur Prostitution. Überfüllte Heime für uneheliche Kindern zeugen davon.

Viele Eltern begrüßen aber auch die frühe Heirat ihrer Töchter. In islamischen Ländern spielt die Familienehre eine wichtige Rolle. Sie wird durch die Jungfräulichkeit und Bescheidenheit der jungen Mädchen vertreten. Damit die jungen Mädchen nicht das Risiko eingehen, fremden Männern zu begegnen, werden sie im Haus behalten und möglichst früh verheiratet. Teenager-Ehen sind zwar nicht mehr so häufig wie vor einer Generation, aber für die Mehrzahl der jungen Mädchen ist es die Normalität. Junge Männer heiraten kaum vor dem 20. Lebensjahr, da sie erst genügend Geld verdienen müssen, um eine Familie ernähren zu können.

Mädchen, die früh heiraten, haben weniger formale Bildung, weniger Unabhängigkeit, weniger Lebenserfahrung. Sie haben oft nicht einmal ein Mitspracherecht, wann und wen sie heiraten. Eine junge Braut ist häufig ihrem älteren Mann in fundamentalen Familienentscheidungen untergeordnet. Er entscheidet beispielsweise, wann und wie viele Kinder sie bekommen wird. Frühehen stehen auch in Verbindung mit frühen, zahlreichen und ungeplanten Schwangerschaften. Für den Körper einer Jugendlichen sind Schwangerschaften und Geburten gefährlich, da sie oft auch noch unterernährt ist. Das gefährdet die Gesundheit und das Leben der jungen Frauen und ihrer Kinder erheblich. Nicht wenige Schwangerschaften von Mädchen unter 15 Jahren enden daher tödlich (UNICEF-Statistik).

UNICEF setzt sich vor diesem Hintergrund weltweit bei allen Regierungen für die Festlegung des Mindestalters für Eheschließung auf 18 Jahre ein. Im Sudan ist zwar das Mindestalter zur Eheschließung von Mädchen auf 18 Jahre offiziell festgelegt, aber kaum jemand hält sich daran. Darüber hinaus führt UNICEF in Zusammenarbeit mit anderen Nichtregierungsorganisationen (NGO) weltweit Sonderprogramme für die medizinische Versorgung und Ernährung von schwangeren Frauen und stillenden Müttern durch und unterstützt den Aufbau von Beratungsstellen für Familienplanung. Notwendig ist auch, dass sich die Gesundheitserziehung an den Bedürfnissen und Nöten der Mädchen und Frauen orientiert, dabei sollte Aufklärung über die reproduktive und sexuelle Gesundheit, AIDS-Verhütung und die Risiken von HIV-Infektionen Priorität haben. Die sudanesische Regierung bemüht sich, den UNICEF-Programmen gerecht zu werden.

AIDS und Drogen

Nach einer neueren Studie über AIDS im Sudan[21] wurde die Infektion dort zum ersten Mal in der Mitte der achtziger Jahre festgestellt. Seither ist das Problem eskaliert, aber – wie in anderen Ländern dieser Region – basieren Schätzungen über die Ausbreitung von HIV nur auf Beweismaterial von Blutspendern. Die sudanesische Regierung kennt die Ausmaße des Problems: große Summen wurden dem Budget des Sudan National Aids Programme (SNAP) gutgeschrieben. Bis vor Kurzem schreckte die Regierung davor zurück, die Öffentlichkeit zu informieren. Doch derzeit werden offene und gezielte Erziehungs- und Informationsprogramme in der Öffentlichkeit verbreitet. Rundfunk und Fernsehen sind das wirksamste Medium für eine ausgedehnte Gesundheitserziehung, da das weitverbreitete Analphabetentum die Ausbreitung von schriftlicher Information behindert. Den Nichtregierungsorganisationen in Juba wurde inzwischen erlaubt, diverse Programme zur Bewusstseinsförderung über das AIDS-Problem durchzuführen. 46 Prozent aller bekannten AIDS-Fälle im Sudan wurden in der vom Bürgerkrieg verwüsteten Provinz Equatoria im Südsudan dokumentiert. Im Jahr 1995 hatten in Juba, der Provinzhauptstadt in Equatoria, 19 Prozent der TBC-Patienten auch AIDS.[22]

---

21   Dr. S. Makki (1997): HIV und AIDS im Sudan. Ein fachärztlicher Bericht.
22   Situationsanalyse HIV/AIDS/STD.
Sudan National Aids Control Programme, 1997

Der Unterschied zwischen Nord- und Südsudan liegt nicht im Umfang der Ausbreitung, da diese nur geschätzt werden kann. Im Süden ist das Problem offenkundig, denn die Auswirkungen sind deutlich spürbar und können nicht geleugnet werden. Im Norden ist dies noch nicht der Fall. Man sieht bestenfalls die Spitze des Eisbergs. Dies macht es relativ einfach, die Krise zu ignorieren und zu leugnen. Die Möglichkeit, dass aus dem Bürgerkrieg im Südsudan heimkehrende Soldaten ihre Partnerinnen anstecken könnten, wird nicht einmal erwähnt. In einem Land jedoch, in dem die Frauen wenig oder gar keine Kontrolle über ihre sexuellen Partner haben und wo die Macht in der Beziehung von Männern ausgeübt wird, sind Frauen in großer Gefahr.

AIDS stellt die Betroffenen und ihre Familien vor enorme finanzielle, soziale und emotionale Belastungen. Oft wird die Infektion verheimlicht, medizinische Hilfe wird nicht in Anspruch genommen. So bleiben auch andere Familienmitglieder gefährdet. Den Behörden ist das Problem bewusst. Augenblicklich sind 70% der AIDS-Patienten im Sudan im Alter zwischen 10 und 40 Jahren. Der Verlust an Produktivität aufgrund von Krankheit und Tod wird immens sein.

Der zögerliche Umgang mit Informationen geht Hand in Hand mit dem Widerstreben des islamischen Regimes, die Größe des Problems überhaupt zuzugeben. Der Sudan weist alle Faktoren auf, die ihn für eine HIV/AIDS-Epidemie äußerst empfänglich machen: geographische Lage, Armut, Bürgerkrieg, Vertreibung, Flüchtlinge. Darüber hinaus besteht eine sehr bedenkliche wirtschaftliche Lage. Es ist fast unmöglich, die nötige umfassende Gesundheitsvorsorge zu leisten und dem drohenden Verlust an Produktivität zu begegnen.

Drogen sind besonders bei Jugendlichen mit wohlhabenden Eltern gegenwärtig ein großes Problem. Besonders an den Universitäten ist eine Zunahme von drogensüchtigen Jugendlichen zu registrieren.

Bildung

„Das Recht auf Bildung ist ein Menschenrecht, das gewaltige Veränderungen bewirken kann. Es bildet das Fundament, auf dem die Grundpfeiler der Freiheit, der Demokratie und der nachhaltigen Entwicklung aufbauen."
Kofi Annan, Generalsekretär der Vereinten Nationen, 1998

1905 gründete Scheich Babikr Badri die erste Schule für Mädchen in seinem eigenen Haus. Aufgrund seiner Kampagne wurden 1921 von der Regierung fünf Grundschulen für Mädchen gegründet. Doch erst 1945 folgte die erste Oberschule für Mädchen in Omdurman. Bildung für Mädchen war durch Sheikh Babikr Badri[23] bahnbrechend. 1966 erhielt die Ahfad Schule Universitätsstatus und ist heute die einzige Universität für Frauen in Afrika.

Der Islam unterstützt zwar ausdrücklich Bildung von Frauen und Mädchen und in fast allen arabischen Staaten existieren Gesetze, die gleiche Bildungsmöglichkeiten für beide Geschlechter voraussetzen. Immer noch aber sind die Unterschiede zwischen männlichem und weiblichem Analphabetentum in Ländern mit niedrigem Einkommen groß. In den Entwicklungsländern wird 130 Millionen Kindern – fast zwei Drittel davon Mädchen – das Recht auf Bildung verweigert. Wenn Mittel knapp sind, hat Bildung und Ausbildung von Jungen Priorität. Zwar wurden im Sudan in den letzten Jahren Fortschritte registriert, doch ist die Kluft zwischen Jungen und Mädchen in Bezug auf einen erfolgreichen Schulabschluss und die Fähigkeit zum Lesen und Schreiben immer noch erheblich. Besonders in ärmeren Familien und bei der Landbevölkerung verlassen Mädchen die Schule eher als Jungen. Sie werden von den Eltern entweder als Arbeitskraft im Haushalt benötigt, oder sie werden frühzeitig verheiratet.

Dennoch haben in den letzten Jahren Frauen und Mädchen im Sudan sehr viel mehr Möglichkeiten, an Bildung und Ausbildung teilzunehmen. Das Problem, mit dem Frauen und Männer

---

23 Die Badri Familie gründete die Ahfad University for Women in Omdurman, bisher die einzige Universität nur für Frauen in Afrika.

Mutter und Tochter verkaufen Tee und Kaffee am Straßenrand

Mädchenarbeit

gleichzeitig konfrontiert werden, ist, dass sich Bildungs- und Ausbildungsinhalte nicht mit den Erfordernissen des Arbeitsmarktes decken. Aus diesem Grund zieht es die Landbevölkerung vor, ihre Kinder nicht zur Schule zu schicken.[24] Besonders Nomaden halten Schulbildung der Mädchen für überflüssig. Bildung entfernt Mädchen von der Familie, ihre Arbeitskraft geht verloren, und Bildung wird in Verbindung gesetzt mit Modernität, die das traditionelle Leben bedroht. Grundschulen sind zwar in jeder größeren Gemeinde vorhanden, aber nur wenige Oberschulen außerhalb der Städte. Hochschul- und Fachschulbildung für Frauen sind nur in größeren Städten verfügbar. Es ist eine Tatsache, dass Mädchen im Sudan bessere Abiturnoten als Jungen erzielen. Als Ergebnis sind im Sudan mehr Frauen als Männer an den Hochschulen immatrikuliert. Leider führt es nicht dazu, dass mehr Akademikerinnen die angebotenen Arbeitsmöglichkeiten nutzen. In einem kürzlich erschienenen Artikel in „Gulf Business", der sich auch auf den Sudan als arabisches Land bezieht, wurde dies sehr bedauert. Obgleich viele Frauen und Mädchen entsprechende Qualifikationen vorweisen und Arbeitsmöglichkeiten vorhanden sind, wird das nicht von allen Frauen genutzt. Eine Geschäftsführerin aus der Region macht den Druck der Familien dafür verantwortlich. Es ist nicht gern gesehen, wenn Frauen außerhalb des Hauses arbeiten. Außerdem hätten die Frauen oft sehr unrealistische Einstellungen. Sie wollen nicht so viele Stunden am Tag arbeiten. Die Mehrzahl der von der Zeitung „Gulf Business" interviewten Geschäftsfrauen meinte jedoch, dass die Kultur der Region gegen die Berufstätigkeit der Frauen und Mädchen sei. Dies, obgleich im Islam die Frauen dazu ermutigt werden, sich zu bilden, zu arbeiten, eigenes Vermögen zu erwerben und sich mit Geschäften zu befassen. Die arabischen Geschäftsfrauen waren jedoch der Meinung, dass die traditionelle Einstellung der Männer, die nicht die Kontrolle über ihre Frauen verlieren wollen, der Grund dafür ist, dass nur wenige qualifizierte Frauen berufstätig sind.

Bildung und Erziehung ist nicht notwendigerweise die Antwort auf alle Schwierigkeiten, mit denen die Gesellschaft Frauen konfrontiert. Aber es kann nicht abgestritten werden, dass der Zugang

---

24   dies.

zu Bildung das Bewusstsein der Frauen über ihre Möglichkeiten fördert. Es ermutigt sie außerdem dazu, sich bei der Wahl ihres Ehemannes zu äußern und die Art der Beziehung zu ihrem Partner zu beeinflussen. Bildung gibt den Frauen ebenfalls die Möglichkeit zur Berufstätigkeit und dadurch zur wirtschaftlichen Unabhängigkeit. Sie befreit sie von der Abhängigkeit von Ehemann, Vater oder Bruder. Jedoch sind Frauen hin und wieder selbst ihre eigenen Feinde, wie ein Beispiel aus Libyen beweist. Ein von Präsident Ghadafi erlassenes Gesetz, das Frauen erlaubt, eine Zweitehe ihres Mannes abzulehnen, wurde im März 1999 im Parlament rückgängig gemacht, ohne dass die Frauen protestierten. Es ist aber erwähnenswert, dass Libyen das einzige arabische Land ist, das seit 1980 eine Militärakademie für Frauen besitzt. Als Offizierin können Frauen untergebenen Männern Befehle erteilen; in keinem anderen arabischen Land ist dies bisher möglich.

Leider haben Männer allgemein die Einstellung, dass gebildete Frauen schlechte Ehefrauen abgeben. Auch viele Frauen glauben, dass Bildung die Heiratschancen der Mädchen mindert. Die bekannte sudanesische Pädagogin Hagga Khashif sagt dazu Folgendes: „Wenn wir die Bildung unserer Mädchen in Betracht ziehen, sollten wir nicht nur darauf hinzielen, erfolgreiche Krankenschwestern, Lehrerinnen, Juristinnen, Sekretärinnen, Ärztinnen usw. auszubilden, sondern gleichzeitig brauchen wir erfolgreiche Mütter und Hausfrauen!"

Das Bildungsniveau im Sudan war in den 60er-Jahren des 20. Jahrhunderts beispielhaft. Die Schul- und Universitätsbildung gehörte in den 70er-Jahren zu den besten Afrikas. Zum Beispiel wurden Prüfungen der University of Khartoum mit der University of London ausgetauscht. In den folgenden 25 Jahren verschlechterte sich der Bildungsstandard rasant. Nach anfänglichen großen Erfolgen der Bildungspolitik in den 60er- und 70er-Jahren stagniert die Alphabetisierung. Das hat mehrere Gründe. Politische und wirtschaftliche Schwierigkeiten verhindern, dass genügend Schulen gebaut werden, obgleich die Bevölkerung wächst. Der Bürgerkrieg im Südsudan verhinderte bis zum Friedensabkommen 2005, dass Kinder im Südsudan regelmäßig die Schule besuchen konnten. Außerdem wanderte ein Großteil der Lehrer ins Ausland ab, sie errei-

Die selbsterrichtete Dorfschule für Mädchen in Darfur

Basketball, Privatschule in Khartum

chen dort ein Vielfaches an Gehalt. Im Sudan erhalten Lehrer – vor allem in den ländlichen Gebieten – oft monatelang kein Gehalt.

Der über 20 Jahre andauernde Bürgerkrieg vereinnahmte die Kosten, die für die Bildung der Bevölkerung notwendig war. Hinzu kommen Korruption und Missmanagement. Aufgrund des Öl-booms und des sich daraus ergebenden Wohlstands hat sich die Regierung das Ziel gesetzt, Bildung für alle Sudanesen zu ermöglichen. Das Bildungssystem im Sudan wurde 1991 geändert auf zwei Vorschuljahre, acht Basis-Jahre und drei Oberschuljahre. Die zwei Vorschuljahre, für Kinder zwischen 5 und 7 Jahren, sollen Kinder, die nicht in der Familie gefördert werden, den Beginn in der Grundschule erleichtern.

Es besteht zwar die allgemeine Schulpflicht, die aber besonders auf dem Lande nur begrenzt möglich ist. Nicht jedes Dorf hat eine Grundschule und weiterführende Schulen sind nur in größeren Städten vorhanden. Nach Beurteilung von UNICEF (1999) ist die Analphabetenrate von etwa 60% zu hoch. Zum Beispiel besuchen nur 7% Jugendliche im Norden eine Oberschule, im Süden sind es nur 2%, und Mädchen sind noch immer benachteiligt. Die letzten UNICEF-Statistiken (2000–2006) zeigen schon einen Fortschritt: 85% der männlichen Bevölkerung und 71% der weiblichen Bevölkerung zwischen 15–24 Jahre können lesen und schreiben.

- Grundschulregistrierung : Jungen 65%, Mädchen 56%.
- Grundschulanwesenheit : Jungen 60%, Mädchen 57%.

Es ist aufschlussreich, dass weniger registrierte Jungen die Grundschule besuchen aber nicht registrierte Mädchen auf einen Schulbesuch bestehen. Für den Besuch einer Oberschule wurden 35% Jungen und 33% Mädchen registriert; anwesend bei Schulbeginn waren 19% Jungen und 20% Mädchen (UNESCO 2000–2006).

16 Universitäten und Institutionen sind für Weiterbildung vorhanden, wobei der Standard der Institutionen stark variiert. Die University of Khartoum, gegründet von den Engländern (1946 als Gordon College) hat noch immer den besten Ruf und wird von Studenten bevorzugt. Ein Gesetz verordnete Arabisch als Unterrichtssprache für den ganzen Sudan. In den Jahren nach der Unabhängigkeit war Englisch die maßgebende Sprache an den Universitäten.

Sudanesische Mädchen in den ländlichen Gebieten haben oft keinen Zugang zur Grundschulbildung. Falls es ihnen doch gelingt, eine Grundschule zu besuchen, lernen sie gerade das Lesen und Schreiben und die Grundbegriffe der Mathematik. Mit Beginn der Pubertät verlassen die meisten Mädchen die Schule. Nur vergleichsweise wenige Mädchen besuchen daher Oberschulen und Hochschulen. Doch Mädchen, die es bis zur Oberschule und Universität schaffen, haben überwiegend bessere Noten als Jungen. Leider übt ein Großteil der Mädchen den erlernten Beruf nach der Heirat nicht mehr aus.

Eine Hochschullehrerin sagte Folgendes dazu: „Wenn eine Frau es geschafft hat, im scharfen Wettbewerb mit Männern einen Studienplatz zu bekommen, dann hat die Frau ein Recht auf den Platz, für den sie gekämpft hat. Wenn dann die Frau oder der Mann dem Zweck nicht dient, für den sie oder er den Studienplatz bekommen hat, dann hat weder die Frau noch der Mann das Recht auf diesen Platz. Dies gilt besonders für Mädchen, die das Studium dazu benutzen, einen wohlsituierten Ehemann zu finden und sich nach der Heirat als Hausfrauen zurückziehen. Unser Land braucht Akademiker, besonders Mediziner und Ingenieure, und die wenigen Studienplätze sollten in dem Fall nicht an Mädchen vergeben werden. Mein Vorschlag wäre, dass nach dem theoretischen Studium eine praktische Weiterbildung, z.B. eine Arbeit im Feld bzw. Krankenhaus, angeschlossen sein sollte. Erst danach sollte das Abschlusszeugnis ausgehändigt werden. So haben die Studenten und Studentinnen einen Teil ihrer Pflicht ihrem Land gegenüber getan. Viele Mädchen werden selbstbewusster, wenn sie eine verantwortungsvolle Aufgabe übernommen haben, und sie wollen dann auch nach der Heirat ihren Beruf ausüben."

Diese Feststellung wurde 1998 gemacht. Die Professorin war Protagonistin für die sudanesischen Universitäten. Heute müssen junge Frauen und Männer zwei Jahre in ihrem erlernten Beruf für die Regierung arbeiten, vor allem auf dem Lande und in schwierigen Regionen des Landes, bevor sie das Abschlusszeugnis bekommen. Die jungen Männer müssen außerdem noch einige Monate Militärdienst leisten.

Weiterbildung von Grund- und Oberschullehrerinnen

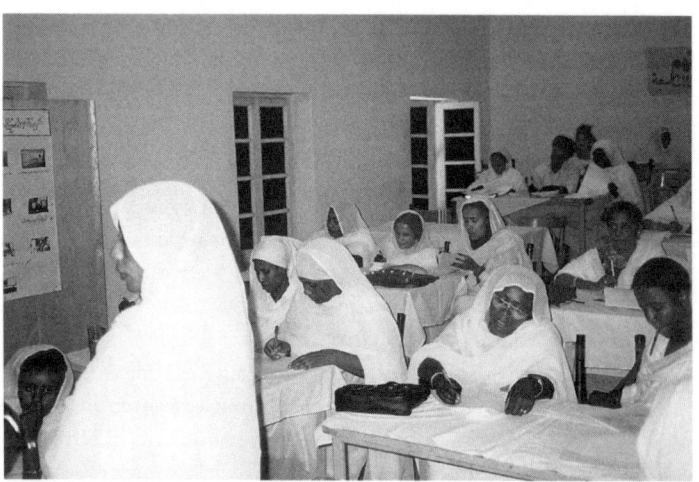

Shawa El Gazuli, Leiterin des Instituts für Weiterbildung, im Unterricht

Schülerin einer Dorfschule: ihr ganzer Stolz – das Schulbuch

Emanzipation

Emanzipation beginnt mit Bildung!
Vergleichsweise früh für den arabischen Raum und Afrika begann im Sudan die Grundschulausbildung für Mädchen. Wie oben gesagt, war es Scheich Babiker Badri[25], der in seinem eigenen Haus schon 1905 die erste Schule für Mädchen gründete. Seitdem ist die Badri-Familie immer noch führend in der Aus- und Weiterbildung von Mädchen und Frauen, heute durch die Ahfad University for Girls in Omdurman. Das arabische Wort *Ahfad*, das Scheich Babiker für den Namen seiner Schule aussuchte, bedeutet „für meine Enkel".

Den unermüdlichen Bemühungen des Scheichs Babiker Badri ist es zu verdanken, dass die damals britische Regierung 1921 fünf Grundschulen für Mädchen errichtete. Der nächste Schritt war die Gründung des Lehrerausbildungszentrums für Grundschullehrerinnen in Omdurman. Aber erst seit 1945 existierte eine Oberschule für Mädchen. Wenigen muslimischen Mädchen war erlaubt, die Missionsschulen der „Verona Väter" zu besuchen. Dagegen wurde für Töchter der britischen Kolonialbeamten und der sudanesischen Elite-Familien die „Unity Highschool for Girls" 1903 gegründet. Mit dem Abschlusszeugnis der Unity Highschool konnten die Mädchen eine Universität im Ausland besuchen. Scheikh Babiker Badris Töchter waren die ersten sudanesischen Schülerinnen der Unity Highschool. 1945 war ein ausschlaggebendes Jahr für sudanesische Frauen. Angele Ishag war die erste sudanesische Frau, die das „Gordon Memorial College", die spätere Universität Khartum, besuchte. Angele Ishag arbeitete zunächst beim Erziehungsministerium und später als Professorin an der Universität Khartum. 1946 kamen drei weitere Studentinnen dazu. Zwei studierten Medizin und wurden die ersten sudanesischen Ärztinnen. Die Dritte, Umsalomon Said, studierte Jura und wurde später Ministerin im Kabinett von Präsident Nimeri. Heute existieren im Sudan mehrere Universitäten, Fachschulen und Pädagogische Hochschulen, in denen Mädchen und Jungen gemeinsam studieren.

---

25 s. Ahfad University for Women, Omdurman

Test eines energiesparenden Geräts für Fladenbrot, Universität Khartum

Tests von energiesparenden Holzkohleöfen der Universität Khartum

Die Zahl der Oberschülerinnen und Studentinnen ist in den letzten Jahren stark angestiegen. Es sind jedoch fast nur Mädchen aus der städtischen Mittel- und Oberschicht, die auch Möglichkeiten haben, Privatschulen zu besuchen. Mädchen aus den ländlichen Regionen haben kaum Chancen. Außer Grundschulen gibt es dort keine Weiterbildungsmöglichkeiten. Internate für Mädchen ermöglichen es seit mehreren Jahren auch Mädchen aus den ländlichen Regionen, weiterbildende Schulen in Städten zu besuchen. Unkontrollierbares Übernachten wird allerdings von den Eltern nicht gern gesehen.

Sudanesische Mädchen sind meistens ehrgeiziger als Jungen. Sie sehen Bildung als einzigen Weg zu einer gewissen Freiheit und Unabhängigkeit. Sie setzen alles daran, einen Bildungsabschluss zu bekommen. Eine Studentin wird in den meisten Fällen versuchen, auch nach einer Heirat ihr Studium zu beenden. Danach wird sie sich den von ihr erwarteten Haushalts- und Mutterpflichten widmen. Doch nach Aussagen von Universitätsprofessoren arbeiten viele Hochschulabsolventinnen nach der Eheschließung nicht in dem Beruf, für den sie ausgebildet wurden. Aufgrund ihrer Hochschulbildung werden Akademikerinnen oft von wohlhabenden Männern geheiratet, die es als Prestige ansehen, eine gebildete Frau vorweisen zu können. Die Männer sehen es aber nicht gern, wenn ihre Frauen berufstätig sind. Das bequeme Leben einer wohlhabenden Frau verleitet dann viele junge Ehefrauen dazu, den Beruf aufzugeben. Da Ärztinnen, Lehrerinnen und alle Frauen mit einer qualifizierten Ausbildung für die Entwicklung des Landes dringend benötigt werden und nur wenige Studienplätze zur Verfügung stehen, wird im Bildungsministerium darüber diskutiert, ob männliche und weibliche Hochschulabsolventen sich verpflichten sollen, einige Jahre nach dem Hochschulabschluss in den ländlichen Gebieten zu arbeiten. Die Alternative sei, durch Quotenregelung die Chancengleichheit der Frauen nicht mehr zu gewähren. Dieser Vorschlag einer Professorin (siehe oben) wurde inzwischen umgesetzt.

Nach letzten Informationen sind mehr Studentinnen als Studenten an den Universitäten immatrikuliert. Vor diesem Hintergrund hat die Emanzipation längst ihren Weg gefunden.

Studentinnen der Universität Khartum

Religionen

Der Islam

Sudanesen sind sehr religiöse Menschen. Das grundlegende Element der Kultur ist die Religion. Dabei ist unbedeutend, ob jemand Muslim, Christ oder Anhänger einer der traditionellen afrikanischen Religionen ist. Da sich jedoch der überwiegende Teil der Sudanesen und Sudanesinnen zum Islam (sunnitischer Rechtsschule) bekennt, werden die Vorstellungen von Moral und Benehmen sowie Alltags- und Festtagshandlungen weitgehend von dieser Religion geprägt.

Islam heißt: sich Allah hingeben, sein ganzes Selbst Allah anheim geben, im Zustand des Heils sein. Islam bedeutet auch das Praktizieren der Vorschriften und Gebote und deutet somit ein äußeres Bekenntnis der Zugehörigkeit zu der muslimischen Gemeinschaft an, derer, die dieser Gemeinschaft auch innerlich zugehörig sind.

Wer war der Prophet Mohammed?

Mohammed wurde um 570 n.Chr. als Sohn eines Karawanenführers in Mekka geboren. Da seine Eltern früh starben, wuchs er bei seinem Onkel Abu Talib auf. Mohammed war Kaufmann und heiratete mit 25 Jahren die um einiges ältere Witwe Khadidja. Mit ihr war er 24 Jahre verheiratet. Sie schenkte ihm drei Söhne und vier Töchter, von denen aber nur Fatima, seine Lieblingstochter, überlebte und die Linie des Propheten fortsetzte.

Im Alter von etwa 40 Jahren erschien ihm eines Nachts in einer Höhle des Berges Hira der Erzengel Gabriel und trug ihm auf, Allahs Botschaft zu verkünden. Während der göttlichen Visionen, die Mohammed über viele Jahre hatte und der seelischen Krise, die diese Erlebnisse anfangs hervorriefen, stand ihm seine Frau Khadidja getreu zur Seite.

Mohammed verstand sich als letzter Prophet, der die göttlichen Offenbarungen, die früheren Propheten wie Abraham, Moses und

Jesus zuteil wurden, erneuerte und zu den Arabern brachte. Seine im Koran fixierten Verkündungen gelten für Muslime als die letzte verbindliche Offenbarung Gottes. Er wurde der Begründer der islamischen Glaubenslehre, die sich von der Vielgötterei abwendete und nur noch einen Gott verehrt. Die Menschen, die ihm folgten, nannten sich Muslime – die sich Gott hingeben.

In Mekka – im heutigen Saudi-Arabien gelegene Heilige Stadt und Wallfahrtsort für alle Muslime – hatte Prophet Mohammed nur wenige Anhänger seiner Lehre, meist aus niedrigen Klassen. Die mächtigen und einflussreichen Leute aus Mekka waren gegen die neue Lehre, die viel Sympathie für die sozial Schwächeren verkündete. Sie fürchteten außerdem um ihre Privilegien, unter anderem den Einkommensverlust durch Pilger, die in der Kaaba beten wollten. Die aus vorislamischer Zeit stammende Kaaba war ein Gebetsplatz des Polytheismus, angeblich von Abraham und seinem Sohn Ismail errichtet. Heute ist die Kaaba (Haus Gottes) das bedeutendste Heiligtum des Islam. Dorthin verneigt sich der Gläubige beim Gebet. Nicht-Muslime dürfen sich dem mit einem schwarzen Tuch verhüllten, etwa elf Meter hohen, hölzernen Würfel im Hof der großen Moschee von Mekka nicht nähern. Im östlichen schwarzen Pfeiler befindet sich der heilige schwarze Stein, den die Gläubigen küssen, nachdem sie die Kaaba siebenmal umrundet haben. Das Gebäude ist leer, die sich darin befundenen Götzenbilder wurden vom Propheten Mohammed entfernt.

Unter dem Druck der Umstände floh Prophet Mohammed mit seinen Anhängern 621 n. Chr. von Mekka nach Jathrib, das danach den Namen Medina, Stadt des Propheten, trug. Mit dieser Auswanderung Higra beginnen die Muslime ihre Zeitrechnung.

Mohammed stand den Frauen wohlwollend gegenüber. Nach dem Tode seiner ersten Frau heiratete Mohammed insgesamt 13 Frauen, von denen Aisha, die sehr jung war als er sie heiratete, seine Lieblingsfrau blieb. In ihren Armen starb er im Jahr 632. Mohammed hatte mit seinen Frauen mehrere Kinder, aber alle Söhne starben früh, nur vier Töchter überlebten, davon war Khadidjas Tochter Fatima die bemerkenswerteste. Sie war eine starke Frau und hat mit ihren beiden Söhnen Hussein und Hassan den Stammbaum des Propheten fortgesetzt.

Prophet Mohammed starb überraschend, er hatte – nach der Sunna (Tradition) – keinen Nachfolger ernannt. Der Khalif (Nachfolger) musste daher von der muslimischen Gemeinde gewählt werden. Meinungsverschiedenheiten entstanden sofort: Sollte Abu Bakr, Aishas Vater und ein alter Kampfgefährte des Propheten, es werden, oder sein Neffe Ali, Fatimas Mann? Die Umma (Gemeinde) entschied sich für Abu Bakr, er wurde der erste Khalif.

Abu Bakr war stark genug, die gleich nach dem Tod des Propheten ausbrechenden Aufstände der Beduinen niederzuwerfen. Unter seiner Herrschaft zogen die Heere bis in den südlichen Irak und Palästina. Zwei Jahre später, unter seinem Nachfolger Omar (634-644), kam die Zeit der kriegerischen Erfolge: Damaskus, Ägypten und Persien wurden erobert. Sechs Jahre nach dem Tod des Propheten (638) eroberte der Khalif Omar die Stadt Jerusalem. Die Muslime nennen die Stadt El Kuds, die heilige Stadt. Nach den Städten Mekka und Medina ist Jerusalem wichtigster Wallfahrtsort der Muslime. Es wird gesagt, dass Prophet Mohammed von dem Felsen inmitten der Stadt auf seinem Pferd Burak gen Himmel ritt. Das Gebiet um den Felsen war vor Jahrtausenden schon ein heiliger Ort. Juden und Muslime erheben Anspruch darauf. Auf dem Felsen sollte Abraham seinen Sohn Ismail Gott opfern. Dort stand auch der Tempel Salomons. Die Muslime errichteten über dem Felsen den Felsendom – Kubbat el Sachra – und die berühmte Aksa-Moschee.

Nach der Ermordung Omars führte Osman die Eroberungszüge weiter, doch mit ihm begann die Begünstigung des altmekkanischen Hauses Omayya, des früheren Gegners des Propheten. Ali, der Neffe des Propheten und Ehemann seiner Tochter Fatima, erhob sich mit zwei Gefährten. Osman wurde 656 bei der Lektüre des Korans, dessen endgültige Redaktion auf ihn zurückgeht, ermordet. Sein Nachfolger wurde Ali als vierter Khalif, der sich als der rechtmäßige Nachfolger des Propheten ansah. Er hatte seine eigene Partei, die Schiiten, gegründet. Fünf Jahre später wurde Ali ebenfalls ermordet, und damit war der Weg frei für die Mu'awiya und die amoyaaydische Dynastie, die mit Hauptsitz in Syrien, im Geiste altarabischen Herrentums herrschte und unter der die Eroberung der Araber bis zum Atlantik (691), Byzanz, Südspanien

(711), Transoxanien (711) und Sind (711) vorangetrieben wurde. 680 versuchte Hussein, Alis jüngster Sohn und legitimer Enkel des Propheten, noch einmal die Macht für sein Haus zu übernehmen. Er wurde bei Kerbala geschlagen und sein Todestag, der 10. Muharram (1. Monat des islamischen Mondjahres) ist bis heute bei den Schiiten ein Passionstag. Bis zum heutigen Tag bestehen Meinungsverschiedenheiten zwischen den beiden islamischen Strömungen, den Schiiten – etwa 10 Prozent der Muslime, die hauptsächlich im Iran und der Türkei leben – und den Sunniten, die an der orthodoxen Tradition festhalten und die ersten vier Khalifen als rechtmäßige Nachfolger des Propheten anerkennen.

Koran / Hadith / Sunna / Schari'a
Der Koran ist die heilige Schrift des Islam. Er enthält die göttlichen Offenbarungen, die Prophet Mohammed in der Zeit zwischen seinem 40. Lebensjahr und seinem Tod im Jahre 632 in Empfang nahm.

Die Fünf Säulen des Islam beinhalten fünf Pflichten für die Muslime:

1. *Schahada* – das Glaubensbekenntnis
2. *Sala't* – fünf Gebete täglich
3. *Sa'um* – das Fasten im Monat Ramadan
4. *Sakat* – Bezahlung der Armensteuer
5. *Hadsch* – Pilgerfahrt nach Mekka

Der *Hadith* (Mitteilung, Gespräch) bedeutet Überlieferung der Taten und Aussprüche des Propheten, die für Muslime verbindlich sind und ihr tägliches Leben bis hin zu Kleidungs- und Essgewohnheiten bestimmen.

Der *Hadith* bildet neben dem Koran die zweite Quelle des islamischen Rechts, der (*Schari'a*) und ist in der Bedeutung fast gleichwertig.

Die *Sunna* bedeutet die im *Hadith* gesammelten Berichte des Propheten und seine Lebenspraxis. An sie sollen sich Muslime halten. Sie ist für die Sunniten nach dem Koran die wichtigste Quelle des Wissens.

Die *Schari'a* (islamisches Gesetz) beinhaltet die Lebensregeln, die von Allah befohlen wurden. Koran und *Sunna* sind die Fundamente für die *Schari'a* (Weg zur Tränke).

Frauenrechte im Koran

Der Koran hat 114 Suren (Kapitel), an denen fromme Muslime ihr Leben orientieren. Werden die Suren sorgfältig gelesen, so wird deutlich, dass der Prophet Mohammed sich für Frauen verantwortlich fühlte. Er gab ihnen Rechte, die sie vorher nicht hatten. Sie wurden zu einer Zeit geschrieben, in der Kriege herrschten und Frauen weltweit kaum Rechte hatten. Der Prophet wollte vaterlosen Kindern und Witwen Schutz geben. Die Texte über Polygamie (Mehrehe) müssen vor diesem Hintergrund verstanden werden.

Verschleierung soll Frauen vor Belästigungen schützen. Es wird im Orient davon ausgegangen, dass die Sexualität der Frauen Männer verhext und eine bedrohliche Macht auf sie ausübt. Verschleierung ist daher die einzige Möglichkeit, Frauen und Mädchen vor Männern – und Männer vor Frauen – zu schützen. Die beiden Suren, die sich mit der Verschleierung befassen, werden in deutscher Übersetzung wörtlich wiedergegeben:

Sure XXIV:32

„Sage auch den gläubigen Frauen, dass sie ihre Augen niederschlagen und sich vor Unkeuschem bewahren sollen und dass sie nicht ihre Zierde (ihren nackten Körper, ihre Reize), außer nur, was notwendig sichtbar sein muss, entblößen und dass sie ihren Busen mit dem Schleier verhüllen sollen. Sie sollen ihre Reize nur vor ihren Ehemännern zeigen oder vor ihren Vätern oder vor den Vätern ihrer Ehemänner oder vor ihren oder den Söhnen ihrer Ehemänner, den Stiefsöhnen, oder vor ihren Brüdern oder vor den Söhnen ihrer Brüder und Schwestern oder vor ihren Frauen oder vor ihren Sklaven oder vor den Dienern, welche kein Bedürfnis zu Frauen (keinen Geschlechtstrieb) fühlen, oder vor Kindern, welche die Blöße der Frauen nicht beachten. Auch sollen sie ihre Füße nicht so werfen, dass man der Zierde, die sie verbergen sollen, gewahr werde. O Gläubige, kehrt doch alle zu Allah zurück, damit ihr glücklich werdet."

Sure XXX:60

Oh Prophet, sage deinen Frauen und Töchtern und den Frauen der Gläubigen, dass sie ihr Übergewand (über ihr Antlitz) ziehen sollen, wenn sie ausgehen; so ist es schicklich, damit man sie als ehrbare Frauen erkenne und sie nicht belästige. Allah aber ist versöhnend und barmherzig."

Zahlreiche muslimische Frauen sind der Meinung, dass der Koran (Schari'a) von den Männern falsch interpretiert wird. Würden die Anweisungen des Korans korrekt ausgelegt, müssten die Frauen zwar einige Einschränkungen akzeptieren, aber sie haben auch Rechte und Schutz. Bedauerlicherweise wird der Korantext meistens zugunsten der Männer ausgelegt. In der ägyptischen Zeitung Al Ahram vom 8. März 1995 besteht die Journalistin, Kunstkritikerin und Autorin Safinaz Kazern darauf, dass Frauen nur Emanzipation erreichen könnten, wenn sich die Gesellschaft an die Texte des Korans halten würde. Sie behauptet ebenfalls, dass eine Muslimin, die den Schleier trägt befreiter ist, als ihre westlich beeinflusste Schwester. In dem gleichen Artikel argumentiert Tahari El-Gebali, Juristin und aktive Kämpferin für Frauenrechte, dass die Interpretation des Korantextes mehr liberalisiert werden müsste. Sie stimmt in ihrer Interpretation der Sure XXIV:32 mit der algerischen Journalistin und Autorin Nacera Rech überein, die sagt: „Die Verschleierung der Frau sei im Koran nicht geboten, sondern nur empfohlen. Der Schleier sollte eigentlich Respekt verschaffen; heute werde er missbraucht, um die Frau einzuschüchtern."

Für Nicht-Muslime ist die Vorstellung, dass muslimische Männer bis zu vier Frauen heiraten dürfen, gelinde gesagt, unverständlich. Doch unter Berücksichtigung der Zeit, in der diese Worte entstanden – es war der Heilige Krieg, durch den viele Kinder ihren Vater verloren und Frauen zu Witwen wurden – ist die Relation und die Sure verständlicher.

Sure IV:3

Fürchtet ihr, gegen Waisen nicht gerecht sein zu können ... (betet und bessert euch). Überlegt gut und nehmt nur eine, zwei, drei, höchstens vier Ehefrauen. Fürchtet ihr auch so noch, ungerecht zu sein, nehmt nur eine Frau oder lebt mit Sklavinnen (die unter eurer Hand, euren Rechten stehen), die ihr erwerbt. So werdet ihr leichter nicht vom Rechten abirren.

Durch diese Sure sollten vorwiegend vaterlose Kinder und Witwen beschützt werden. Doch Männer interpretieren sie oft anders. Muslimische Frauen behaupten, dass durch die Sure die Einehe empfohlen wird, da kein Mann gleichzeitig alle seine Frauen gleich behandeln kann; denn Prophet Mohammed sagt explizit: „... Fürchtet ihr, auch so noch ungerecht zu sein, nehmt nur eine Frau ...“

Orthodoxer Islam und die Moderne
Im Mittelalter brachte der Islam nicht nur eine neue Religion in die eroberten Gebiete, sondern auch Aufklärung auf vielen Gebieten der Wissenschaften, unter anderem der Medizin und Mathematik. Der Einfluss des Islam wirkte sich darüber hinaus innovativ auf die Kultur, die Kunst, Musik und Dichtung aus. Das mittelalterliche Europa übernahm viel von den arabischen Gelehrten.

Alle Muslime folgten im Mittelalter, und zum großen Teil auch heute noch, den Worten des Koran und der Sunna, obgleich in den meisten islamischen Ländern traditionelle Religionen das Verhaltensmuster der Menschen mit beeinflusst. Bis weit ins 19. Jahrhundert war für Muslime der Begriff „Nation" unbekannt. Grundsätzliche unterschieden wurde zwischen „Dar El Islam" (Gebiet des Islam) und „Dar El Harb" (Kriegsgebiet). Erst Napoleons militärische Expedition nach Ägypten Anfang des 19. Jahrhunderts brachte für die islamische Welt eine entscheidene Zäsur: die schockartige Konfrontation mit der europäischen Moderne.

Das beginnende 20. Jahrhundert löste eine Krise in der islamischen Welt aus, hervorgerufen durch die eigene politische und kulturelle Stagnation und die Auseinandersetzung mit der westlichen Welt. Durch den Einfluss der demokratischen und sozialistischen Ideologien besonders in Ländern wie Ägypten, Libanon und der Türkei (letztes durch Atatürk) wurden westliche Lebensart und weltliche Ideologien angenommen. Unter Gamal Abdel Nasser entwickelte sich in Ägypten – kurz nach der Gründung des Staates Isreal – mit dem Panarabismus eine sozialistische Variante des Nationalismus. In Syrien entstand die Baath-Partei mit ähnlichen Zielen. Die seit mehreren Jahren existierende Arabische Liga ist ein Versuch, die Einheit der arabischen Staaten herzustellen. Mit 22 Mitgliedsstaaten bemüht sie sich um einen gemeinsamen Markt, und sie hat unter anderem eine panarabische Kulturorganisation aufgebaut.

Die erste fundamentalistische islamische Bewegung begann ebenfalls im 20. Jahrhundert mit dem Wahabismus in Saudi-Arabien und 1928 gründete Hassan El Banna in Ägypten die Muslim-Bruderschaft. Nach dem 2. Weltkrieg verloren diese Organisationen ihren Einfluss auf den arabischen Nationalismus. Doch Anfang der 50er-Jahre präsentierte die Islamische Freiheitspartei in Palästina einen Entwurf für einen unabhängigen islamischen Staat. Nach dem Erfolg der islamischen Revolution im Iran, dem Krieg der Taliban in Afghanistan und dem Zerfall des Sozialismus/Kommunismus 1989 verloren auch in der islamischen Welt säkulare Ideen ihre attraktive Macht. Gleichzeitig nährte und verbreitete diese Entwicklung den orthodoxen Islam.

Im aufkommenden Reformbestreben der 60er- und 70er-Jahre interpretierten einige islamische Gelehrte wie der Sudanese Mahmoud Mohammed Taha das geschriebene Wort des Korans und der Sunna, um es an die moderne Gesellschaft anzupassen. Doch nach der Rückkehr des orthodoxen Islam, Anfang der 80er-Jahre, mussten reformwillige Männer und Frauen ihre Reformideen oft mit dem Leben bezahlen, wie Mahmoud Mohammed Taha, der 1985 im Sudan hingerichtet wurde. Heute scheint der Islam wieder eine Gefahr für viele westliche Länder zu sein, die in Zusammenhang mit dem Konzept des islamischen Fundamentalismus steht. Doch jeder, der in einem islamischen Land lebt, weiß, dass die Mehrzahl der Muslime sich nicht mit der orthodoxen Bewegung, die den Worten des Korans buchstabengetreu folgt, identifiziert.

Einer der Hauptgründe, weshalb der orthodoxe Islam wieder stärker in den Vordergrund rückt, ist das überhebliche Auftreten und die Dekadenz des Westens. Nicht nur muslimische Männer, sondern auch Frauen protestieren unter anderem gegen die zur Schaustellung nackter Frauen in den Medien, Vergewaltigung und Mord an Kindern, Prostitution und Drogen, verbreitet weltweit durch die Medien und das Internet. Sie glauben, dass vieles verhindert werden könnte, wenn Traditionen zurückkehren würden, die den Schutz von Frauen und Kindern mit einbeziehen. Dabei wird oft vergessen, dass die radikalen islamischen Fundamentalisten die

Religion für ihre politischen Zwecke benutzen. Sie sind kaum daran interessiert, Frauen und Kinder zu beschützen, wie es der Koran von ihnen verlangt. Eine Algerierin warnt vor blindem politischem Islamismus. Die 35 bis 45 Prozent der muslimischen Frauen, die heute über sich bestimmen können, dürfen nicht im Namen Allahs, im Namen der Macht, ihre erkämpften Rechte verlieren.

Hitzige Debatten finden regelmäßig darüber statt, ob der Islam die Position der Frauen verbessert hat, oder ob er verantwortlich ist für ihre Unterdrückung. Eine Schwierigkeit dieser Debatten ist: Es ist nicht bewiesen, wie die Position der Frauen während der *Jahiliya* (vorislamische Zeit) war. Zitate des Koran und *Hadith* – wie oben zitiert – sagen nichts darüber aus, ob der Koran seinerzeit den anderen Religionen und kulturellen Traditionen voraus war.

Im traditionellen islamischen Recht ist *talaq* (Scheidung) ein Grundrecht des Mannes, das er ausüben kann, wann immer er möchte, ohne Gericht und ohne Rechtfertigung Er braucht nur dreimal „ich lasse mich von Dir scheiden" vor zwei männlichen Zeugen auszusprechen. Frauen können jedoch in ihrem Heiratsvertrag Vorkehrungen festlegen lassen, die die Rechte des Mannes begrenzen, wie Mitbestimmung bei Scheidungen und Schutz vor Polygamie. Leider nehmen die meisten Frauen diese Rechte nicht wahr aus Angst, ihren zukünftigen Ehemann feindselig zu stimmen. Der Koran verbietet auch erzwungene Ehen, aber es hat sich herausgestellt, dass es schwierig ist, das zu verwirklichen, weil Frauen in einer untergeordneten Stellung sind und sie sich ungern gegen die Wünsche des Vaters oder Vormunds stellen. Die moderne arabische Welt ist in zwei ideologische Gruppen geteilt. Zum ersten Teil gehören die Länder der arabischen Halbinsel, der Sudan (seit der militärischen Machtübernahme mit Hilfe der islamischen Fundamentalisten 1989), teilweise Ägypten. Hier ist das islamische Gesetz Fundament des Gesetzsystems, das rigoros angewendet wird. Es gewährt Frauen wenig Rechte und kaum Möglichkeiten, eigene Interessen zu wahren. Der Zusammenschluss in nichtislamischen Organisationen ist ihnen verboten. Zum anderen Teil gehören die meisten nordafrikanischen Länder sowie Jordanien und Libanon. Hier existiert eine Kombination aus religiösen und weltlichen Gesetzen. Diese erlauben Frauen größere Freiheiten und Möglichkeiten, die Gesellschaft zu gestalten und so auch eigene Interessen zu berücksichtigen.

Seit das Militärregime Bashir im Sudan regiert, kontrolliert der orthodoxe Islam das Land. Die fundamentalistische National Islamic Front (NIF) stellt fast alle Parlamentarier. Für die selbstbewussten, demokratisch eingestellten älteren Elitefrauen ist das ein Schritt zurück. Sie hatten in den 60er-Jahren viele Rechte für die Frauen erkämpft und befürchten, diese Rechte und gewisse Freiheiten wieder zu verlieren. Jüngere Frauen haben weniger Schwierigkeiten, sich mit den Gegebenheiten zurechtzufinden. Sie sind stolz, dem Islam anzugehören und akzeptieren die Regeln. Sie haben die Möglichkeiten, durch die Fernsehkultur nicht nur die positiven, sondern auch die negativen weltlichen Tatbestände zu sehen und sich ein Urteil darüber zu bilden. Sie arrangieren sich. Nicht wenige werden Mitglied der NIF, und damit stehen ihnen mit den entsprechenden Qualifikationen fast alle beruflichen Möglichkeiten offen.

Die von der Regierung vorgegebenen Kleidervorschriften sind ein weiteres Beispiel, wie Veränderungen aufgenommen werden. Im heutigen Sudan, besonders in den Städten, ist eine Veränderung in der Kleidung bei jungen muslimischen Frauen offensichtlich. Der traditionelle *tob* wird nur noch von älteren Frauen und Frauen, die im Öffentlichen Dienst arbeiten, getragen. Universitätsstudentinnen, die vor etwa 10 Jahren noch westliche Kleidung – auch Jeans – bevorzugten, kleiden sich seit ein paar Jahren nach der Art der Muslimschwestern: langer Rock, Bluse mit langen Ärmeln, Kopftuch. Diese Kleidung wird heute von fast allen jungen Frauen bevorzugt und nicht nur, weil die den Vorschriften der fundamentalistischen Regierung folgen. Die Frauen behaupten, dass Männer sie in dieser Kleidung nicht belästigen würden. Der traditionelle *tob* bedeckt nicht immer ausreichend Haare und Beine. Das würde schon ausreichen, um von den sogenannten ›islamischen Polizisten‹ zurechtgewiesen zu werden. Aber sobald Frauen ihr Haar mit einem Tuch verdecken, lange Röcke und Blusen mit langen Ärmeln tragen, könnten sie unbelästigt durch die Straßen gehen. Viele junge Frauen machen das Beste aus den Kleidervorschriften. Sie tragen hübsche Röcke und Blusen und variieren die Kopfbedeckung sehr attraktiv. Sie behaupten, dass diese Kleidung nicht nur Schutz ist, sondern, dass sie praktischer sei als der traditionelle *tob*. Sie könnten sich darin freier bewegen und außerdem sei diese Kleidung nicht so teuer wie ein *tob*.

Christentum

Um die muslimischen Nordsudanesen und ihre ägyptischen Glaubensbrüder nicht unnötig zu provozieren, verfügte 1889 der britische Generalgouverneur im Sudan, Lord Kitchener, dass den christlichen Missionaren die Arbeit im Nordsudan untersagt werden sollte. Die britische Kolonialregierung, die unter dem Druck der britischen Öffentlichkeit stand, konnte die christliche Missionierung jedoch nicht völlig verbieten. 1901 reisten die ersten Missionare in den Südsudan. Damit begannen die Probleme des ohnehin von Gegensätzen geplagten Landes. Der Sudan wurde in zwei Gebiete geteilt: Islam im Norden und Christentum im Süden. Trotz der anfänglichen Ablehnung durch die südsudanesische Bevölkerung konnten vor allem die „Verona Padres", deutschsprachige Missionare aus Tirol und Österreich, bei den nilotischen Völkern Fuß fassen. Sie leiten auch heute noch die Mehrzahl der Missionsschulen, nicht nur im Südsudan, sondern auch in fast allen größeren Städten des Nordens.

Mit großen Schwierigkeiten hatten die Missionare der anglikanischen Kirche (CMS) zu kämpfen. Ihnen war durch die Kolonialregierung die südliche Provinz Equatoria zugeteilt worden. Durch Krankheiten geschwächt und von der Regierung und Kirche finanziell kaum unterstützt, war es den Missionaren erst 1912/13 möglich, kleine Missionsstationen zu eröffnen. Die Völker dieser Region waren nicht sonderlich interessiert, von den Missionaren bekehrt zu werden. Schulen und Krankenhäuser brachten jedoch einen gewissen Erfolg für die Missionare. Heute schätzt man die Christen im Sudan auf etwa 2 Millionen. Es sind hauptsächlich Schüler und Schülerinnen aus den Missionsschulen, die die heutige südsudanesische Elite ausmachen.

Eine christliche Minderheit bilden die Kopten in den Städten des Nordsudan. Sie leben seit vielen Generationen im Sudan. Sie sind tüchtig und gehören zur wohlhabenden Elite. Viele verlassen heute das Land, da sie sich von den islamischen Fundamentalisten belästigt fühlen. Sie immigrieren nach England, Kanada und Australien oder leben bei Verwandten in Ägypten.

Traditionelle Religionen

Fast ein Drittel der Sudanesen und Sudanesinnen sind Anhänger traditioneller afrikanischer Religionen, auch wenn sie sich als Muslim oder Christ bezeichnen. Die Vielzahl der verschiedenen Glaubensrichtungen der traditionellen Religionen und die damit in Zusammenhang stehenden Rituale, Symbole, Einstellungen und Verhaltensweisen können hier nicht aufgezählt werden und sind zum Teil auch noch nicht wissenschaftlich erforscht. Eines hat jedoch die überwiegende Zahl dieser Religionen gemeinsam: Ihre Anhänger glauben an ein „Höchstes Wesen", an eine Gottvater-Figur, die über alles wacht. Die bisher bekannten Religionen unterscheiden sich durch ihre Rituale, Symbolik und Vermittler, die zwischen dem „Höchsten Wesen" und den Menschen stehen. Bei einigen Völkern sind die Ahnen die Vermittler, bei anderen sind es die Priester, oder auch beide.

Die Anhänger traditioneller Religionen haben eines gemeinsam mit ihren christlichen und muslimischen Landsleuten: Auch ihre Verhaltensweisen und Einstellungen werden sehr stark von der Religion geprägt.

A'in- Der „Böse Blick"

Bei der Mehrheit der Sudanesen spielt volksreligiöses Denken eine wichtige Rolle. Gebildete Sudanesen lehnen zwar die volksreligiösen Ansichten ab, das hindert sie jedoch nicht, im Unterbewussten daran zu glauben und danach zu handeln.

Weitverbreitet ist der Glaube an a'in (Böser Blick). Neid gilt als eine der Ursachen. a'in kann bewusst oder unbewusst sein. Kinder sind besonders gefährdet, deshalb sollten sie nicht zu sehr bewundert werden. Eine Mutter gibt ungern die genaue Anzahl ihrer

Kinder an. Viele Kinder verursachen Neid. Zahlreiche Sudanesen glauben, dass Kinder durch *a'in* erkranken und sogar sterben. Um den *a'in* abzuwenden, tragen kleine Kinder und oft auch Erwachsene Amulette mit Koransuren, aber auch Silbermünzen, Ketten aus Bernstein und blauen Steinen und die abwehrende Hand der Fatima. Zusätzlich versucht man durch Verbrennen besonderer Dufthölzer und Essenzen *a'in* abzuwenden.

Zar-Kult

Für viele sudanesische Frauen spielt der Zar-Kult eine wichtige Rolle. Männer werden bei der Zeremonie nicht zugelassen. Für die Frauen übernimmt der *Zar* die Rolle der Sufi-Männer-Bruderschaften, die ihren Mitgliedern durch Trance psychische Heilverfahren versprechen. Außerdem ist das Zusammentreffen beim *Zar* eine sehr beliebte Möglichkeit der Kommunikation unter Frauen.

Der *Zar* ist eine Art von Sühneopfer für den Dämon Zar, im Arabischen auch *ar-rih el achmar,* der rote Wind, genannt. Die Kulthandlung wird von Musik und Tanz begleitet. Blutopfer sind entweder Tauben oder ein Hammel. Anhänger des *Zar* glauben, dass bestimmte Menschen von dem Dämon Zar besessen sind, der ihnen zeitlebens großes Unbehagen bereitet und nur durch ekstatische Tänze, Geschenke und Opfer vorübergehend besänftigt werden kann. Der *Zar* wird vom Islam abgelehnt. Er ist zu weit vom Islam entfernt, als dass ein Versuch unternommen wurde, ihn zu „islamisieren". Die Anhängerinnen des Kults betrachten sich aber durchaus als Musliminnen und halten sich an die Gebote des Islam.

Der Ursprung des *Zar* ist nicht bekannt. Eine Quelle gibt an, dass der Kult durch Sklavinnen über Ägypten und Saudi-Arabien in den Sudan gekommen ist. Die Mehrzahl der *Zar*-Priesterinnen stammen – ethnisch gesehen – aus den Bevölkerungsgruppen, die als Sklaven in den islamischen Nordsudan gebracht wurden. Die Anhängerinnen des Kults kommen aus allen gesellschaftlichen Schichten. Es sind verheiratete, geschiedene, verwitwete und unverheiratete Frauen. Kranke Frauen werden zwar zunächst einen Arzt oder einen *Faki* (heiliger Mann) konsultieren, aber wenn ihnen dort nicht geholfen werden kann, werden sie eine *Zar*-Priesterin aufsuchen. Viele seelisch kranke Frauen werden direkt von ihren Verwandten zu der Priesterin (*Scheicha*) gebracht.

Die Aufgabe der *Scheicha* verlangt Einfühlungsvermögen, Kenntnis der menschlichen Empfindlichkeit, Autorität, mystische Macht und auch Charisma, damit es ihr möglich ist, die Krankheit zu diagnostizieren und die Patientin zu beeinflussen. Die *Scheicha* entscheidet, welches Sühneopfer der Dämon verlangt. Bevor der Dämon befriedigt werden kann, muss seine Identität festgestellt werden. Das geschieht durch das Öffnen der Kiste. Dazu werden benötigt: u.a. Zucker, Kaffee, Parfüm, Süßigkeiten, Getränke, Kerzen und ein Taubenpaar. Die häufigsten Dämonen sind: Derwisch, Äthiopier, Araber, schwarzer und weißer Mann. Jeder Dämon steht in Verbindung mit besonderen Symptomen der Krankheit. Er wird durch besondere Lieder, Tänze, Kleidung und andere Forderungen charakterisiert. Zum Beispiel verlangt der Dämon „weißer Mann" das Tragen von europäischer Kleidung, das Rauchen von Zigaretten und Trinken von Alkohol. Die Patientin und die anwesenden Teilnehmerinnen der Zar-Veranstaltung folgen den Wünschen des Dämons. Die Patientin wird gekleidet wie der *Zar* (sie selbst) es wünscht, und sie tanzt, raucht und trinkt gemeinsam mit den anwesenden Frauen.

Die *Zar*-Veranstaltung findet entweder im kleinen Kreis mit Verwandten statt, oder es nehmen viele Frauen aus der gleichen sozialen Schicht wie die Patientin daran teil. Die Zeremonie beginnt gewöhnlich nachmittags. Der Vormittag wird von den Frauen dazu benutzt, Mahlzeiten und Getränke für die Besucher vorzubereiten. Ein großes Zimmer wird ausgeräumt und mit Strohmatten und Matratzen ausgelegt. Einige Stühle an den Wänden sind für ältere Besucherinnen reserviert. Die meisten Frauen sitzen auf Matten am Boden. Gegenüber der Eingangstür sitzt die *Scheicha*, umgeben von ihren Assistentinnen, die für Gesang- und Trommelbegleitung verantwortlich sind. Die für die Zeremonie benötigten Gegenstände – Weihrauch, Parfüm, Alkohol, Bekleidung für die Zar-Dämonen, Zigaretten – liegen neben der *Scheicha*. Der Platz in der Mitte des Zimmers wird für den Tanz frei gehalten.

Jede Teilnehmerin der Zeremonie begrüßt zunächst die *Scheicha* und zahlt den Obolus. Durch Beweihräuchern reinigt die *Scheicha*

Zar-Zeremonie, Scheicha (l) mit Besucherin

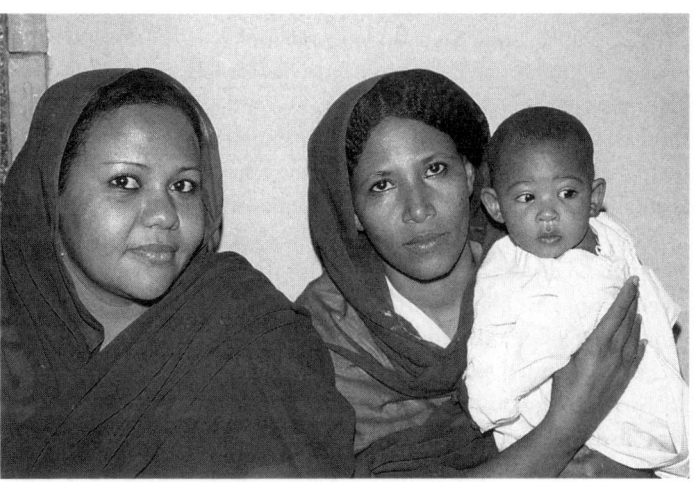

Frauen aus Sennar, Zar-Besucherinnen

symbolisch die äußeren Körperteile der Besucherin. Durch das Ein-
atmen des Weihrauchs reinigt die Besucherin ihr Inneres. Während
dieses Rituals ruft die *Scheich*a immer wieder den Geist, damit er
sich erkenntlich zeigt und befriedigt werden kann. Die Assistentinnen unterstützen sie durch Trommeln und Singen in einem besonderen Staccato-Rhythmus. Falls die Patientin oder eine der anwesenden Frauen von einem der angerufenen Geister besessen ist,
wird sie anfangen zu zittern, sich im Rhythmus der Musik hin und
her bewegen und dann zur Zimmermitte laufen und den Tanz beginnen. Andere Frauen kommen dazu. Viele fallen in Trance und
tanzen in völliger Abstraktion zu dem hypnotischen Staccato der
Trommeln. Nach einiger Zeit wird die *Scheicha*, die oft als arabischer Mann verkleidet ist, sich der in Trance befindlichen Frau nähern. Sie berührt die Frau vorsichtig mit ihren Händen und spricht
leise und immer wieder: „Du bist geheilt, es geht dir gut, entspanne
dich ...“ Auch den anderen Frauen, die sich in Trance getanzt haben, wird die *Scheicha* helfen, langsam und vorsichtig wieder in
die Wirklichkeit zurückzufinden. Die Frauen erwachen langsam
aus der Trance, sinken zu Boden und fühlen sich entspannt und
befreit. Während der Zeremonie wird das Opferlamm oder werden
Tauben geschlachtet und zubereitet. Die gemeinsame Mahlzeit am
Ende der Zeremonie soll der kranken Frau das Gefühl geben, dass
sie mit der Sympathie der Anwesenden rechnen kann. Das hilft ihr
ebenfalls, mit ihren Problemen fertig zu werden.

Um die Funktion des *Zar*-Kults analysieren zu können, muss
er im Rahmen der Frauenrolle in der sudanesischen Gesellschaft
gesehen werden. Die Tradition erlaubt den Frauen nur eine untergeordnete Stellung. Bestimmte Rechte und Wünsche werden ihnen
nicht zugestanden. Die Erfüllung von bestimmten unterdrückten
Wünschen wie das Rauchen, wildes Tanzen – dienen als Ausweg
für unbefriedigte Gefühle. Frauen verhalten sich während der *Zar*-
Zeremonie, wie es ihnen normalerweise nicht zugestanden wird.
Von Männern wird der *Zar* als Erpressungstaktik angesehen. Die
Geister verlangen oft Kleidung, Silber- und Goldschmuck für die
kranke Frau. Der Ehemann wird durch die religiöse Grundlage der
Forderung und durch die öffentliche Bekanntgabe gezwungen, den
Wünschen zu entsprechen. Außerdem ist die Angst vor übernatürli-

chen Kräften bei Frauen und Männern üblich. Ein Mann wird sich daher dem Wunsch seiner Frau, die in Verbindung mit *Zar* steht, nicht widersetzen, auch wenn es ihn oft in finanzielle Schwierigkeiten hineinzieht.

Krankheit ist der häufigste Grund, eine *Zar*-Zeremonie einzuberufen. Das Heilen ist einer der wichtigsten Gesichtspunkte des Kults. Krankheiten, die lange Zeit fortdauern, werden der Besessenheit durch Geister zugeschrieben. Die meisten Frauen, die *Zar*-Priesterinnen konsultieren, klagen über Frustration, Depression und Gleichgültigkeit. Gründe hierfür sind überwiegend innerhalb der Familie zu finden. Der Ursprung des Konflikts ist oft die zweite Frau des Ehemanns. Die erste Frau ist eifersüchtig und gekränkt. Sie sucht jedoch eher die Schuld bei der zweiten Frau als bei ihrem Mann. Die beiden Frauen werden um die Aufmerksamkeit des Mannes in Konkurrenz treten. Krankheit ist ein Weg, seine Aufmerksamkeit zu erregen. Die oft im gleichen Haushalt lebende Schwiegermutter kann auch Ursache der Depressionen sein. Doch der häufigste Grund für eine *Zar*-Zeremonie ist Unfruchtbarkeit der Frau. Eine Frau ohne Kinder wird öffentlich kritisiert, besonders von den Verwandten des Ehemannes. Ihr Mann droht mit Scheidung oder einer zweiten Ehe. Es wird immer angenommen, dass die Kinderlosigkeit Schuld der Frau ist.

Die Neureichen der Städte benutzen manchmal die *Zar*-Zeremonie, um zu prahlen. Sie führen ihre Kleidung nach neuester Mode vor und protzen mit ihrem Goldschmuck. Traditionell ist diese Art des Vorzeigens von Reichtum nur bei Hochzeiten üblich. Die Mehrheit der *Scheichas* lassen sich nicht kaufen. Sie sind überzeugt von ihren Heilungsmöglichkeiten und nutzen sie nur bei echten *Zar*-Zeremonien.

Politik und Empowerment

Frauen des Widerstands

Erstrebenswert für eine traditionelle sudanesische Familie ist es, dass sich die heranwachsenden Töchter überwiegend im häuslichen Bereich aufhalten. Ihre Jungfräulichkeit und Bescheidenheit sind nach außen Schlüsselfaktoren in der Wahrnehmung von Würde und Status der Familie.

Mit der Gründung der ersten sudanesischen Frauenbewegung „Educated Girls' Association" wurde dieses Verhalten gegenüber heranwachsenden Töchtern erstmals in Frage gestellt.

Dr. Zeinab El Fateh, eine der ersten hochgebildeten sudanesischen Frauen und Mitbegründerin von „Educated Girls' Association", die 1947 im Hause der Fatma Talib gegründet wurde, meinte: Die sudanesischen Frauen der städtischen Mittelklasse akzeptierten ohne Entgegentreten ihre Rollen als „süßer Liebling" und „Verzierung des Hauses", das isolierte Haremsleben und die Vormundschaft männlicher Familienmitglieder. Mit Dr. Zeinab El Fateh meinten viele gebildete Frauen, dass nun die Zeit gekommen sei, die traditionellen Frauenrollen zu verändern. Sie wollten nicht mehr „Hausschmuck", „süße Lieblinge" und nur Hausmütter sein, sondern sie wollten aktiv an der allgemeinen Entwicklung des Landes teilnehmen.

Die Pionierinnen der Frauenbewegung organisierten zunächst Unterrichtsklassen, in denen Frauen lesen und schreiben lernen konnten. Daneben wurde Ernährung, Hygiene und Hauswirtschaft gelehrt. Bald folgten andere Frauengruppen dem Beispiel. Die Dachorganisation „Sudanese Women's Union" wurde 1951 gegründet. Zu der Zeit wurden die Frauengruppen auch von einigen gebildeten Männern unterstützt.

Die ersten Emanzipationsbewegungen konzentrierten sich zunächst auf Sozialarbeit. Sie bestanden auf Gründung einer Schwestern- und Hebammenschule in Omdurman. Später wurde eine zweite Schule dieser Art in Khartum eröffnet. Frauen aus den ländlichen Gebieten wurden ermuntert, sich den Frauenbewegungen anzuschließen. Journalistinnen bekamen eine „Frauenseite" in den nationalen Zeitungen.

Die politische Emanzipationsbewegung begann mit dem Ansteigen des Nationalismus in den 40er- und 50er-Jahren und durch den Kampf für die Unabhängigkeit des Landes. Die ersten Frauenbewegungen waren verbündet mit linken demokratischen Organisationen. Gleiche Rechte für Frauen und Neugestaltung des Familienlebens waren die Hauptanliegen. Als Frauen und Mädchen das erste Mal gemeinsam mit Männern in politischen Demonstrationen an der Oktober-Revolution teilnahmen, die 1964 das Militärregime von General Aboud stürzte, und eine von ihnen, Bakheita El Hafyan, getötet wurde, fand ein plötzlicher und dramatischer Zusammenbruch einer Anzahl von Mythen in Bezug auf sudanesische Frauen statt. Zum ersten Mal im modernen Sudan zeigte es sich, dass Frauen eine politische Kraft besaßen, die fähig war, Aktionen von nationaler, politischer Bedeutung zu organisieren und daran teilzunehmen.

Die sechziger Jahre waren die aktivste Zeit der „Sudanese Women's Union". Es herrschte eine demokratische progressive Regierung. Die sudanesischen Frauen erkämpften für sich unter anderem aktives und passives Wahlrecht und gleiche Bezahlung für gleiche Arbeit. Unter der darauf folgenden Militärregierung von Präsident Nimeri (1969–1985) erhielten Frauen zum ersten Mal in der modernen Geschichte des Sudan hohe Regierungsposten. Frauen wie Nafiesa El Amin, Fatima Ahmed Ibrahim, Um Salomon Said bekamen wichtige Ministerposten. Das Verhältnis in der Volksversammlung zwischen Frauen und Männern von 1 zu 20 war höher als in vielen westlichen Ländern. Fatima Ahmed Ibrahim wurde als erste Frau ins sudanesische Parlament gewählt. Sie setzte sich ihr ganzes Leben für Frauenrechte, Meinungsfreiheit und soziale Gerechtigkeit ein. Für ihre hartnäckige Unerschrockenheit wurde sie in Berlin mit dem Ibn-Rushd-Preis für freies Denken ausgezeichnet.

1985 wurde Präsident Nimeri, der in seinen letzten Regierungsjahren die „National Islamic Front" sehr gefördert hatte, durch einen Volksaufstand gestürzt. Es folgte eine einjährige zivile Übergangsregierung, die freie Wahlen vorbereitete. Die Mehrheit wählte 1986 die islamische UMMA-Partei unter Sadiq El Mahdi. Nur eine Frau, Rashida Ibrahim Abdel Karim, erhielt einen Ministerposten unter seiner Regierung. Erwähnenswert ist, dass sich viele Frauen für die „National Islamic Front" entschieden. Als am 30. Juni 1989 die Regierung Sadiq El Mahdis durch einen Militärputsch von Omar Hassan al Bashir gestürzt wurde, kam die große Stunde für die „National Islamic Front" unter Hassan El Turabi. Die National Islamic Front ist seitdem die mächtigste Partei im Sudan. Die beiden einzigen weiblichen Mitglieder des Parlaments sind von der „National Islamic Front". Zwei weitere Frauen erhielten hohe Regierungsämter, eine ist Sozialministerin und die zweite Regionalministerin für Gesundheit. Im März 1999 ernannte Präsident Bashir, Zeinab Mohammed Mahmoud Abdel Karim zur ersten Botschafterin des Sudan.

Die „Sudanese Women's Union" wurde verboten. Der Union werden linksgerichtete Tendenzen vorgeworfen, die nicht im Sinne der jetzigen Regierung sind. Der Ehemann von Fatima Ahmed Ibrahim – El Sharif Ahmed El Skeikh – war Generalsekretär und Vizepräsident des internationalen Gewerkschaftsbundes, wurde von der Militärregierung 1971 hingerichtet, da er sich weigerte, Minister in der Militärregierung Nimeris zu werden. Fatima Ahmed Ibrahim wurde umgehend verhaftet und zweieinhalb Jahre eingesperrt. Sie floh 1990 ins Exil nach London, da sie wegen ihres Kampfes für Menschenrechte und Gleichberechtigung verfolgt wurde. Sie arbeitete im Untergrund weiter als Präsidentin der „Sudanese Women's Union". Ihre Organisation wurde als erste Frauenorganisation weltweit 1993 mit dem UN-Menschenrechtspreis ausgezeichnet. Sie setzte sich für die Beendigung des seit fast 20 Jahren anhaltenden Bürgerkriegs ein und forderte Freiheit für ihre Geschlechtsgenossinnen, die am meisten unter dem fundamentalistischen Militärregime zu leiden hätten. „Die Regierung unterdrückt die Frauen im Namen des Islam", sagte Fatima Ahmed Ibrahim in einem Zeitungsinterview[26]. Sie seien seit 1989 aus vielen Bereichen des öffentlichen Lebens sowie zahlreichen Berufen

---

26 Aus: Frankfurter Rundschau, 24.01.1995

verdrängt worden. Das Regime von Omar Hassan al Bashir unterwerfe die Frauen zudem rigiden Kleidungsvorschriften. Statt des traditionellen *tobs* sollen die Frauen den *Hijab*, und eine Art Kaftan aus dickem Stoff tragen, der ihren gesamten Körper mit Ausnahme von Händen und Gesicht verhüllt. „Aber wir Frauen haben selbst zu entscheiden, was wir tragen und was nicht. Wir werden weiter für unsere traditionelle Tracht kämpfen." Frauen, die sich den neuen islamischen Kleidervorschriften nicht beugen, werden ausgepeitscht. Dem Strafgesetz zufolge könnten sie wegen Tragens „anstößiger Kleidung" mit bis zu 40 Hieben bestraft werden. Das treffe auch Frauen, für die der Hijab-Zwang nicht gelten dürfe, weil sie nicht muslimischen Glaubens seien.

Inzwischen hat sich die Lage der sudanesischen Frauen verbessert. Frauen im Sudan sind in erster Linie Mütter und Ehefrauen. Darin liegt ihre Stärke. Langsam und diplomatisch arbeiten sie darauf hin, ihre Rechte wieder zu erlangen und neue zu bekommen. Die Kleiderordnung wird heute nur noch begrenzt eingehalten. Verheiratete Frauen und berufstätige Frauen können wieder den traditionellen *tob* tragen, solange die Haare bedeckt sind. Die jungen Frauen und Mädchen kleiden sich vorwiegend nach der allgemeinen und jetzt auch modischen islamischen Kleiderordnung: ein langer Rock, Bluse mit langen Ärmeln und den Kopfschleier. Schwierigkeiten haben nur Studentinnen, die den Campus in Hemd und enger Hose betreten. Sie werden verhaftet und dem Richter vorgeführt. Dort müssen sie dann unterschreiben, dass sie das Gesetz nicht wieder übertreten werden, andernfalls werden sie mit 20 Stockschlägen bestraft. Wie in Saudi-Arabien üblich, sollte den sudanesischen Frauen auch das Autofahren verboten werden. Bisher haben sich die Gesetzeshüter damit nicht durchsetzen können.

Fatima Ahmed Ibrahim kehrte nach 16 Jahren Exil wieder in den Sudan zurück. Die kommunistische Partei sandte sie von neuem als Abgeordnete ins Parlament. Dort hält sie trotz ihrer 80 Jahre noch immer leidenschaftliche Reden.

Die schwachen Verbesserungen im Leben der sudanesischen Frauen haben bisher leider nur Gültigkeit für die Städterinnen der Mittelklasse. Frauen aus den ländlichen Gebieten werden nicht von politischen Organisationen oder Gesetzen erfasst, die deren Leben verbessern könnten. Die meisten von ihnen verbringen ihre Zeit bei der Feldarbeit. Sie sind verantwortlich für die Kinder und die Ernährung der Familie. Sie müssen weite Wege zurücklegen, um Wasser für den Haushalt zu holen. Nur wenige Frauen gehen selbst zum Markt, um ihre Produkte, wie Körbe, Matten, Gemüse aus Eigenanbau, zu verkaufen. Das übernehmen Mittelsmänner oder -frauen. Dadurch haben die Landfrauen kaum Kontrolle über die Familienfinanzen. Freizeit ist für sie Luxus.

In den Städten arbeiten heute Frauen aus unteren Schichten in Berufen, die in der Vergangenheit ausschließlich Männern offen standen. Sie sind Boten in Regierungsstellen und im Niedriglohnbereich der Industrie tätig. Immer mehr streben die berufliche Selbstständigkeit an. Frauen treten als Händlerinnen in den Märkten der Städte auf. Sie verkaufen normalerweise Nahrungsmittel wie Hirsebrot und Eier oder haben kleine Teeküchen. Aber keine dieser Beschäftigungen ist gesellschaftlich anerkannt. Junge, unverheiratete Frauen werden kaum eine dieser Tätigkeiten betreiben. Die Mehrzahl der Frauen, die diese Art der Arbeit ausübt, sind geschiedene ältere Frauen oder Witwen, die durch eine finanzielle Notlage verantwortlich sind, ihre Familie zu ernähren.

Einige der Rechte der von „Sudanese Women's Union" eingebrachten Gesetzesvorlagen wurden in die Verfassung übernommen. Sie lauten wie folgt:

• Gleiche Bezahlung für gleiche Arbeit angestellter Frauen in städtischen Bereichen;
• Soziale Leistungen und Pensionen für weibliche Staatsangestellte;
• Zwei Monate bezahlter Schwangerschaftsurlaub – täglich eine Stunde frei für stillende Mütter und
• einen Tag frei für die monatliche Periode;
• bezahlten Urlaub bis zu fünf Jahren, wenn die Ehefrau ihren Mann begleitet, der außerhalb des Landes studiert oder arbeitet;
• Passives und aktives Wahlrecht;
• Das Recht, den Ehemann zu wählen;

- Das Recht, in dem Ehevertrag eine Klausel einzusetzen, die Frauen eine Scheidung erlaubt;
- Das Recht, sich scheiden zu lassen, wenn der Ehemann drei Jahre abwesend ist;
- Scheidungsersuchen seitens des Mannes nur vor einem Richter[27];
- Abschaffung des „Bat eta'ah" – aus dem Islamischen Gesetz, das dem Ehemann erlaubt, seine entflohene Ehefrau mit Polizeigewalt wieder zurückzuholen;
- Änderung der *Schari'a,* in dem der Unterhaltsbeitrag für die Frau von einem Viertel auf die Hälfte des Gehalts des Ehemannes erhöht wurde.

Den meisten sudanesischen Frauen sind die vorgenannten Reformen nicht bekannt. Inwieweit diese wirklich angewendet werden, ist bisher nicht untersucht worden.

Seit Beginn der Frauenbewegungen haben die aktiven Mitglieder versucht, sudanesische Frauen davon zu überzeugen, dass gewisse traditionelle Praktiken gesundheitsschädlich seien, wie die weibliche Beschneidung und das Skarifizieren des Gesichts. Das Skarifizieren des Gesichts wird kaum noch durchgeführt. Die Abschaffung der weiblichen Genitalverstümmelung/Beschneidung – wie in diesem Buch ausführlich beschrieben[28] – ist noch immer nicht erfolgreich (siehe hierzu auch Kapitel „Menschenrechtsverletzungen").

Es sollte jedoch nicht unerwähnt bleiben, dass Mahasin Saad und andere Frauen es schon 1965 schafften, die erste Familienplanungsberatungsstelle zu eröffnen. Heute sind in allen größeren Städten Niederlassungen zu finden, auch die ländlichen Gebiete sind mit einbezogen. Außerdem organisieren sich mehr Frauen auf politischer und privater Ebene, um das Los der ländlichen und armen städtischen Frauen zu verbessern.

---

27 Ein muslimischer Mann kann sich von seiner Frau scheiden lassen, indem er vor zwei männlichen Zeugen dreimal ruft: „Ich lasse mich von dir scheiden!" Für eine Frau ist es aber immer noch sehr schwierig, sich scheiden zu lassen, wenn der Mann nicht damit einverstanden ist.
28 Siehe Kapitel „Menschenrechtsverletzung"

Empowerment – ein Konzept?

Seit mehreren Jahren reagieren die Menschen aus den Entwicklungs- und Schwellenländern eher negativ auf Einflüsse der westlichen Industrienationen. Gründe sind vielseitig und sollen in diesem Buch nur aus der Sicht der sudanesischen Frauen definiert werden.

Zumeist wohlmeinende Menschen aus industrialisierten Ländern versuchen sudanesischen Frauen zu erklären, was sie tun oder lassen sollen, um ihr Leben zu verbessern. Der Maßstab ist die westliche, gebildete, liberale Frau der Mittelklasse. Jedoch werden oft Informationen von Personen bezogen, die mit dem wahren Leben der Frauen aus den Entwicklungsländern und Schwellenländern nicht vertraut sind. Probleme der Akzeptanz entstehen durch gebildete, westlich demokratisch orientierte Vermittlerinnen, die ihren Schwestern keinen Gefallen tun, wenn sie unterstellen, dass ihr Bestreben allgemein und ein Ziel für alle ist.

Belehrungen des Westens sind nicht die Antwort auf die Probleme der muslimischen Welt. Die Menschen versuchen, ihr Leben durch ihre eigenen Bräuche und Traditionen und durch ihre Religion – den Islam – zu verbessern. Aber wie in diesem Buch deutlich wird, gibt es verschiedene Interpretationen über Aussagen des Islam, besonders im Familienrecht. Diese Interpretationen begünstigen eher Männer als Frauen. Sie halten besonders die traditionellen Werte aufrecht, die sich auf die Position der Frauen in der Gesellschaft beziehen und die Familienehre berühren.

Wirtschaftliche Umstände erzwingen einen Wandel dieser Traditionen und Werte. Die steigende Inflation, Bevölkerungswachstum, Konkurrenz im Marktgeschehen, die Notwendigkeit für Bildung zwingen Frauen in die Marktwirtschaft. Sogar in einer so traditionellen Gesellschaft wie im Sudan, in der die Männer, besonders der städtischen Mittelschicht, ihren Frauen nur widerstrebend erlauben, Arbeit außerhalb des Hauses anzunehmen. Wenn Hunger die Alternative ist, bleibt keine Wahl. Der Vergleich der nachstehenden Interviews mit Frauen heute und denen vor etwa 15 Jahren durchgeführten Befragungen ist sehr aussagekräftig. Durch den Öl-Boom befindet sich der Sudan, bisher hauptsächlich die Hauptstadt Khartum, in einem enormen Aufschwung. Die

Projekt Selbsthilfe Nähgruppe

Verkauf der hergestellten Arbeiten

87

Menschen auf dem Lande und den städtischen Randgebieten profitieren bisher kaum von dem gesellschaftlichen und wirtschaftlichen
Wandel.

Um die Mehrheit der Frauen zu unterstützen, sich dem rapiden
gesellschaftlichen Wandel und ihrer sich fortwährend verschlech-
ternden Umwelt anzupassen, lenkten die Vereinten Nationen schon
im Jahr der Frau 1975 weltweit ihre besondere Aufmerksamkeit auf
die Situation von Frauen. In verschiedenen Erklärungen und Abkommen formulierten sie die Belange, Bedürfnisse und machten
auf die tägliche Verletzung von Frauenrechten aufmerksam. Die
Erklärung der Vereinten Nationen im Jahr der Frau konzentrierte
sich auf zwei Möglichkeiten, Frauen zu unterstützen: Bewusstseinsförderung und das Erwerben von Fertigkeiten. Es wurde angenommen, wenn Frauen ihre Rechte kennen und Fertigkeiten erlernen,
die ihnen vorher verschlossen waren, dann würde Empowerment[29]
folgen.

Empowerment wurde definiert als „ein Prozess zur Veränderung der Machtverteilung in zwischenmenschlichen Beziehungen
und allen gesellschaftlichen Einrichtungen." Empowerment ist
bedeutungsvoll für alle benachteiligten Gruppen der Gesellschaft,
besonders für Frauen auf allen Ebenen der Gesellschaft, innerhalb
und außerhalb der Familie. Empowerment ist ein Weg für Frauen,
Kontrolle über ihr Leben zu bekommen, Wissen über ihre Rechte in
der Gesellschaft und ihre Durchsetzung innerhalb ihres Haushalts
und in der Familie.

Im Familienverband sollte eine Frau an wichtigen Entscheidungen teilnehmen und verlangen, dass Männer sich an der Hausarbeit
beteiligen. Sie sollte Entscheidung über die Größe ihrer Familie
treffen können. Bei Erwerbstätigkeit sollte sie über ihr Einkommen
verfügen können und entscheiden, was damit geschehen soll. Eine
Frau sollte stolz auf sich sein, auf ihre Fertigkeiten und auf ihre Arbeit. Sie sollte sich zutrauen, für sich und ihre Familie die richtige
Entscheidung zu treffen. Sie sollte Gewalt verhindern können. Um

---

29 Förderung und Stärkung benachteiligter Gruppen. Bei der VN-Konfe-
renz 1994 in Kairo wurde Empowerment mit „Ermächtigung" übersetzt.

das zu erreichen, benötigen Frauen Unterstützung auf Gemeinde- und staatlicher Ebene sowie Einrichtungen, die ihnen helfen und sie unterstützen. Und auf die Männer, falls notwendig, Druck aus- zuüben. Es ist ein Prozess, der Frauen ein neues Selbstbewusstsein geben wird.

Das ist nicht leicht. Die ausführlichen Interviews am Ende des Buches erklären die vielen Probleme, mit denen sudanesische Frau- en konfrontiert werden. Viele Frauen fühlten zwar die Benachteili- gung. Sie waren sich während der ersten Interviews 1989/99 nicht bewusst, dass alles anders sein könnte. Bei einigen der befragten Frauen war es möglich, ihr Leben bis heute zu verfolgen. Das den Interviews nachfolgende Ergebnis ist bemerkenswert. Die 2008 in- terviewten Frauen haben unterdessen viel durchsetzen können. Da es sich aber hauptsächlich um gebildete Städterinnen handelt, ist der Vergleich für den ganzen Sudan nicht repräsentativ. Um aber einen allgemeinen Wechsel auf allen gesellschaftlichen Ebenen zu schaffen, müssen viele Ursachen in Betracht gezogen werden, die es zunächst zu beseitigen gilt. Einige davon werden hier aufgeführt:

- Hohe Arbeitsbelastung
- Mangel an Organisation
- Isolation von anderen Frauen
- Traditionelle Sicht, die Teilnahme von Frauen an Entwicklungsprogrammen ist begrenzt
- Analphabetentum
- Unterernährung/unzureichende Gesundheit
- Armut

Traditionelle Praktiken sind sehr stark ausgeprägt, besonders sol- che, die das Familienrecht lenken. Männer und Frauen stehen unter Druck, sich zu fügen. Doch auf ihre Weise sind Traditionen auch ein Schutz. Veränderungen verursachen Unsicherheit. Familien- praktiken, religiöser Glaube, gesellschaftliche Arbeitsteilung, Hei- ratssitten, das Erziehungssystem und das Gesetz, alles zusammen gibt der Tradition Gültigkeit und widerspricht den Veränderungen. Die traditionelle Gesellschaft verschwört sich, um Frauen auf ihrem Platz zu halten, dabei werden sie als Frauen und Mütter respektiert

Innenarchitektin präsentiert Handarbeiten im Frauenladen Al Sudaniya

und gewürdigt. Aber sie sind kaum in politischen Foren vertreten. Bis der politische Wille nach einer Veränderung stattfindet, wird die untergeordnete Position der Frauen in der Gesellschaft mit all ihren begleitenden Manifesten weiterhin die Norm sein. Außerdem macht es das mühsame Leben der bedürftigen Frauen sehr schwierig, an Programmen zum Empowerment teilzunehmen. Mittellose Frauen haben oft auch keine Möglichkeit, Geld zu verdienen. Entweder haben sie nicht die ausreichende Bildung außer Haus zu arbeiten oder nicht die notwendige Gelegenheit. Sie verbringen ihre ganze Zeit und Energie damit, ihre Familie zu versorgen. Häufig haben sie strenge und autoritäre Männer, Gewalt zu Hause und belastende elterliche Verpflichtungen.

Doch der größte Reichtum der Frauen sind sie selbst. Frauen müssen lernen, sich selbst zu respektieren und auf ihre Fähigkeiten zu vertrauen. Nur so erreichen sie Empowerment. Die gesamte Gesellschaft, besonders ihre Kinder, würden daraus unermesslichen Nutzen ziehen.

Beispiele der Arbeitsteilung sind die folgenden Studien:
Studie[30] Arbeitsteilung der Nomaden in Nord-Kordofan
Frauen (67%): täglich: melken morgens; Tee und Frühstück zubereiten und die Familie versorgen; säubern des Haushalts; Wasser holen und Holz sammeln; Milch verkaufen; Käse und Butter herstellen; melken abends; Abendessen zubereiten; Familie versorgen; Handarbeiten herstellen. Hin und wieder: Jungtiere versorgen, herstellen und reparieren von Matten, Stangen und Seilen für Zelte.
Männer (25%): melken morgens; hüten und aufziehen von Vieh (Kamele, Schafe, Ziegen); zeitweise: Verkauf von Vieh; Lohnarbeit in Städten oder im Ausland.
Kinder (8%): Vieh hüten und aufziehen von Kleinvieh.

---

30   Study of Pastoralists Seasonal Settlement Areas at Sheikan and Um Rawaba Locations, 2002. The Reduction of Natural Resources-Based Conflicts Among Pastoralists and Farmers Project, Nord Kordofan, SOS Sahel International UK

Analyse der Studie[31] Arbeitsteilung und Zeitaufwand im Tagesablauf von sudanesischen Hausfrauen der Mittelschicht. Der tägliche Arbeitszeitplan teilt sich in zwei Phasen. Der erste Teil beginnt morgens für jüngere Frauen bei Sonnenaufgang von etwa 6.30 Uhr bis etwa 11 Uhr. Für ältere Frauen aufgrund der Hilfe durch Töchter beginnt der Tag zwischen 8 und 9 Uhr. Ehemann und Schulkinder werden versorgt, bevor sie das Haus verlassen. Falls Gäste im Haus sind, wird gegen 10.30 Uhr ein Frühstück vorbereitet. Zwischen 10 und 13 Uhr gehen/fahren die Frauen zum Markt. Sie oder Angestellte kaufen und bereiten Lebensmittel für die Hauptmahlzeit vor. In der Zeit werden regelmäßig Nachbarinnen oder Freundinnen besucht oder empfangen. Die Ruhestunden für die ganze Familie in der großen Mittagshitze sind zwischen 13 und 15 Uhr. Die zweite Arbeitsphase beginnt mit letzten Vorbereitungen für die Hauptmahlzeit, die anschließend serviert wird; oft mit Hilfe der Töchter oder Angestellten. Anschließend werden Gäste des Ehemannes bewirtet, oder die Familie besucht gemeinsam Freunde und Verwandte. Gegen 20 Uhr wird das Abendessen serviert.

Die Arbeitsstunden einer jungen Mutter betragen täglich mehr als 12 Stunden. Zusätzlich hat sie oft auch die älteren Familienmitglieder zu betreuen. Durchschnittlich 10 Stunden arbeitet eine Hausfrau, die eine Großfamilie versorgt. Ältere Frauen werden meistens von Töchtern oder Schwiegertöchtern unterstützt. Ihre Arbeitstunden betragen etwa fünf oder weniger. Sie beaufsichtigen kleine Kinder und helfen bei den Vorbereitungen von großen Festen.

Die Männer der städtischen Mittelschicht gehen hauptsächlich nur ihrem Beruf nach. Zuhause lassen sie sich bedienen. Haushalt und Kinder werden von den Frauen versorgt. Nur einige Männer der jüngeren Vätergeneration unterstützten ihre berufstätige Ehefrau beim Einkauf und bei der Beaufsichtigung der Kinder. Männer sind darüber hinaus für alle Aufgaben außerhalb des Haushalts verantwortlich.

---

31   Ismail, Ellen: Social Environment and Daily Routine of Sudanese Women. Case Study of Urban Middle Class Housewives, Dietrich Reimer Verlag Berlin 1982

Telefonieren mit dem Handy

Gründerinnen von Al Sudaniya – erster Frauenladen im Sudan
„Frauen verkaufen für Frauen"

Frauenprojekt: Herstellung von Kleidung für den Verkauf in Al Sudaniya

Einkommen durch Korbherstellung und Verkauf in Al Sudaniya

Berufstätige Frauen haben die gleichen Probleme wie Frauen der Industrienationen. Ohne die Unterstützung durch Kindergärten, Angestellte oder Verwandte, meistens die Großmutter, können sie ihrem Beruf nicht nachgehen.

Abschließend ein Blick zurück in die Vergangenheit.
Seit Menschengedenken haben Frauen die Geschehnisse in der Welt ebenso bewegt wie die Männer. Doch die meisten Überlieferungen erwähnen die männliche Hälfte der Menschheit, die kämpfte, führte, baute und schützte, während die andere Hälfte unsichtbar, stumm, untätig und abwesend zu sein schien. Die Bedeutung und der Einfluss von Frauen als Königinnen, Ehefrauen, Mütter, Konkubinen und Widerstandskämpferinnen wurden bisher selten erwähnt. Doch, was wäre die Welt ohne Frauen?

Im heutigen Nordsudan beweisen Exkavationen, dass mächtige Königinnen unter anderem in der meroetischen Zeit das Reich von Meroe, in der Nähe der heutigen Stadt Shendi, am Nil regierten. Die zweite Periode des Reichs von Kush vergrößerte sich etwa um 300 v.Chr. bis 350 n.Chr. Eine sehr wichtige Frau der damaligen Zeit war Königin Amanishaketo, berühmt durch ihren wunderschönen Goldschatz, der 1834 in ihrer Pyramide bei Begrawiya gefunden wurde. Sie ist gemeinsam mit der Göttin Amesemi auf einer Pfeilersäule des Amun-Tempels in Naq'a – außerhalb der Stadt Meroe – abgebildet. In Naq'a nehmen weitere Königinnen dominante Positionen in dem Relief des Löwentempels ein. Königin Amanitore zeigt durch ihre Haltung auf einem Relief des Löwentempels und des Amuntempels die beherrschende Stellung der Frauen im meroitischen Königreich. Auch die Mutter des Königs, die Kandake, hatte eine sehr wichtige und einflussreiche Position neben dem regierenden König. Bekannter ist Makeda, die Königin von Saba, die in Axum, dem heutigen Äthiopien, im 10. Jahrhundert v.Chr. lebte. Sie dient der Neuzeit als Vorkämpferin fraulicher Freiheit, die sich den Vater ihres Kindes – König Solomon – wählt, ohne ihn zu heiraten. Im Koran wird sie Bilgiz genannt. Sie herrschte als früharabische Matriarchin über ein Handelsreich oder kontrollierte als Anführerin kriegerische Nomaden.

Nuri Pyramiden bei Jebel Barkal

Tempelwand, Musawarat

Dann – als die Religionen, das Judentum, das Christentum und der Islam – sich im Orient und am Nil ausbreiteten – änderte sich die Position der Frauen. Das Matriarchat wurde vom Patriarchat übernommen. Es wurde still um die Frauen. Im Sudan – und nicht nur dort – dauerte es fast 2000 Jahre, bis Frauen durch Bildung, Leistung und Durchsetzungsvermögen die Möglichkeit erlangen, sich zu emanzipieren.

Die jetzige Regierung nominierte zwei Bundesministerinnen und 28 Regionalministerinnen – letztere hauptsächlich für die Süd- provinzen. Außerdem ist eine große Anzahl hochgebildeter Frauen in Führungspositionen tätig.

Schulleiterinnen

Teil 2

Gespräche mit sudanesischen Frauen

Der erste Teil der Gespräche mit sudanesischen Frauen entstand in den Jahren 1988/89. Der zweite Teil beginnt 2007 und endet 2008. Die Interviews mit den Frauen fanden in ihrer häuslichen Umgebung und in ihrem Alltag statt. Soweit die Frauen noch erreichbar waren, wird am Ende der Interviews aus dem ersten Teil eine kurze Darstellung der heutigen (2008) Situation vorgestellt.

Im Sudan werden die drei bekannten Formen von FGM/C[32] arabisch-sudanesischen Sprachgebrauch *tuchur* genannt. Frei übersetzt bezeichnet es „weibliche Beschneidung". Diese Bezeichnung wurde in der Übersetzung bewusst nicht verändert.

1988/89

AIDA
Es ist für die Männer nicht einfach, radikale Veränderungen zu akzeptieren.

Aida ist eine große attraktive Frau von 35 Jahren. Sie ist intelligent, unabhängig und selbstbewusst. Sie ist zweimal geschieden. In beiden Fällen wollte sie die Scheidung. Ihre beiden kleinen Kinder – ein Junge und ein Mädchen – leben bei ihr. Sie erhält ausreichend Geld vom Vater der Kinder, um ihren Lebensstandard aufrechterhalten zu können. Außerdem arbeitet sie im Öffentlichen Dienst, aber gleichzeitig versucht sie, ein eigenes Geschäft zu eröffnen. Sie hat 5 Nähmaschinen gekauft, und 5 Frauen nähen nach Anleitung für Modegeschäfte.

---

32   Female Genital Mutilation/Cutting siehe Abschnitt: Weibliche Genitalverstümmelung

Kindheit

Ich gehöre zu den *Shaigiya* aus dem Nordsudan und bin in einer Großfamilie aufgewachsen. Mein Vater hatte zwei Frauen zur gleichen Zeit. Seine zweite Frau war seine Kusine. Sie war eine geschiedene Frau, weil sie mit ihrem ersten Mann keine Kinder bekam. Es ist Brauch, dass man sich um Verwandte kümmert. Meinem Vater gebar sie 4 Söhne und 2 Töchter. Meine Mutter hatte 11 Töchter und einen Sohn.

Ich wurde in der Gezira (Zentralregion) geboren. Dort arbeitete mein Vater als medizinischer Assistent. Aber den größten Teil meiner Kindheit habe ich in dem kleinen Nildorf bei Karima im Nordsudan verbracht. Unsere Großfamilie stammt aus dem Dorf. Für uns Kinder war der schönste Zeitvertreib das Spielen beim Barkal-Berg, der Berg bei den Pyramiden. In den Ferien und an Festtagen sind wir mit unseren Verwandten und Freunden immer zum Barkal-Berg gegangen.

Ich hatte eine glückliche Kindheit. Aber mit 12 Jahren begann wie bei allen Mädchen die Unterdrückung. Wir durften das Haus nicht mehr verlassen. Wir lernten, uns in einer bestimmten Art, die nicht in unserer Natur liegt, vor Gästen innerhalb des Hauses zu bewegen und benehmen. Wir mussten schüchtern auftreten, wenn wir einem Gast etwas zu trinken brachten. Wir durften uns nicht zu den Gästen setzen. Ich mochte diese Art des Benehmens gar nicht. Alle Mädchen mussten durch diesen Lebensabschnitt. Wir waren nicht glücklich.

Bildung

Mein Bruder hat uns Mädchen damals viel geholfen. Er hatte gerade die Oberschule beendet und mit seinem Studium an der Universität von Khartum begonnen. Er war sehr fortschrittlich. Mein Bruder war älter als ich. Er kam in seinen Ferien immer in unser Dorf. Als er bemerkte, wie wir Mädchen behandelt wurden, begann er mit unseren Eltern darüber zu diskutieren. Mein Bruder gewann den Kampf. Meine Eltern begannen, uns nach dem neuen System meines Bruders zu behandeln. Sie änderten ihre Haltung in Bezug auf unsere Ausbildung. Wie durften wieder aus dem Haus gehen, um Freundinnen zu besuchen. Mein Bruder hat unsere Hobbys unterstützt. Er fand auch heraus, dass die Dorfschule für Mädchen einen sehr schlechten Standard hatte. Er nahm mich daraufhin aus der Mädchenschule und schickte mich in die Jungenschule im Dorf. Ich war damals in meinem 6. Schuljahr. Es war das erste Mal, dass so etwas getan wurde. Das ganze Dorf regte sich zunächst auf. Aber dann haben andere Eltern das Gleiche getan. Eltern schickten ihre Töchter zur Jungenschule, das gab es noch nie!

Nach Beendigung der Grundschule wurde ich nach Berber in die Oberschule geschickt. Wir wohnten im Mädcheninternat. Am Wochenende haben wir immer unsere Verwandten in Berber besucht. Dann bekamen wir einen neuen Schulleiter. Er verbot uns, das Schulgelände zu verlassen, ausgenommen, wir würden von unseren Brüdern oder Vätern direkt vor der Schultür abgeholt. Ich wollte das nicht akzeptieren. Als das Wochenende kam, ging ich wie üblich zu meinen Verwandten. Der Schulleiter versetzte mich zur Strafe in die Schule nach Shendi. Ich war bis zur Aufnahme an der Universität in Khartum in Shendi. Nach drei Jahren Studium habe ich geheiratet.

Ich war schon früh eine Revolutionärin. Die Leute und besonders die traditionellen Leute waren gegen mich. Nur mein Bruder hat mich unterstützt. Meine Schwestern – außer der jüngsten – waren nicht so wie ich. Meine jüngste Schwester ist selbstsicher. Sie hat einen starken Charakter. Sie ist jetzt verheiratet und arbeitet beim Zoll.

Wie denkst du über die weibliche Beschneidung?
Ich bin natürlich dagegen! Mein Vater war ein demokratischer Mann, aber meine Mutter hatte großen Einfluss auf ihn. Sie war sehr traditionell eingestellt. Sie hatte viele Töchter und fühlte sich verantwortlich, ihre Töchter in traditioneller Weise aufzuziehen. Sie hielt traditionelle Erziehung für wichtig in Anbetracht des guten Rufs und zukünftiger Ehen der Töchter. Sie war sehr streng mit uns.

Mein Vater legte immer Wert auf Bildung. Wir sollten viel lernen und das Dorf verlassen, um in den Städten unser Wissen zu erweitern. Bei unserer Beschneidung war mein Vater dabei, damit die Hebamme uns nicht zu sehr verletzte. Er gab uns eine Spritze, sodass der Schmerz nicht so schlimm war. Wir haben es ihm zu verdanken, dass wir nicht pharaonisch beschnitten wurden – wie üblich in unserer Gegend – sondern in einer gemäßigten Art. Mein Vater konnte die Beschneidung nicht verhindern. Nein, denn meine Mutter bestand darauf. Für sie war es wichtig, dass wir einmal heiraten sollten. Sie war der Überzeugung, dass Männer keine unbeschnittenen Mädchen heiraten würden.

Aber ich werde meine Tochter niemals beschneiden lassen, niemals! Ich kann mich noch genau an meine Beschneidung erinnern. Ich war wohl 5 oder 6 Jahre alt. Es war, bevor ich zur Schule ging. Es begann mit einem Fest. Meine Schwestern und ich wurden am gleichen Tag beschnitten. Wir bekamen neue Kleider und wurden mit Henna dekoriert. Aber als die Frau anfing zu schneiden und ich das Blut sah, fing ich an zu weinen und klammerte mich an die Frauen, die mich festhielten. Obgleich ich eine Spritze bekommen hatte, so fühlte ich doch den Schmerz, sah das Blut und das Loch, das sie schnitten. Und sie hielten meine Beine fest. Es war furchtbar, ich fühlte mich wie abgeschlachtet.

Alle meine Schwestern wurden an dem Tag beschnitten, nur meine älteste Schwester hatte Glück. Sie lebte bei einem Onkel, einem medizinischen Assistenten. Er hat bei ihr die *Sunna*, die leichteste Art der Beschneidung, machen lassen. Als meine Schwester in unser Dorf zurückkehrte, war sie 13 Jahre alt. Sie wurde gleich verheiratet. Sie wurde schwanger, und als sie ihr Kind bekommen sollte, entdeckte die Hebamme, dass meine Schwester nur *Sunna* beschnitten war. In dem Moment, als das Baby geboren wurde, beschnitt die Hebamme meine Schwester auf die alte, traditionelle pharaonische Art. Meine Mutter war damit einverstanden, denn die Frauen dachten, dass sie meiner Schwester damit einen Gefallen tun würden. Meine Schwester war zu jung, um sich gegen die pharaonische Beschneidung zu wehren. Es wurde ihr gesagt, dass sie ihren Mann damit erfreuen würde, und sie stimmte zu. In meinem Dorf werden die Mädchen heute nicht mehr pharaonisch beschnitten, sondern nur noch *Sunna*.

Heirat und Ehe
Mit 23 Jahren habe ich zum ersten Mal geheiratet. Ich habe mei-

nen Mann an der Universität getroffen. Wir waren nicht verwandt. Meinen zweiten Mann habe ich ein paar Jahre später geheiratet, nachdem ich meinen ersten Mann um eine Scheidung gebeten hatte. Wir waren beide zu jung für eine Ehe, das stellte sich nach ein paar Jahren heraus.

Mein Leben ist nicht einfach gewesen. Das Dominieren des Mannes fühlte ich wie jede Frau. Ich habe mich dagegen gesträubt. Ich habe versucht zu kämpfen, um meinen Standpunkt klar zu machen. Das hat mich immer in Konflikte gebracht. Und dann habe ich mich auch von meinem zweiten Mann scheiden lassen.

Mein zweiter Mann hat mich immer Rebellin genannt. Auch wenn er meine Familie besuchte, beschwerte er sich und meinte, dass ich mein Familienleben nicht genieße. Er wollte, dass ich mit meinen Kindern zu Hause sitze, seine Gäste empfange und immer schön aussehe. Aber ich habe ganz andere Ideen. Ich möchte gern aus dem Haus gehen und am gesellschaftlichen Leben teilnehmen. Ich möchte mich gern mit intelligenten Leuten unterhalten und diskutieren und ins Theater gehen.

Am Anfang hat mein Mann mit mir etwas unternommen, aber er hat es bald aufgegeben. Um fair zu sein, er hatte sehr viel zu tun und zieht es vor, seine Zeit mit seiner Arbeit zu verbringen. Er hat sich geweigert, mich zu begleiten, deshalb bin ich dann allein ausgegangen. Auch wenn er früh nach Hause kam, und ich hatte ein Programm für den Abend vorbereitet, wurde nie etwas daraus. Er war immer zu müde. Es war ihm alles zuviel. Wir haben versucht, unsere Ehe zu retten. Aber er meinte, er sei ein traditioneller Mann aus Omdurman und komme mit meiner Lebensart nicht zurecht.

Mein Bruder starb vor 10 Jahren an Krebs. Ich kann es heute noch nicht überwinden, denn meinem Bruder verdanke ich alles. Ich lernte meinen Mann durch meinen Bruder kennen. Mein Mann war verheiratet, als er mich kennenlernte, er hat drei Töchter. Ihm gefiel an mir, dass ich anders als die meisten sudanesischen Frauen bin. Das hat ihn wohl gereizt. Ich wollte ihn zunächst nicht heiraten, denn erstens hatte ich einen anderen Freund, den ich heiraten wollte, und zweitens war er verheiratet. Mein Mann begann dann, meine Familie regelmäßig zu besuchen. Er brachte Geschenke, und alle begannen ihn zu mögen. Sie alle rieten mir, diesen Mann zu heiraten und meinen Freund zu vergessen. Mein Freund kämpfte nicht um mich, und mein Mann gab nicht auf. Auch mein Argument wischte er zur Seite, nicht die zweite Frau in seiner Ehe sein zu wollen. Er sagte, dass er von seiner Frau schon lange getrennt lebe und nur wegen der Kinder gemeinsam in einem Haus mit ihr wohnte. Das sagte er zu mir und meiner Familie. Ich glaubte ihm, als er sagte, dass seine erste Frau nur die Kinderfrau der Töchter sei. Aber er wollte sich wegen der Töchter nicht scheiden lassen.

Die ersten beiden Jahre waren wir ein sehr glückliches Paar. Wir wohnten in einem eigenen Haus. Mein Mann besuchte seine Töchter nur an Feiertagen. Ich war sehr glücklich. Als ich meinen Sohn bekam, änderte sich alles. Plötzlich wollte mein Mann eine Nacht mit mir und eine Nacht mit seiner ersten Frau verbringen, abwechselnd, weil der Islam gleiche Behandlung vorschreibt. Das war dann der Hauptgrund für unsere Scheidung.

Hast du dich deshalb scheiden lassen?
Ja, ich habe um die Scheidung gebeten, denn ich kann nicht als Zweitfrau leben. Diese abscheuliche Sache kann ich nicht akzeptieren. Ich kann es nicht verkraften, dass er einmal bei mir und einmal bei ihr ist.

Was ist mit deinen Kindern?
Mein geschiedener Mann hat bisher nicht gesagt, dass er die Kinder haben möchte, obgleich mein Sohn sein einziger Sohn ist. Aber er verbietet mir, meinen neuen Freund in mein Haus einzuladen. Er will nicht, dass mein Freund die Kinder berührt. Ich musste mich entscheiden, entweder mein Freund kommt ins Haus oder mein ehemaliger Mann kommt nicht mehr, um seine Kinder zu besuchen. Ich musste mich meinem Mann beugen, denn er kam über vier Monate nicht, um die Kinder besuchen und sie fragten immer nach ihm. Das seelische Wohl meiner Kinder ist mir wichtig. Meinen Freund kann ich außerhalb des Hauses treffen. Mein geschiedener Mann kam einige Zeit wieder regelmäßig, aber inzwischen war er über zwei Monate nicht hier. Und die Kinder fragen, weshalb bringst du uns nicht zu ihm? Weshalb kommt er nicht? Das

sind Fragen, die ich nicht beantworten kann. Ich sage dann meistens, dass er sehr beschäftigt ist. Ich habe die Kinder zu ihm über das Wochenende geschickt, aber auch dort hatte er keine Zeit für sie. Doch ich muss sagen, dass er mir genügend Geld gibt, sodass ich mit den Kindern gut leben kann. Meine Mutter ist bei mir und betreut die Kinder, wenn ich arbeite.

Hast du Probleme als geschiedene Frau?
In der traditionellen Gesellschaft hat die geschiedene Frau nicht den vollen Status einer Frau. Aber die gebildeten Leute behandeln sie wie jede andere normale Frau. Ich habe keine Probleme. Ich bin froh, geschieden zu sein. Ich habe wieder zu mir selbst gefunden. Während meiner Ehe hatte ich oft mein Selbstvertrauen verloren. Ich wollte es immer meinem Mann recht machen. Jetzt habe ich viele Freunde und werde oft eingeladen. Einmal hatte ich durch Mitglieder meiner Familie ein Problem. Ich hatte zum Neujahrsfest Freunde bei mir zu Hause eingeladen, Frauen und Männer. Plötzlich kamen die Söhne meiner Schwester, 15 Jahre jünger als ich, und wollten unser Fest verhindern. Ich habe sie rausgeworfen und am nächsten Tag ein Familientreffen einberufen. Da habe ich dann klar gesagt, dass ich als erwachsene Frau genau wüsste, was ich tun würde und keine Einmischung von irgendeiner Seite wünschte und schon gar nicht von meinen jungen Neffen.

Einige Familienmitglieder sagten, ich sei eine Kommunistin und würde nicht an Gott glauben. Ich wüsste nicht, was die Regeln des Islam seien und Ähnliches. Nur um meine Ruhe zu haben, sagte ich ihnen, dass sie recht hätten. Seit einem Jahr hat sich niemand mehr in mein Leben eingemischt.

Wie denkst du über sudanesische Männer?
Männer im Sudan! Ich will nicht über die traditionellen Männer sprechen. Ich möchte über die Intellektuellen reden, mit denen ich oft zusammentreffe. Aber auch diese Intellektuellen sind nicht im Einklang mit ihren Seelen, ihrer Haltung und ihren Taten im Leben. Sie haben die progressive Theorie angenommen. Aber sie leiden, wenn sie die Theorie praktisch anwenden sollen. Und eine Frau wie ich, mit intellektuellen und kommunistischen Einflüssen,

die keinen Unterschied zwischen Mann und Frau macht, ist ein Problem auch für die intellektuellen Männer. Im Hinterkopf haben sie den kulturellen Konflikt. Doch ich muss zugeben, dass diese Männer versuchen, einen Weg zu finden, um Frauen als gleichwertige Partner zu akzeptieren Aber trotzdem kritisieren Frauen. Sudanesische Männer müssen von ihren Handlungen überzeugt sein. Sie sind die Leute, die die Gesellschaft verändern können.

Wenn Männer bei den Frauen eine Unsicherheit bemerken, dann werden sie diese sofort für sich ausnutzen. Ich meine damit, wenn man eine schwache Frau ist, dann sind sie glücklich. Männer haben da einen Komplex, sie mögen das Weibliche an einer Frau, aber auch das Revolutionäre, Fortschrittliche. Mit anderen Worten: Die Frau muss beides verbinden. Doch die meisten bevorzugen in der Theorie zwar eine selbstbewusste Frau, doch sie heiraten den fraulichen Typ. Es gibt jedoch auch Ausnahmen: Männer, die selbstbewusst genug sind, eine selbstsichere Frau zu heiraten. Es ist alles eine Sache der Kultur. Die Mütter sind die Trägerinnen der Tradition und sie beeinflussen ihre Söhne. Ich selbst bin davon überzeugt, dass es für die Männer nicht einfach ist, radikale Veränderungen zu akzeptieren.

Berufstätige Frauen
Berufstätige Frauen im Sudan haben Probleme. Meine Nichte z.B. arbeitet als Soziologin in der Gezira (ländliche Region). Sie wurde von ihrem Direktor nach Khartum zurückgeschickt, da er meinte, dass nur ein Mann diese Arbeit machen könnte. In der Gezira muss sie mit Bauern arbeiten. Der Direktor meint, das könnte sie als Frau nicht. Meine Nichte will diese Arbeit machen und sie wird darum kämpfen. Wir werden sie unterstützen, denn weshalb sollen die Bauern nicht lernen, mit einer Frau zusammenzuarbeiten?

Ich selbst habe keine Probleme mit meiner Berufstätigkeit. Ich habe wieder mein Soziologiestudium aufgenommen und hoffe, irgendwann einmal zu promovieren. Außerdem möchte ich in Zukunft von meinem geschiedenen Mann unabhängig sein. Ich werde mich selbstständig machen. Daher habe ich 5 Nähmaschinen gekauft. Nun nähen fünf von mir eingestellte Frauen für Boutiquen.

Ich hoffe, dass es sich rentiert, obwohl ich keine erfahrene Geschäftsfrau bin.

Rechte und Bildung für Frauen
Auf jeden Fall sollen Frauen die gleichen Rechte wie Männer haben. Aber die haben sie noch nicht einmal in der westlichen Welt. Und natürlich sollten Frauen auch die gleiche Ausbildung wie Männer bekommen.

Die Sudanesen glauben, dass Keuschheit vor der Ehe wichtig ist. Ich bin dagegen. In unserer Gruppe diskutieren wir über diese Sache ausführlich. Wir sprechen auch darüber, dass eine Frau sexuelle Erfahrung mit dem Mann vor der Ehe haben sollte. Denn oft sind sexuelle Schwierigkeiten der Grund für Probleme in der Ehe. Deshalb sollte ein Paar sich vor der Ehe auch sexuell näher kennenlernen.

Wie erziehst du deine Kinder?
Ich versuche, meinen Sohn und meine Tochter mit gleichen Maßstäben zu erziehen. Ich versuche, all das zu relativieren, was sie von außen über die Unterschiede von Jungen und Mädchen hören. Ich wünsche mir für meine Kinder, dass sie sich frei fühlen und glücklich sind.

Ich arbeite dafür, dass sie eine gute Ausbildung bekommen, aber auch viel Spaß und Unterhaltung. Ich muss ihren Gesichtskreis vergrößern. Ich möchte meine Kinder nicht zu sehr mit meinen persönlichen Wünschen beeinflussen. Ich muss ihnen geben, was ihnen in Zukunft hilft und was sie fördert, den eigenen Charakter zu entwickeln.

Wie denkst du über Geld und Gold?
Beides ist wichtig für viele sudanesische Frauen. Ihr Gold vorzuzeigen, ist für viele Frauen wichtig. Es gibt andere Möglichkeiten, sich abzusichern, z.B. Banken und Geldanlagen. Zurschaustellung durch Goldschmuck finde ich schrecklich. Es gibt so viele andere schöne Sachen zum Tragen. Aber es ist ein besonderes Bedürfnis bestimmter Klassen – der Neureichen, der Parasiten. Sie haben in dieser Sache eine eigene Kultur entwickelt. Wenn man mit ihnen

zusammensitzt, dann reden sie nur über Geld und Gold und wie hoch der Brautpreis ihrer Töchter ist usw. Diese Gespräche führen auch gebildete Hausfrauen, doch kaum berufstätige Frauen. Es ist ein Bourgeoisie-Denken, und ich bleibe da ganz still. Ich kann an solchen Gesprächen nicht teilnehmen.

Was hältst du von der Großfamilie?
Ich versuche, Abstand von meinen Verwandten zu halten – ausgenommen sind meine Mutter und meine jüngere Schwester, die beide bei mir leben. Meine ganze Familie lebt nicht mehr zusammen, da alle qualifiziert sind und arbeiten. Fast alle meine Schwestern sind berufstätig. Außerdem habe ich eine verwitwete Schwester, die allein mit ihrem Sohn und Neffen lebt. Ich fühle mich für in Not geratene Verwandte verantwortlich. Das ist mein Problem. Einige Leute langweilen mich mit der Bemerkung, dass ich eine revolutionäre Frau sei, aber mich doch an die Regeln der Großfamilie halten würde. Wenn mir jemand einen Brief schreibt und um Hilfe bittet, dann helfe ich. Und ich mache es gern.

Religion
Ich glaube, der Koran ist gegen die Frauen. Er hat männliche Gesichtspunkte. Im Islam sind die Frauen zweite Klasse.

Zar und „Böser Blick"
Ich glaube nicht an den „Bösen Blick", Teufel und ähnliche Dinge. Aber die *Zar*-Zeremonie ist ein Weg der Entspannung, eine seelische Hilfe. Von dieser Hilfe bin ich überzeugt. Ich selbst habe niemals teilgenommen. Aber sogar der *Zar* ist von dieser neuen Klassengesellschaft beeinflusst. Ich war letztens zu einem dieser *Zar*-Feste eingeladen. Ich bin nicht hingegangen, weil es nur noch eine Art der Unterhaltung für die reichen Frauen ist. Sie können dort ihr Gold und ihre neue Kleidung vorzeigen. Aber grundsätzlich bin ich nicht gegen *Zar*, denn er ist gut für Frauen aller Klassen. Er ist eine Abwechslung und Erleichterung. Frauen bitten im *Zar* um Dinge, die sie nicht äußern können, wenn sie bei Bewusstsein sind, z.B. sie dürfen sich im *Zar* wie Männer benehmen, Bier und

Whisky trinken, Zigaretten rauchen. Lasst Frauen dort ihre Freiheit genießen, wenn sie es sonst nicht können!

2008
Aida hat wieder geheiratet und ist mit ihrem Mann nach England ausgewandert. Mit ihrem dritten Mann – ein Journalist – hat sie einen Sohn. Alle Kinder leben jetzt bei ihr. Die beiden älteren studieren, der jüngste besucht noch die Schule. Sie arbeitet als Journalistin für eine Zeitschrift für sudanesische Migranten und ist im Vorstand einer Organisation in London, die weibliche Genitalverstümmelung in England bekämpft.

Als ich nach London kam, habe ich nach Arbeit gesucht, aber, da ich ein 10 Monate altes Baby hatte, war das sehr schwierig. Glücklicherweise fand ich jemanden, der mir Arbeit in seinem Haus anbot. Das war die Prinzessin Dr. Soad Al-Sabah von Kuweit. Meine beiden älteren Kinder lebten bei ihrem Vater in Sudan, aber als sie mich besuchten, habe ich sie bei mir behalten. Das hat ihrem Vater nicht gefallen. Aber sie haben sich bei mir sehr wohlgefühlt und sie machten gute Fortschritte in der Schule. Mein Sohn erhielt eine Silbermedaille von der Universität Cambridge, als er noch die Oberschule besuchte. Meine Tochter war sehr an Sport interessiert. Sie war eine sehr gute Läuferin und gewann einen Preis. Wir haben 6 Jahre in Cambridge gelebt. 1995 beendete ich meine Arbeit bei Prinzessin Dr. Al-Sabah und wir sind nach London umgezogen, da sich auch für meinen Mann bessere Arbeitsbedingungen für arabisch sprechende Menschen wie uns anboten. Mein Mann bekam einen Posten bei einer Middle East Zeitung, aber mich wollten sie nicht einstellen mit der Begründung, dass Ehepaare nicht bei der gleichen Firma arbeiten dürfen. „Sie würden ihre Probleme mit zur Arbeit bringen". Was für ein Argument?
Seitdem konnte ich keine gute Anstellung finden, die sich mit meiner Zeit als Mutter und Hausfrau vereinbaren ließ. Die Verantwortung für die heranwachsenden Kinder war sehr fordernd. Wenn sie in der Schule waren, habe ich es mit verschiedenen Anstellungen versucht, um zusätzlich Geld zu verdienen, das für eine Familie von 5 Personen reichen würde.

Ich habe als Reinigungsfrau und Babysitter gearbeitet und Prospekte verteilt, bis ich eine Arbeit als Übersetzerin an derselben Zeitung bekam, an der mein Mann arbeitete. Ich bekam die Arbeit durch einen Freund. Ich war auch im Vorstand der sudanesischen Menschenrechtsorganisation. „Bridges Magazine" war mein persönliches Projekt, es erhielt den Millienum Award und wurde von den BBC als AudioVisual Training ausgestrahlt.

Es war erfolgreich bis zu 3 Ausgaben, aber das Hauptproblem waren die fehlenden Gelder. Seit 2005 arbeitete ich für Forward (internationale Organisation zur Bekämpfung der weiblichen Beschneidung). Sie haben mit meiner Hilfe ein Magazin herausgegeben, das Projekten junger Menschen dient. Als mir der Posten einer Beamtim für Entwicklung der Gemeinde angeboten wurde, habe ich akzeptiert und da bin ich nun!

Ich kann nur sagen, dass ich ein glückliches Leben mit meinem Mann und meinen Kindern lebe. Die schwierigste Zeit ist nun vorbei. Mein Sohn hat sein Universitätsstudium mit dem Abschluss Musiktechnologie beendet. Meine Tochter hat einen Abschluss in Handel und Finanzen. Mein jüngster Sohn hat sein Abitur bestanden und wird an einer Universität studieren. Es ist uns noch nicht klar, ob wir im Sudan enden oder zwischen beiden Ländern leben. Wir haben uns noch nicht entschlossen, da die Situation im Sudan nicht vielversprechend ist.

RANDA
Vor nicht allzu langer Zeit wurde einer Witwe nachgesagt, dass sie Unglück bringe.

Randa ist seit zwei Jahren Witwe. Sie ist eine hübsche, etwas rundliche Frau von 43 Jahren und Mutter von sechs Kindern – drei Töchtern und drei Söhnen – im Alter zwischen 5 und 22 Jahren. Durch eine schreckliche Erfahrung als Dreijährige – die Mutter schrie furchtbar, als der Bruder geboren wurde – hatte Randa bei jeder ihrer Geburten große Angst. Als sie endlich, nach drei Töchtern, den gewünschten Sohn bekommen hatte, wollte sie sich sterilisieren lassen. Aber ihr Mann war damit nicht einverstanden. Sie hat noch zwei Söhne be-

*kommen. Jetzt ist Randa eine wohlhabende Witwe. Ihr verstorbener
Mann war ein hoher Regierungsbeamter, dadurch bezieht sie eine gute
Pension. Sie wohnt in ihrem eigenen Haus in einem feinen Khartu-
mer Wohnviertel. Außerdem besitzt sie eine Wohnung in London.*

Kindheit

Unsere Familie stammt aus Wadi Haifa im Nordsudan und aus
Ägypten. Mein Vater war Ingenieur und hat das Gordon College
in Khartum (heute: Universität Khartum) besucht. Meine Mutter
war nur in der Grundschule. Ich hatte gemeinsam mit vier Brüdern und zwei Schwestern eine sehr glückliche Kindheit. Meine
Brüder haben alle die Universität besucht. Wir Mädchen nur die
Oberschule.

Über die Meinung meiner Eltern war ich nicht glücklich. Sie
erzogen uns Mädchen und meine Brüder unterschiedlich. Meine
Mutter erwartete von uns Mädchen, dass wir unsere Brüder bedienen. Das hat mir nicht gepasst. Ich hätte auch gern eine Universität besucht. Aber meine englischen Sprachkenntnisse reichten
nicht für die Khartum Universität. Meine Eltern hätten mich nach
Ägypten schicken können, um dort eine Universität zu besuchen,
wie es mein Onkel seinen Töchtern erlaubte. Aber mein Vater wollte nicht, dass seine Töchter das Haus verlassen. Ich habe meine drei
Kusinen, die in Ägypten studieren durften, sehr beneidet. Sie sind
jetzt berufstätig.

Wie erziehst du deine Kinder?

Ich mache keinen Unterschied in der Erziehung meiner Kinder. Ich
behandle sie alle gleich. Sie sollen alle die gleiche Chance in ihrer
Ausbildung bekommen. (Es entspricht nicht ganz der Wahrheit.
Als ihre dritte Tochter geboren wurde, war Randa sehr enttäuscht,
das lässt sie noch heute ihre Tochter spüren.) Ich bin aber dafür,
dass die Familien kleiner sein sollten. Doch viele Frauen haben so
viele Kinder, weil sie sich Söhne wünschen, die ihnen Sicherheit im
Alter garantieren.

Was hältst du von weiblicher Beschneidung?

Bei meiner Beschneidung war ich 6 Jahre alt. Für mich war es keine traumatische Erinnerung. Aber eine meiner Töchter, sie ist jetzt 22 Jahre alt, sieht die Beschneidung als den schlimmsten Moment ihres Lebens an. Sie klagt mich an, dass ich die Beschneidung zugelassen habe. Obgleich ich gegen die Beschneidung meiner Töchter war, konnte ich sie doch nicht verhindern, da mein Mann und mein Bruder, der Arzt ist, darauf bestanden. Ich glaube, dass Mädchen weiterhin beschnitten werden, da die Familien befürchten, ihre Töchter könnten Verdruss bereiten und die Familie beschämen.

Heirat und Ehe

Mein Mann stammt aus Wadi Halfa (Nordsudan), genau wie ich, aber wir sind nicht verwandt. Ich glaube, Ehen zwischen Verwandten sind nicht gut, medizinisch gesehen. Ich glaube auch, dass es wichtig ist, den Ehepartner vor der Ehe kennenzulernen und zu lieben. Ich muss aber zugeben, dass ich meinen Mann vor der Ehe nicht gekannt habe. Mein Vater und mein Bruder, der Arzt, haben den Ehemann für mich ausgesucht. Mein Vater meinte, gesellschaftlich sei es unmöglich, dass sich Mädchen und Mann vor der Heirat kennenlernen. Ich liebte und respektierte meinen Vater sehr und war es zufrieden, dass er für mich einen Mann auswählte. Ich glaube an Astrologie und Schicksal. Ich hatte großes Glück, denn ich führte eine sehr glückliche Ehe. Vereinbarte Ehen sind oft sehr erfolgreich, da die Eltern wissen, welche Partner zu ihren Kindern passen.

Scheidung und Polygamie

Ich bin ganz und gar gegen Polygamie. Ich kenne verschiedene Fälle, in denen Männer eine zweite Frau heiraten. Das bringt sehr großes Unglück und große Unsicherheit für Frauen und Kinder. Ich hätte meinen Mann umgebracht, wenn er eine zweite Frau geheiratet hätte. Aber ich habe immer daran gedacht, mich finanziell abzusichern, nur im Falle eines Falles. Gold und Eigentum ist alles auf meinen Namen. Das war meine Sicherheit. Das ist sehr wichtig.

Wenn eine Frau sich wirklich scheiden lassen will, dann ist dies nur möglich, wenn sie sich und ihre Kinder selbst unterhalten kann. Aber in den meisten Fällen können Frauen finanziell nicht zurechtkommen. Deshalb bleiben die Frauen bei ihren Männern, auch wenn sie sehr unglücklich sind.

Witwenschaft

Ich bin seit zwei Jahren Witwe. Das ist kein leichtes Leben in dieser Gesellschaft. Aber ich habe zum Glück keine finanziellen Probleme, und meine Familie unterstützt mich in moralischer Hinsicht. Dennoch, mit den Kindern allein fertig zu werden, das ist schon schwierig.

Wie die Menschen hier Witwen behandeln, das hängt sehr von dem Verhalten der verwitweten Frau selbst ab. Vor nicht allzu langer Zeit wurde einer Witwe nachgesagt, dass sie Unglück bringt, besonders, wenn der Partner sehr jung gestorben war. Das ergab dann Schwierigkeiten bei einer neuen Heirat.

Verwandtschaft/Großfamilie

Mit meiner nahen Verwandtschaft – meiner Mutter, meinen Schwestern und Brüdern – habe ich sehr engen Kontakt, aber nicht mit dem Rest der Familie. Die meisten meiner Verwandten leben nicht in Khartum. Die Verwandten meines Mannes sehe ich nur bei wichtigen Familientreffen, z.B. bei Hochzeiten, bei Beerdigungen. Die Verwandten meines Mannes mischen sich auch nicht in mein Leben ein. Ich möchte auch keine nähere Verbindung mit meiner Schwiegermutter. Sie ist schrecklich. Ich hatte immer Angst, dass meine Schwiegermutter einen negativen Einfluss auf meine Ehe ausüben würde; denn sie hat einen anderen Sohn dazu gebracht, sich von seiner jungen Frau zu trennen, nur weil sie das Mädchen nie mochte. Ich glaube, es ist Sache der Frau, ihr Recht zu fordern und nicht nachzugeben, vor allem gegenüber der Verwandtschaft ihres Mannes.

Was hältst du von traditionellen Feierlichkeiten?

Heutzutage, besonders bei den Städtern der Mittelklasse, übertreibt man diese Feierlichkeiten. Als ich jung war, lebten wir in Wadi Halfa, und traditionelle Feierlichkeiten, z.B. Beerdigungen, dauerten 3 Tage. Es wurde nur ganz einfaches Essen serviert, und das wurde normalerweise von den Nachbarn gebracht. Es wurde auch von den

Besuchern erwartet, dass sie nur wenig aßen. Aber heute in Khartum scheint eine Beerdigung eine Hochzeit zu sein. Frauen ziehen ihre modernsten Kleider an, tragen Henna, Gold und Parfüm. Dabei sollten sie einfache Kleidung tragen – in weiß oder schwarz. Dieses Benehmen ist sehr falsch, aber einige neureiche Frauen haben viel Geld, und sie wollen ihren Reichtum zeigen.

Frauen und Beruf
Ich habe niemals außerhalb meines Hauses gearbeitet, da ich direkt nach Beendigung meiner Schulzeit geheiratet habe. Aber meine jüngeren Schwestern sind berufstätig gewesen. Ich denke, es ist gut für eine Frau, berufstätig und dadurch finanziell unabhängig zu sein, besonders bei einer Scheidung oder wenn der Mann eine zweite Frau heiraten will. Das Geld, das eine Frau verdient, sollte ihr eigenes sein und nicht in den allgemeinen Haushalt gesteckt werden.

Einige Frauen kleiden sich, wenn sie zur Arbeit gehen, als ob sie zu einer Hochzeit gingen; das finde ich unangemessen. Europäische Frauen ziehen sich da zweckmäßiger an. Doch wenn eine Frau beabsichtigt, eine berufliche Karriere zu beginnen, dann sollte sie nicht zu viele Kinder bekommen. Dadurch würde ihr Handlungsspielraum sehr eingeschränkt sein.

Verhalten der Männer den Frauen gegenüber
Die meisten sudanesischen Männer sind noch sehr rückständig in ihrem Verhalten gegenüber Frauen, und das schließt auch die gebildeten Männer nicht aus. Erziehung ist wichtiger als Bildung. Die Männer nehmen sich das Recht zu tun, was ihnen gefällt.

Männer sind gegen berufstätige Frauen, da sie nicht wollen, dass Frauen unabhängig sind. Es geht nicht um Eifersucht, sudanesische Männer sind zu sehr von sich eingenommen, um eifersüchtig zu sein, sondern um Kontrolle.

Religion
Ich bin eine sehr fromme Muslimin. Aber ich diskutiere oft über die Tatsache, dass es im Islam dem Mann erlaubt ist, mehr als eine

Frau zu heiraten. Ich glaube, dass der Koran da von vielen Menschen nicht richtig verstanden wird.

Die meisten Fehler dieser Gesellschaft sind das Ergebnis von schlechten Bräuchen und dem zunehmenden Verlangen, sich zur Schau zu stellen. Das ist gegen die Religion; z.b. sollte eine Frau auch kein starkes Parfüm in der Öffentlichkeit tragen.

Obgleich im Koran Teufel erwähnt werden, bin ich doch sehr skeptisch in Bezug auf *Zar* und was den Teufel betrifft, der in die Frauen gefahren sein soll.

2008
Randa lebt heute fast ausschließlich in London, da dort die Lebensbedingungen einfacher sind. Ihre Töchter sind alle verheiratet. Es geht allen gut.

RABSHA
Mein Mann ließ sich von mir scheiden, da ich ihm nur eine Tochter geboren habe.

Rabsha – ihr Name bedeutet „dunkel, staubig" – gibt ihr Alter mit 50 Jahren an. Aber Sie sieht viel älter aus. Sie wirkt müde und verbraucht. Rabsha kommt aus dem Westen des Sudan, aus Kordofan/ Darfur. Sie gehört zum Volk der Rizigat. Die Rizigat sind Nomaden bzw. Halbnomaden. Rabsha sagt, dass sie vor 16 Jahren nach Omdurman gekommen sei. Es könnte stimmen, doch es entspricht wahrscheinlich nicht der Wahrheit, da die größte Anzahl der Vertriebenen aus dem Westsudan während der großen Dürreperiode 1984/85 zum Nil nach Khartum/Omdurman flüchtete .Die Regierung versucht die Vertriebenen wieder in ihre Heimatregionen zurückzusenden. Nur Menschen, die schon längere Zeit im Umkreis der Hauptstadt leben, dürfen bleiben. Und Rabshas Gründe, Kordofan verlassen zu haben, waren Hunger und Durst.[33] Gemeinsam mit ihrer Tochter und deren

---

33 Die Regierung versucht eine Rücksiedelung der Vertriebenen in ihre Heimatregionen; ausgenommen ist die Bevölkerung, die schon viele Jahre in der Hauptstadt lebt. Um dieser Rücksiedelung auszuweichen, behaupten viele Vertriebene, dass sie schon viele Jahre in der Hauptstadt leben.

vier Kindern wanderte Rabsha von ihrer Heimat zu Fuß nach Om-
durman. Eine gewaltige Strecke von etwa 1000 km. In Omdurman
lebte sie zunächst bei Verwandten. Der Mann ihrer Tochter hat die
Familie vor mehreren Jahren verlassen, um in Saudi-Arabien Arbeit
zu finden. Aber weder hat die Familie, wie versprochen, von ihm Geld
bekommen, noch hat sie etwas von ihm gehört.

Zunächst fand Rabsha Arbeit in einer Erdnussfabrik in Omdur-
man. Sie reinigte Erdnüsse, bevor sie zu Speiseöl verarbeitet wurden.
Sie verdiente monatlich etwa 10 Euro. Zur Zeit dieses Interviews
betreut Rabsha das Kind einer Familie und bekommt dafür etwa
25 Euro, zusätzlich Verpflegung und Unterkunft. Von Rabshas Ge-
halt leben außerdem ihre Tochter und vier Enkel.

Kindheit

Ich hatte eine sehr schöne Kindheit. Wir waren Nomaden und hatten viele Kamele. Meine Familie wanderte durch das Land, und ich
war sehr glücklich. Aber jetzt hat unsere Familie durch die Dürre
alle Tiere verloren. Wir haben nichts mehr zum Leben. Deshalb war
unsere große Familie gezwungen, Kordofan zu verlassen. Jetzt leben
wir hier am Stadtrand in einem kleinen selbst gebauten Lehmhaus,
das jederzeit wieder zerstört werden kann, da uns das Land nicht
gehört. Aber hier bekommen wir Hilfe von der Regierung und von
ausländischen Hilfsorganisationen. Man gibt uns Milchpulver für
die Kinder, Hirse und Medikamente. Das Annehmen von Almosen
deprimiert mich sehr; denn in meiner Kindheit und auch später
hatten wir immer genug zu essen und genug Geld. Wir brauchten
nie um etwas zu betteln. Ich habe die *Khalwa* (Koranschule) besucht. Von einem *Faki* lernten wir Nomadenkinder Islam. Meine
Tochter wurde auch von einem *Faki* unterrichtet. Meine Enkel besuchen jetzt die staatliche Schule in Omdurman.

Hochzeit und Ehe

Mein Vater hat für mich den Ehemann ausgesucht. Es war ein Vetter aus der Familie meines Vaters. Ich kannte meinen Mann vor
der Ehe, denn wir sind zusammen aufgewachsen. Mein Ehemann
war ein guter Mann, denn mein Vater hat ihn für mich ausgewählt. Mein Vater wusste, was gut für mich war. Ich mochte mei-

nen Mann, obgleich er sich von mir scheiden ließ, da ich nur eine Tochter geboren habe. Er brauchte einen Sohn, deshalb hat er eine andere Frau geheiratet. Aber er ist dann bald darauf gestorben.

Ich glaube, es ist am besten, einen Verwandten zu heiraten; denn ein blutsverwandter Ehemann muss sich in Acht nehmen. Er wird von der ganzen Familie beobachtet. Und wenn ein Fremder ein Mädchen heiratet, dann nimmt er die Braut von ihrer Familie fort, und das ist nicht gut. Das Mädchen wird sich sehr einsam unter fremden Menschen fühlen. Es hat keinen Schutz durch die Familie.

Wir Nomaden heiraten sehr jung. Daher ist es sehr gut, wenn wir bei unserer Mutter bleiben können, nachdem wir verheiratet sind. Mein Vater hat den richtigen Mann für mich ausgesucht. Ich war noch sehr jung, denn ich hatte noch nicht menstruiert. Auch meine Tochter hat sehr jung geheiratet. Sie hatte noch nicht einmal Brüste, als ihr erstes Kind geboren wurde. Sie hat mir immer das Baby gegeben und ist dann zu den anderen Kindern gelaufen, um mit ihnen zu spielen. Ich glaube, meine Tochter war etwa 9 oder 10 Jahre alt, als sie heiratete. Ich war wohl auch ungefähr so alt.

Scheidung

Wie ich schon sagte, mein Mann hat sich von mir scheiden lassen, da ich nur eine Tochter geboren habe. Er hat eine andere Frau geheiratet, nachdem er sich von mir getrennt hat. Scheidung ist ganz normal. Man braucht sich deshalb nicht zu schämen. Oft heiratet eine geschiedene Frau wieder.

Ich finde es ganz natürlich, dass mein Mann sich einen Sohn wünschte. Da ich keine Kinder mehr bekam, musste er eine andere Frau heiraten. Geschiedene Frauen haben eine ganz normale Stellung in unserer Gesellschaft. Nach drei Monaten, um sicherzugehen, dass sie nicht schwanger ist, bekommt eine geschiedene Frau oft einen Heiratsantrag. Sie kann wieder heiraten, wenn sie es will.

Erzähle etwas über eure traditionellen Feiern.

Beginnen wir mit der Geburt. Bei der Geburt ihres Kindes geht eine Frau normalerweise zu ihrer Mutter. Dort bleibt sie drei Monate, bis der Ehemann sie wieder abholt. Mädchen werden bei uns sehr jung verlobt, oft als kleine Kinder. Aber sie bleiben dann bei ihren Eltern, bis sie heiraten, und das ist normalerweise kurz vor oder gleich nach der Pubertät. In uns ist die Keuschheit sehr wichtig. Daher werden die Mädchen sehr jung verheiratet.

Hochzeit ist die größte Feier in uns. Der Bräutigam gibt eine Party, ein Bulle wird getötet und Schafe werden geschlachtet. Die Braut bleibt bei ihren Eltern, bis der Bräutigam alle Haushaltsgegenstände zusammen hat, das nimmt oft drei Monate oder länger in Anspruch. Danach gründet das junge Paar einen eigenen Haushalt. Es wohnt dann in einem Zelt oder in einer Hütte.

Die Beschneidung ist auch eine große und wichtige Feier, für Jungen und für Mädchen. Ein Schaf oder sogar ein Bulle wird geschlachtet, und alle Verwandten und Nachbarn werden zu einem großen Fest eingeladen.

Der Tod macht die Menschen traurig, aber er ist etwas Natürliches. Die Leute trauern bei uns sieben Tage lang.

Wie verhalten sich Männer gegenüber Frauen?
Alte Frauen werden von Männern und Frauen sehr respektiert. Der Schwiegersohn darf seiner Schwiegermutter nicht ins Gesicht sehen. Ein Jahr lang essen sie nicht gemeinsam. Frauen und Männer respektieren sich gegenseitig und versuchen, sich zu verstehen. Männer möchten, dass die Frauen arbeiten, und sie erwarten es auch. Die Arbeit wird von Männern und Frauen gemeinsam ausgeführt. Beiderseitiger Respekt und gemeinsame Arbeit sind ganz normal bei meinen Leuten.

Kinder
In meiner Gesellschaft wünscht man sich Jungen mehr als Mädchen, denn wir lieben unsere Jungen mehr. Wenn man einen Jungen bekommt, dann freut sich jeder.

Ich wünsche für Kinder, d.h. für meine Enkel, eine bessere Zukunft, ein besseres Leben, als wir es heute haben. Gesundheit ist das Wichtigste, Bildung ist nicht so wichtig. Jungen und Mädchen müssen verschieden erzogen werden, denn sie werden später unterschiedliche Arbeit leisten. Meine Enkel gehen alle zur Schule, die drei Mädchen und der Junge. Meine Tochter denkt, dass es das

Beste für die Kinder ist, wenn sie eine gute Bildung haben. Aber wenn es um Weiterbildung geht, dann wird es der Junge sein, der weiter die Schule besucht. Er braucht eine gute Arbeit, damit er sich später um seine Mutter kümmern kann.

Verwandtschaft
Mit meinen Verwandten habe ich einen sehr engen Kontakt, besonders mit denen, die heute in Omdurman leben. Wir helfen uns immer gegenseitig, aber jede Familie wohnt in einem eigenen Haus. Bei uns ist es Sitte, dass die Eltern bei ihrem Sohn und seiner Familie leben, aber sonst lebt jeder für sich.

Gold und Geld
Beides – Gold und Geld – sind sehr wichtig; denn ohne hungert man. Bei unserem Volk tragen die Frauen selten Gold. Zur Hochzeit bekommt die Braut einen Ehering, eine Kette und eine Uhr. Unser Schmuck besteht eher aus Silber und nicht aus Gold wie bei den Städtern.

Glaubst du an den „Bösen Blick" und Zar?
Ich glaube weder an *Zar*, noch an den „Bösen Blick". Ich bin Muslimin. (Das hält Rabsha jedoch nicht davon ab, einen *hijab* zu tragen.)

Religion und die Stellung der Frau
Hier im Sudan werden die Frauen nach den Regeln des Islam behandelt, und das ist gut so. Wenn die Frau verheiratet ist, muss sich ihr Mann um sie kümmern, und wenn sie ledig ist, dann ist es die Pflicht der männlichen Verwandten, sich um sie zu kümmern. Die Frau muss die richtige Kleidung besitzen und alles bekommen, was sie wünscht. Wenn eine Frau nach den Regeln des Islam gekleidet und ernährt wird, dann geht es ihr gut. Sie sollte zufrieden sein.

2008
Rabsha ist nicht auffindbar. Wahrscheinlich lebt sie nicht mehr.

KHADIDJA
Als ich schwanger war, schickte mein Mann mich zu meiner Familie und heiratete das Dienstmädchen.

Khadidja ist Witwe, etwa 40 Jahre alt. Sie ist sehr klein, hübsch und überraschend heiter. Sie ist von den Beni Amer, einem Nomaden- stamm aus dem Ostsudan. Khadidja wurde in der Tokar-Gegend ge- boren. Sie hat vier Töchter und zwei kleine Söhne. Sie arbeitet als Putzfrau und Botin in Khartum.

Kindheit
Mein Vater war Halbnomade. Er besaß Kamele, aber er arbeitete auch in den Feldern. Wir lebten von den Ackerböden, die durch den jährlichen Regen bewässert wurden, und durch den Verkauf unserer Kamele. Die Frauen unserer Volkes arbeiten nicht außer- halb des Hauses, ausgenommen in der Erntezeit. Normalerweise bauen wir Baumwolle und Hirse an. Unsere Häuser werden aus Strohmatten gebaut. Ich hatte 5 Brüder und 4 Schwestern. Fast alle sind gestorben, nur zwei leben noch. Auch meine Eltern sind tot. Ich musste meiner Mutter schon sehr früh im Haushalt helfen. Bei uns hält man nichts von einem Schulbesuch für Mädchen, zumin- dest nicht, als ich noch ein Kind war. Aber ich glaube, dass hat sich auch heute wenig geändert. Ich kann nicht lesen und nicht schrei- ben. Darüber bin ich sehr ärgerlich. Wenn ich lesen könnte, hätte ich heute eine bessere Arbeit.

Ehe und Polygamie
Wir Beni Amer heiraten eigentlich nur Verwandte, nur Leute aus unserer Großfamilie. Aber als ich ungefähr 18 Jahre alt war, hat mein Bruder mich einem Freund zur Frau gegeben. Mein Mann war Soldat, wie mein Bruder. Als ich das erste Mal schwanger wur- de, war ich sehr krank, und mein Mann stellte ein junges Mäd- chen ein, das mir helfen sollte. Aber dann schickte er mich zu mei- ner Familie zur „Luftveränderung". Als ich fort war, heiratete er das Dienstmädchen. Ich glaube, dass viele meiner Probleme daher kommen, weil ich einen Mann geheiratet habe, der nicht mit mir verwandt ist.

Vor etwa 20 Jahren begann mein Mann als Gefängniswärter zu arbeiten. Wir zogen nach Khartum-Nord und lebten in einer Dienstwohnung. Kurz darauf heiratete mein Mann eine Kusine, seine dritte Frau. Wir lebten alle zusammen in einem Haus: drei Frauen und alle 22 Kinder.

Es gab sehr viel Zank und Streit zwischen den Kindern, besonders zwischen meinen Töchtern und den Söhnen der zweiten Frau. Diese Jungen wollten ihre älteren Halbschwestern kontrollieren und bevormunden. Die Mädchen wollten das nicht akzeptieren. Besonders schwierig war meine älteste Tochter, sie arbeitet jetzt als Gefängniswärterin. Sie hat immer mit den Jungen gekämpft.

Solange mein Mann lebte, hatte er alles irgendwie unter Kontrolle. Ich glaube, die Frauen kommen normalerweise gut miteinander aus, wenn es nicht den ewigen Ärger zwischen den Kindern gäbe. Aber als mein Mann dann starb, begann der Ärger erst richtig, denn seine dritte Frau hat den größten Teil seiner Rente für sich in Anspruch genommen. Sie wurde von ihren Brüdern unterstützt, die nach ihren Rechten sahen. Ich hatte niemanden, der mir helfen konnte. Auch die zweite Frau war hilflos. Ich bin sehr enttäuscht und ärgerlich über diese ganze Situation, denn sie ist nicht gerecht. Alle drei Frauen sollten den gleichen Teil der Rente bekommen.

Es ist eigentlich immer so: Wenn ein Mann mehr als eine Frau heiratet, gibt es immer großes Leid.

Witwenschaft

Nachdem mein Mann starb, wurde der Streit zwischen den Kindern noch größer. Die Söhne der zweiten Frau schlugen meine Töchter, und zwar so hart, dass heute eine meiner Töchter taub ist. Diese Jungen wollten meine Töchter völlig unter Kontrolle halten. Am Ende wurde die Situation so schlimm, dass ich mit meinen Kindern auszog. Wir haben uns gemeinsam ein kleines Lehmhaus in Umbedda (Stadtrand von Omdurman) gebaut. Doch wir haben Probleme mit dem Haus. Es ist nicht gut gebaut. Es regnet durch, und wir haben auf Land gebaut, das nicht eingetragen ist.

Irgendwann wird die Regierung kommen und unser Haus zerstören, und wir müssen dann weiterziehen. Aber wohin sollen wir gehen? Wir können auch unser Haus nicht abschließen. Letzte

Woche, als ich zur Arbeit gegangen war und die Kinder waren in der Schule, kamen Diebe und stahlen meine beiden neuen Bettlaken. Das war alles, was ich an Wertsachen hatte.

Verhalten der Männer gegenüber Frauen
Mein Mann war wie die meisten Männer; er machte, was er wollte. Er machte mich sehr unglücklich, als er andere Frauen heiratete, obgleich er alle seine Frauen gleich behandelte. Er kaufte z.B. nie ein neues Kleid nur für eine Frau, sondern wir bekamen alle ein neues Kleid. Aber bei uns, meinen Leuten, ist es anders. Wenn ein Mann eine zweite oder dritte Frau heiratet, dann muss jede Frau ihr eigenes Haus bekommen. Es ist unmöglich, dass alle Frauen in einem Haus zusammenleben. Der Mann würde sein Gesicht verlieren.

Scheidung
Heute wünschte ich, dass ich mich hätte scheiden lassen. Wenn die Frau schuldlos an der Scheidung ist, wäre es bei meinem Volk gut möglich gewesen, wieder zu heiraten. Ich habe nicht um eine Scheidung gebeten, da ich nicht das Recht hatte. Heute würde ich es tun.

Mit den anderen Frauen meines Mannes habe ich heute keinen Kontakt mehr. Auch meine Kinder wollen ihre Halbgeschwister nicht mehr sehen.

Berufstätige Frauen
Vor dem Tod meines Mannes habe ich nie außerhalb des Hauses gearbeitet. Aber als er starb und seine dritte Frau den größten Teil seiner Rente für sich in Anspruch nahm, musste ich mir Arbeit suchen, denn meine Kinder und ich hatten nicht genug Geld zum Leben.

Zuerst arbeitete ich als Tellerwäscherin in einem Restaurant für 50 Pfund (etwa 12 Euro) im Monat. Jetzt arbeite ich als Botin und Putzfrau in einem Institut der Universität. Aber ich habe keine Sicherheit, denn ich bin angestellt als Tagelöhnerin. Man kann mir jeden Tag kündigen. Aber die Frauen, die hier in den Büros arbeiten, sind sehr nett und helfen mir oft mit Geld und Kleidung für meine Kinder[34]. Ich verdiene jetzt 100 Pfund monatlich. Aber die Hälfte meines Gehalts muss ich für Transport ausgeben. Ich wohne sehr weit draußen am Stadtrand, und ich muss zweimal den Bus wechseln und eine lange Strecke zu Fuß gehen. Eine meiner Töchter arbeitet als Gefängniswärterin. Sie verdient 120 Pfund im Monat. Aber auch sie hat hohe Transportkosten von Umbedda bis in die Stadt. Eine Tochter ist verheiratet. Damit bin ich ein Problem los. Meine beiden jüngsten Töchter und die beiden Jungen gehen noch zur Schule.

Unser Haus hat uns 300 Pfund gekostet. Das war für Baumaterial. Die Arbeit wurde von mir und meinen beiden ältesten Töchtern gemacht. Wir haben das Haus allein gebaut, meine beiden Söhne sind noch zu klein, sie konnten nicht helfen.

Meine finanziellen Probleme sind sehr groß. Wir können uns nur eine Mahlzeit am Tage leisten. Ich versuche für die Kinder manchmal etwas Milch zu bekommen. Aber Milch ist sehr teuer. Vielleicht können wir uns bald eine Ziege leisten, dann haben wir unsere eigene Milch.

Kinder

Meine älteste Tochter hat den Abschluss der Mittelschule. Wie ich sagte, arbeitet sie nun im Gefängnis als Wärterin. Ich möchte, dass alle meine Kinder die Schule beenden. Aber am liebsten möchte ich wieder nach Hause zu meinen Leuten, zu meinem Volk. Doch meine Kinder weigern sich, mit mir zu kommen. Sie kennen meine Leute nur von unregelmäßigen Besuchen. Seit dem Tod meines Mannes haben wir nicht genug Geld gehabt, um meine Leute im Ostsudan zu besuchen. Meiner Kinder wegen bleibe ich hier und arbeite, damit wir nicht zu betteln brauchen und sie zur Schule gehen können und stolz ihren Kopf hochhalten können.

---

34 Die Männer halten nicht viel von der Einstellung von Frauen als Botin, da die Frauen Analphabetinnen sind und sie als Botin daher nur begrenzt eingesetzt werden können. Vor einigen Jahren war es nicht üblich, in Khartum Frauen als Botinnen einzustellen, obgleich es in Westsudan seit Langem mit gutem Erfolg gehandhabt wird.

Weibliche Beschneidung
Bei meinem Volk werden die Kinder mit 5 Monaten beschnitten, sodass sie den Schmerz nicht so sehr fühlen. Ich persönlich finde weibliche Beschneidung nicht gut, aber ich musste meine Mädchen beschneiden lassen, da sie sonst beschimpft werden.

Religion und der „Böse Blick"
Ich bin Muslimin. Ich glaube an den „Bösen Blick". Besonders die Leute aus dem Westen sind Teufel, und man muss sich vor ihnen schützen und deshalb trage ich und meine Kinder einen *hijab*.

2008
Khadidja arbeitet nicht mehr in dem Institut. Ihre Töchter sind verheiratet. Khadidja ist mit ihren Söhnen fortgezogen. Vielleicht zu ihrem Volk?

LEILA
Freiheit ist ein Wort, das sich nur auf Männer bezieht.

Leila ist eine schlanke Frau, voller Energie. Sie ist sehr charmant und strahlt eine innere Wärme aus, die sie sehr anziehend macht. Leilas Eltern kommen aus Süd-Kordofan (Westsudan). Ihre Mutter hat niemals eine Schule besucht, der Vater hat die Grundschule beendet. Sie ist Mitte dreißig, verheiratet und hat vier Kinder. Sie arbeitet als Sekretärin im Öffentlichen Dienst. Leila wurde zwar in Kordofan geboren, doch sie ist in Omdurman aufgewachsen. Die Familie ist vor vielen Jahren in die Hauptstadt gezogen.

Kindheit
Ich habe sieben Brüder und drei Schwestern im Alter zwischen 22 und 44 Jahren. Wir sind die Kinder meiner Mutter. Die zweite Frau meines Vaters hatte 15 Kinder. Das Verhältnis zwischen meiner Mutter und der anderen Frau war während unserer Kindheit sehr schlecht, voller Probleme, wie es bei sudanesischen Familien üblich ist, die so leben. Diese Lebensart beeinflusst auch das Verhältnis zwischen den Kindern. Nachdem wir dann erwachsen wurden, ha-

ben wir versucht, die Probleme auszuräumen. Nun vertragen wir uns mit den Kindern der zweiten Frau.

Ich war sehr traurig, als mein Vater starb. Ich hatte ein sehr gutes Verhältnis zu ihm und alle meine Kindheitserinnerungen sind verbunden mit ihm. Als ich die Oberschule beendete, trennten meine erwachsenen Brüder unsere Mutter und ihre Kinder von unserem Vater, da das Leben mit ihm, seiner zweiten Frau und deren Kindern zu schwierig wurde. Meine Brüder haben sich dann um unsere Mutter und ihre Kinder gekümmert.

Weibliche Beschneidung

Wenn es eine Sache gibt, an die ich mich ganz klar erinnern kann, dann ist es meine Beschneidung. Ich werde die Frau nie vergessen, die mich festhielt und die andere, die mit ihrem Rasiermesser kam und mich ohne Gnade beschnitt, der ich ein hartes Leben voller Schmerzen verdanke. Nebenbei bemerkt, ist das eine lange Geschichte und das erste und größte Problem in allen sudanesischen Familien, die ihre Töchter – wie es mir passierte – pharaonisch beschneiden lassen. Meine Töchter werden, wenn es sich nicht vermeiden lässt, nur *Sunna* beschnitten.

Ehe

Mein Vater hat meinen Mann für mich ausgewählt. Mein Mann ist mit mir verwandt. Ich glaube, wenn der Ehemann der Wahl des Vaters und der Tochter entspricht, dann gibt es keine Probleme. Aber wenn der Vater den Ehemann auswählt, und die Tochter ist nicht einverstanden, wird es nicht gut enden. Ist die Tochter dann noch gebildet, dann wird es in Scheidung enden.

Scheidung und Polygamie

Was mich betrifft, so werde ich meinen Mann mit einer anderen Frau nie teilen können. Das wird nie geschehen, denn er müsste sich von mir scheiden lassen. Nachdem, was ich als Kind durchgemacht habe, mit den Problemen zwischen meiner Mutter und meinem Vater, könnte ich so ein Leben nicht ertragen.

Verhalten der Männer gegenüber Frauen

Obgleich mein Mann gebildet ist, so sind sudanesische Männer doch immer gleich. Wenn man ein Mann ist, dann hat man Glück, denn man ist frei. Aber als Frau ist man abhängig, ein Leben lang. Freiheit ist ein Wort, das sich nur auf Männer bezieht, wirklich nur auf Männer. Und diese gesellschaftliche Stellung ist mit dem Tag der Geburt festgelegt. Auch nach der Eheschließung sind sogar gebildete Männer davon überzeugt, dass Frauen dazu da sind, sie zu bedienen und alles zu tun, was sie verlangen. Die Frau hat kein Recht zu protestieren. Und wenn ich meine Meinung über Männer sagen kann, dann behaupte ich, dass sich die Männer absolut unfair den Frauen gegenüber verhalten. Und ich gehe noch weiter, indem ich behaupte, dass jede sudanesische Frau dasselbe von ihrem Vater, ihren Brüdern, ihren Onkeln, Söhnen und ihrem lieben Ehemann sagt.

Gleiche Rechte für Frauen wären das ideale System, um Frauen an der Entwicklung des Landes teilnehmen zu lassen. Das würde den Frauen das Gefühl geben, nicht weniger wichtig zu sein als Männer. Ich glaube, betreffend Arbeit im Öffentlichen Dienst und Möglichkeiten in der Ausbildung haben Frauen und Männer gleiche Rechte. Aber wenn es um Scheidung und die Stellung in der Gesellschaft geht, dann benötigen wir Frauen noch viel mehr Rechte und Freiheit. Damit meine ich nicht die Freiheit in der westlichen Welt, denn die hat viele Nachteile. Ich war in den Vereinigten Staaten von Amerika und habe beobachtet, dass absolute Freiheit schlechtes Benehmen hervorbringt.

Kinder

Wenn es nur einen Weg für Glück und Freude in diesem Leben gibt, dann sind es die Kinder. Ich habe drei wunderbare Mädchen und einen Jungen, den ich so erziehe, dass er die Fehler, denen ich begegnet bin, nicht macht. Ich erziehe meine Kinder so, dass sie gleiche Rechte und Pflichten haben. Zunächst bezieht sich das auf unser Familienleben. Ich hoffe, dass es im späteren Leben so bleibt. Ich glaube, das ist das Beste, was ich meinen Kindern für ihr späteres Leben mitgeben kann.

Verwandtschaft

Verwandte im Sudan sind ein großes Problem. Sie können dein Leben bestimmen, ob du es nun willst oder nicht. Sie können das Leben wirtschaftlich und gesellschaftlich beeinflussen. Einer Frau ist nicht erlaubt, etwas zu sagen, obgleich sie alles ertragen muss. Der einzige Vorteil der Großfamilie ist, dass man manchmal in der Not Hilfe bekommt, besonders von direkten Blutsverwandten. Das heißt aber nicht, dass ich die westliche Kleinfamilie ideal finde. Etwas zwischen der Groß- und Kleinfamilie wäre ideal.

Geld und Gold

Ohne Zweifel, Geld ist für alle finanziellen Angelegenheiten im Leben sehr wichtig, besonders für Frauen im Fall von Scheidung oder Tod des Ehemannes. Wenn eine Frau nichts auf ihren Namen überschrieben bekommen hat, dann kann sie alles verlieren, besonders, wenn ihr Mann viele Verwandte hat. Sie werden beim Tod des Ehemannes alles unter sich verteilen. Ich habe kein Verhältnis zu Gold, aber ich habe nichts gegen den Besitz; denn bei Problemen kann es sehr nützlich sein.

Religion

Ich bin Muslimin. Der Islam gibt den Frauen eine besondere Stellung. Männer müssen die Frauen beschützen, da sie schwach sind. Ich denke, im körperlichen Sinne ist das richtig. Aber ich glaube, dass Männer den Islam entsprechend ihren eigenen Interessen interpretiert haben, um Frauen zu versklaven. Der Islam räumt den Frauen volle Freiheit ein. Sie können alles tun und lassen, was sie möchten, aber sie müssen Ehrlichkeit und Reinheit (Keuschheit) allen ihren Handlungen zugrunde legen.

Der „Böse Blick" und Zar

Ich glaube nicht an den „Bösen Blick" und nicht an *Zar* und Ähnliches. Alle diese Dinge sind das Ergebnis seelischer Krankheiten der Frauen, und daran sind die Männer schuld.

SONYA
Weibliche Beschneidung ist ein Unglück für die Gesellschaft.

Sonya ist 27 Jahre alt, schön, intelligent und hochgebildet. Sie ist seit einigen Jahren verheiratet und hat zwei kleine Töchter. Sonya stammt aus einer Ehe zwischen einem Sudanesen und einer Engländerin. Beide Eltern sind Akademiker. Sonyas sudanesischer Ehemann ist ein wohlhabender Geschäftsmann. Sie kann sich Hilfe im Haushalt und für die Kinder leisten.

Sonya wurde in London geboren, doch die ersten 14 Jahre ihres Lebens verbrachte sie im Sudan. Als ihre Mutter sich scheiden ließ, folgte sie ihr nach England und beendete dort ihre Ausbildung. Sonya wird demnächst in Soziologie promovieren. Sie lebt mit ihrer Familie im Winter in ihrem großen Haus in Khartum und im Sommer in ihrer Wohnung in London.

Kindheit

Meine Kindheit war nicht sehr sudanesisch, wenn man sie mit anderen Kindern aus ähnlichen sozialen Verhältnissen vergleicht. In unserer Kleinfamilie wurde nur Englisch gesprochen. Ich sprach vor meinem 12. Lebensjahr kein Arabisch, obgleich die Verwandten meines Vaters ständig in unserem Haus lebten. Das engste Verhältnis hatte ich mit meiner Mutter, die alles versuchte, um mit den Verwandten meines Vaters zurechtzukommen. Ich klage meinen Vater an, dass es zur Scheidung meiner Eltern kam. Es ist keine Frage des Verhaltens – mein Vater war liberal und modern, und er hat sich nicht eingemischt – aber meine Mutter war mir und meiner Schwester näher.

Zwei Schwestern meines Vaters und ihre Familien lebten jahrelang bei uns. Wir hatten kein Privatleben und haben es sehr vermisst. Unsere Kusinen waren älter als meine Schwester und ich. Sie hatten einen sehr starken Einfluss auf meine Schwester, die demzufolge „sudanesischer" als ich wurde. Die Ehe meiner Eltern scheiterte aufgrund der Anwesenheit der vielen Verwandten in unserem Haus, obgleich meine Mutter sehr tolerant und entschlossen war, mit den Verwandten meines Vaters zurechtzukommen.

Verwandtschaft/Großfamilie

Weder mein Mann noch ich können das Großfamiliensystem im Sudan ausstehen. Ich kenne viele sudanesische Frauen, die in Großfamilien aufgewachsen sind. Auch sie können nicht damit zurechtkommen. Zum Beispiel, meine sudanesische Großmutter hasste es, wenn unerwartet Besucher kamen. Mein Vater konnte Besucher nicht ausstehen, die sich nicht angemeldet hatten. Er beschwerte sich dann immer bei meiner Mutter darüber. Ich kann mich sehr gut an verschiedene Vorfälle dieser Art erinnern. Die Großfamilie respektiert weder die persönliche Psyche noch das Privatleben. Obgleich meine Mutter immer ein gutes Verhältnis zu den Verwandten meines Vaters aufrechthielt, haben sie doch das Verhältnis zwischen meinen Eltern untergraben. Mein Vater wollte seinen Verwandten nie etwas sagen. Einmal kam jemand mit Tuberkulose und blieb bei uns. Meine Mutter hat sich darüber sehr aufgeregt.

Der Einfluss des Großfamiliensystems auf Kinder ist unter anderem, dass das Verhältnis Eltern und Kinder nicht so nah wie in Kleinfamilien ist. Sie sind loyal zueinander, aber weniger vertrauensvoll. Es gibt hier keine Fragen. Jedes Familienmitglied hat Pflichten, z.B. die Eltern im Alter zu versorgen. Die Kinder bleiben ihr ganzes Leben der Familie eng verbunden, sie rebellieren kaum wie in Europa üblich. Die wichtigste Forderung ist Anpassung. Man kann niemals ausbrechen, niemals gegen das System sein – auch wenn man gerne möchte.

Ehe

Mein Mann und ich stimmen in den meisten Dingen überein. Er hat auch lange im Ausland gelebt und teilt meine Abneigung gegen viele sudanesische Bräuche. Ich glaube, deshalb hat er mich geheiratet. Wir haben eigentlich keine Probleme miteinander. Aber ich war mir bis zu meiner Hochzeit nicht bewusst, wie wichtig Verwandte im Sudan sind. Wenn man mit ihnen zusammen ist, dann muss man vorgeben, so zu denken und sich so zu benehmen, wie sie es tun. Aber ich glaube, ich bin gut im Rollenspiel, zumindest für einige Stunden in der Woche. Sie mischen sich zwar nicht in unser Leben ein, aber ich könnte niemals, niemals mit ihnen leben, wie so viele sudanesische Paare. Es wird einfach davon ausgegan-

gen, dass ein junges Paar die ersten Jahre im Hause der Schwiegereltern lebt, und wenn die junge Frau ein Kind bekommt, dann geht
sie zurück zu ihrer Mutter. Sie bleibt dort mehrere Monate, auch
wenn sie schon aus dem Elternhaus ausgezogen ist. Ich weiß nicht,
wie sie das machen. Hier in dieser Gesellschaft kann man nie ar-
gumentieren oder sich streiten über einen Unterschied im Denken.
Man muss sich zurückhalten und schweigen.

Obgleich mir vieles zuwider ist, so komme ich doch immer wieder in den Sudan zurück. Ich bin hier nicht zur Schule gegangen
– meine Mutter hat uns selbst unterrichtet – und ich habe hier
nicht studiert, und wollte es auch niemals, aber ich komme immer
wieder zurück, wann immer sich eine Möglichkeit bietet. Manchmal machen die Sudanesen schlechte Witze über „Mischlinge",
aber ich vermute, dass sie es nicht so meinen. Ich habe das Gefühl,
dass ich hier akzeptiert werde. Zum Beispiel hätte die Familie meines Mannes es bestimmt lieber gesehen, wenn er eine Frau aus der
Verwandtschaft geheiratet hätte. Aber sie haben mich akzeptiert.
Wahrscheinlich, weil ich hellhäutig bin. Es gibt eine Menge Rassismus im Sudan, obgleich die Sudanesen selbst es nicht als so etwas
bezeichnen.

Scheidung und Status der Frau
Ich kenne viele Frauen, die aufgrund der hiesigen Scheidungsge-
setze sehr leiden mussten. Ich habe eine Freundin, sie ist gebildet,
aber sie konnte keine Kinder bekommen. Ihr Mann hat sich eine
zweite Frau genommen, und nun hat er drei Kinder. Aber er weigert sich, sich von seiner ersten Frau scheiden zu lassen. Eine andere Freundin, so alt wie ich, ist geschieden mit einem Kind. Ihr
Mann hat wieder geheiratet, aber er warnt seine geschiedene Frau
vor einer zweiten Ehe, dann würde er ihr das Kind nehmen. Männer haben alle Rechte. Ein Mann kann wieder heiraten, er kann die
Kinder nehmen. Das Gericht ist immer auf der Seite des Mannes.
Nehmen wir jetzt einmal die Erbschaft. Wieder eine Freundin von
mir, ihr Mann wurde bei einem Autounfall getötet. Die Frau hat
Anrecht auf ein Achtel seines Vermögens, ihre zweijährige Tochter
bekommt ein Viertel. Der Rest geht an die Brüder des Mannes, da
meine Freundin keinen Sohn hat. Die Brüder haben Gewalt über

das Geld und somit über sie. Sie kann nicht leben ohne ihre Hilfe. Die Brüder haben ihr gesagt, falls sie wieder heiraten würde, käme die Tochter zur Familie des Vaters; denn dort gehört sie hin. Kinder werden wie Eigentum behandelt. Das System ist so entworfen, um die Frauen in untergeordneter Stellung zu halten.

Weibliche Beschneidung
Ich glaube, Männer wollen eigentlich keine beschnittenen Frauen heiraten, besonders die gebildeten Männer. Ich kenne einen Mann, dem ist es egal, wen er heiratet, solange das Mädchen nicht beschnitten ist. Den Männern ist es nicht bewusst. Sie wissen gar nicht, was da vor sich geht. In dieser Gesellschaft sind die Geschlechter so getrennt, sie wissen zu wenig voneinander. Ich weiß, Feministinnen denken, dass die Beschneidung Teil der männlichen Dominanz über Frauen ist. Aber ich glaube, es sind die Frauen selbst, die diese Verstümmelung fortbestehen lassen. Sie ist ein Unglück für die sudanesische Gesellschaft.

2008
Sonya hat mittlerweile fünf Kinder. Sie hat ihre Forschungsarbeit an der Universität Khartum aufgegeben und widmet sich ganz ihrer Familie, den vielen Freunden und ihrer Aufgabe als Vorsitzende einer internationalen Schule, die sie vor einigen Jahren in Khartum gründete. Außerdem ist sie Eigentümerin eines beliebten Restaurants in Khartum. Sie führt ein komfortables, angenehmes Leben in Khartum und London.

FATMA
Weibliche Beschneidung ist unrecht, Gott hat uns nicht geschaffen, damit wir sein Werk zerstören.

Fatma ist eine große schlanke, etwa 40-jährige Witwe. Ihr freudloses Gesicht enthüllt ihr hartes Leben. Sie wohnt mit ihren 5 Kindern am Stadtrand von Khartum und verdient ihr Geld durch Herstellung und Verkauf von kisra (Hirseflanden).

Kindheit

Ich wurde in der Nähe von Babanousa in Südkordufan geboren. Ich gehöre zu den „Mesaria", einer großen Volksgruppe, die als Halbnomaden den südwestlichen Teil des Sudan bewohnt. Vater und Mutter arbeiteten als Bauern. Die Eltern arbeiteten beide jeden Tag von morgens 6 Uhr bis mittags 12 Uhr im Feld und am Nachmittag von 3 Uhr bis Sonnenuntergang. Meine Eltern hatten vier Söhne und vier Töchter, aber keines der Kinder besuchte die Schule. Wir mussten alle auf dem Feldern mitarbeiten. Mit 15 Jahren wurde ich an einen Verwandten, der ebenfalls Bauer war, verheiratet. Nach einigen Jahren zogen wir nach Khartum. Dort nahm mein Mann eine Stellung als Wächter an. Wir hofften auf ein besseres Leben in der Hauptstadt. Unglücklicherweise starb mein Mann vor einiger Zeit. Ich bin nun für meine 5 Kinder alleinige Ernährerin.

Heirat und Ehe

Der wichtigste Tag in meinem Leben war meine Hochzeit. Ich war sehr aufgeregt, denn ich kannte meinen zukünftigen Mann nicht. Meine Eltern haben den Mann für mich ausgesucht. Durch Nachbarn erfuhr ich zuerst, dass ich verheiratet werden sollte. Später kam mein Vater zu mir und sagte mir, dass ich verlobt sei mit diesem Mann, einem Verwandten. Mein Vater sagte mir außerdem, dass die Hochzeit in einem Jahr stattfinden würde. Vor meiner Hochzeit habe ich meinen Mann schon in einer Gruppe gesehen. Aber ich wusste nicht, welchen Mann in der Gruppe ich heiraten sollte.

Ich denke schon, dass meine Eltern das Richtige getan haben, als sie mir einen Mann aus unserer Familie aussuchten. So kannten sie seinen Hintergrund und sein Benehmen. Ich glaube nicht an Liebesheiraten. Es ist sicherer für ein Mädchen, wenn die älteren Leute den Partner aussuchen. Und was passiert bei einer Liebesheirat, wenn die Liebe verschwindet? Dann ist die Ehe wertlos.

Scheidung und Polygamie

Ich glaube nicht, dass es gut ist, wenn ein Mann mehrere Frauen heiratet. Das bringt die Familie in jeder Hinsicht durcheinander und zerstört sie. Eine geschiedene Frau wird von der Gesellschaft geachtet, wenn sie sich selbst achtet und ihren Lebensstil den

Normen und Regeln der Gesellschaft anpasst. Das Gleiche gilt auch für Witwen.

Verhalten der Männer gegenüber Frauen
Ich denke, dass die meisten Männer die Frauen respektieren. Was die Freiheit anbelangt, so sollten Männer mehr Freiheit haben als Frauen, und zwar aus dem einfachen Grunde: Weil sie Männer sind! Wenn Frauen die gleichen Freiheiten hätten wie Männer, so würde es viele Probleme hervorrufen, und das sollte nicht geschehen.

Berufstätige Frauen
Wenn Frauen jemanden haben, der sie und ihre Kinder unterstützt, dann sollten sie zu Hause bleiben und dort ihre Arbeit verrichten. Auch ein Mann zieht es vor, wenn seine Frau zu Hause bleibt. Aber wenn natürlich eine Frau von niemandem unterstützt wird, dann muss sie zwangsläufig außer Haus arbeiten, um sich und ihre Kinder zu ernähren. Und leider muss ich das jetzt auch. Solange mein Mann lebte, versorgte er uns, und das war für mich viel einfacher.

Kinder und Ausbildung
Ich versorge meine fünf Kinder so gut ich kann. Ich arbeite sehr hart. Frühmorgens bereite ich *kisra* (Hirsefladen) vor, um sie dann ab Mittag auf dem Markt zu verkaufen. Ich erwarte von meinen Kindern, dass sie mich versorgen, wenn ich alt bin. Und ich werde in dem Haus meiner Kinder leben, bis ich sterbe.

Die Ausbildung für Jungen und Mädchen sollte verschiedenartig sein, da sie ja auch keine einheitliche Verantwortung und Arbeit im späteren Leben haben. Ich wünsche mir, dass mein Sohn eine gute Arbeit findet, und dass meine Töchter gute Ehemänner bekommen. Frauen sollten so erzogen werden, dass sie das Schlechte vom Guten unterscheiden lernen.

Weibliche Beschneidung
Die pharaonische Beschneidung ist Unrecht, denn Gott hat uns nicht geschaffen, dass wir sein Werk zerstören. Es ist, als ob man einen Finger abschneidet. Die Beschneidung ist außerdem auch gefährlich für Frauen und Kinder. In den ländlichen Gegenden arbei-

ten die Frauen in den Feldern, und plötzlich beginnt die Geburt. Wenn dann weder ein Arzt noch eine Hebamme in der Nähe ist, um die Frau aufzuschneiden, dann sterben Mutter und Kind auf die schrecklichste Weise. Ich bin pharaonisch beschnitten worden. Ich habe auch meine Töchter so beschneiden lassen. Die anderen Frauen haben mich dazu gedrängt, dass dies der einzig richtige Weg sei. Jetzt weiß ich besser Bescheid, denn fortschrittliche Frauen hier in der Stadt haben mich aufgeklärt. Es tut mir jetzt schrecklich leid, dass ich meine Töchter beschneiden ließ. Aber das kann nun nicht mehr geändert werden. Ich hoffe, dass meine Enkelinnen besser dran sind. Ich werde ihnen dabei helfen.

Der „Böse Blick" und Zar
Der *Zar* ist Unsinn und wurde von Frauen erschaffen. Ich nehme an keiner *Zar*-Zeremonie teil. Aber ich glaube an den „Bösen Blick". Es gibt neidische Menschen, die dir den „Bösen Blick" geben. Daher muss man vorsichtig sein und sich und die Kinder davor schützen, und zwar mit Versen aus dem Koran und Perlen, die man in einem *hijab* um den Hals oder am Arm trägt.

Religion
Im Islam werden die Frauen respektiert. Im Sudan werden die Frauen nach islamischen Gesetzen behandelt. Ich bin Muslimin und halte mich an die Regeln, und daher werde ich respektiert.

2008
Fatma ist nicht auffindbar. Die Situation hat sich aus politischen und wirtschaftlichen Gründen für Frauen wie Fatma eher verschlechtert. Vielleicht lebt sie in einem kleinen Haus am Stadtrand und wird von ihren Kindern versorgt.

MONA
Im Sudan eine Frau zu sein, heißt: Man muss immer kämpfen!

Mona ist eine kleine, gut aussehende Frau von 45 Jahren. Sie ist sehr lebhaft, selbstbewusst und lebt mit ihrem Mann und drei Kindern in einem großen Haus in Khartum. Mona ist Professorin an der Universität Khartum und – wie ein ausländischer Kollege sagte – der einzige Mann an der Universität Khartum. Dies, vom Blickwinkel eines Mannes gesehen, sind positive Merkmale: Verlässlichkeit, Selbstbewusstsein, Intelligenz und Durchsetzungsvermögen.

Kindheit

Mein Vater war Ingenieur und meine Mutter hat ihre Ausbildung als Lehrerin bei den Christlichen Missionaren erhalten. Anfangs waren wir vier Mädchen und dann folgten sechs Jungen. Ich bin die Nummer vier der Mädchen. Nach mir folgten die Jungen. Mein Vater war Bewässerungsingenieur, und seine Arbeit war außerhalb der Städte, in der Gezira. Wir haben immer auf dem Lande gelebt. Ich kann mich sehr gut daran erinnern. Die Landschaft und die kleinen Orte waren sehr schön. Wir wohnten immer in einem großen Haus und viele Kilometer freies Land waren um uns, das durch das Bewässerungssystem kultiviert wurde. Es gab immer ein kleines Haus für den Wächter und seine Familie und in der Entfernung war dann ein kleines Dorf. In unserer frühen Kindheit lebten wir vollkommen isoliert. Aber als ich vier Jahre alt war, wurde ich im gleichen Internat aufgenommen, in dem schon meine älteren Schwestern lebten. Es war eine katholische Missionsschule. Ab meinem vierten Lebensjahr lebte ich also in einem Internat bei katholischen Schwestern, gemeinsam mit meinen älteren Schwestern. Später folgten dann noch zwei meiner Brüder. Wir waren schon eine Ausnahme. Zu der Zeit besuchten nur sechs Muslim-Mädchen die Missionsschule, zwei Ägypterinnen und wir vier.

Nach 8 Jahren in der katholischen Missionsschule wurden wir zur Amerikanischen Missionsschule geschickt, weil wir sehr schlecht Arabisch schreiben und lesen konnten. Wir waren nicht gut genug in Arabisch, um die sudanesischen Staatsschulen besuchen zu können. Deshalb schickte unser Vater uns in die Amerikanische Missionsschule, denn dort unterrichteten sudanesische Lehrer in Arabisch. Der Einfachheit halber wurden wir gemeinsam in eine Klasse gesteckt.

Aber ich blieb nicht lange in dieser Schule, da eines der Mädchen, das als sehr intelligent galt, im Abschlussexamen sehr schlechte Ergebnisse brachte. Mein Vater entschloss sich deshalb, mich bei der englischen Unity Highschool anzumelden, und von dort ging ich dann direkt zur Universität Khartum. Einen großen Teil meines Lebens habe ich in Internaten mit Mädchen verbracht.

Wir hatten 15 Tage Ferien zu Weihnachten und 3 Monate im Sommer. In den Ferien waren wir Geschwister eine feste Gruppe. Wir verbrachten wunderbare Tage zusammen. Ich glaube, mein Vater wünschte sich immer einen Jungen, aber zuerst kamen nur Mädchen. Ein Junge starb gleich nach der Geburt. Meine Mutter wünschte sich auch Jungen. Sie steckte uns in Khakihosen, und wir trugen Jungenschuhe. In der Gesellschaft von Wad Medani (Hauptstadt in der Gezira-Region) bezeichnete man unsere Familie als etwas fremdartig. Sogar heute erinnern sich die Leute noch an uns. Wir wurden auch nie zurückgehalten, wenn Besucher kamen. Mein Vater wollte uns Selbstbewusstsein geben.

Ich erinnere mich genau an einen Vorfall. Ich war 13 Jahre alt und ging mit meinem Vater auf der Straße in Wad Medani. Einige Männer kamen uns entgegen, und ich schlug meine Augen nieder, wie es die Gesellschaft von Mädchen meines Alters in Gegenwart von Männern verlangt. Mein Vater schlug mich daraufhin. Als ich ihn fragte, weshalb er das täte, sagte er: „Die sind nicht besser als du, und du hast vor ihnen die Augen niedergeschlagen!" So war er. Mein Vater hat uns oft geschlagen, vor allem, wenn wir unsere Schulaufgaben nicht machen wollten. Aber in den Ferien hatten wir keine Lust zum Lernen. Mein Vater gab uns Aufgaben in Mathematik, und wenn er nach einiger Zeit zurückkam, und die Aufgaben waren nicht gelöst, dann gab es Schläge. Unsere Gefühle für unseren Vater waren Angst, Respekt, aber auch Liebe. Ich glaube, wir haben uns nicht einmal erlaubt, darüber nachzudenken, ob er recht oder unrecht tat, als er eine zweite Frau nahm. Was er auch tat, wir hatten immer eine Entschuldigung für ihn. Drei Jahre später nahm er sich eine dritte Frau. Als er vier Jahre danach starb, hinterließ er neun weitere Kinder, zwei wurden nach seinem Tode geboren. Die anderen Frauen und Kinder lebten in verschiedenen Häusern. Wir hatten keinen Kontakt mit ihnen. Wir waren schon erwachsen.

Wie hat deine Mutter auf Polygamie reagiert?
Meine Mutter warf stolz ihren Kopf in den Nacken und sagte: „Ich bin gebildet. Was sind die? Im Vergleich zu uns sind sie nichts!" Und mein Vater feierte auch keine großen Hochzeiten mit der zweiten und dritten Frau. Er heiratete Frauen vom Lande. Als er starb, sagte meine Mutter: „Wir wollen nichts von seinem Nachlass, solange uns die anderen nicht belästigen."

Wir hatten keinen Kontakt mit den Frauen und Kindern aus den weiteren Ehen meines Vaters, bis vor Kurzem. Vielleicht haben wir uns nicht richtig verhalten, und ich sollte es erklären. Meine Mutter bestand darauf, dass wir unsere Ausbildung beenden. Ich hatte an der Universität angefangen. Meine älteste Schwester arbeitete und half uns finanziell. Wir hatten sechs Jungen zu versorgen. Die beiden anderen Frauen meines Vaters hatten das Haus meines Vaters behalten. Sie bekamen seine Pension und kümmerten sich um ihre eigenen Kinder. Als ich mit der Universität fertig war, musste ich mich um die Ausbildung meiner Brüder kümmern. Wir hielten zusammen, aber wir hatten eine sehr schwere Zeit.

War deine Mutter verbittert?
Ich glaube, sie war einfach praktisch veranlagt und sah, dass es keinen Zweck hatte, Geld oder Unterstützung von den anderen Frauen zu verlangen. Wir wussten, dass mein Vater ein großes Familienhaus gebaut hatte. Aber davor hatte er zwei Häuser für meine Mutter gebaut. Doch durch den finanziellen Druck, hervorgerufen durch die Heirat meiner beiden Schwestern und die vielen anderen finanziellen Verpflichtungen meines Vaters durch seine anderen Frauen und Kinder, war das, was für eine Familie reichlich war, zu wenig für alle. Die beiden Häuser wurden verkauft, und wir zogen

in ein gemietetes Haus. Wir mussten überlegen und den Jungen eine Ausbildung geben.

Vielleicht wäre die Situation anders verlaufen, wenn wir jünger gewesen wären. Aber wir waren junge Mädchen, die einen Vater hatten, der an Frauenbildung glaubte. Unsere Schulgebühren betrugen 48 sudanesische Pfund, eine große Summe aus seinem Gehalt. Er behandelte uns anders, als es die Gesellschaftsnorm war. Er gab uns alles, was ein sudanesischer Mann seines Alters seinen Töchtern geben konnte. Aber gleichzeitig hatte er auch Freude am Leben. Er genoss es, mit seinen Freunden zu trinken, jedoch nie bei uns zu Haus. Er war ein fröhlicher Mensch, und wenn er noch länger gelebt hätte, dann hätte er auch noch weitere Frauen geheiratet. Als er älter wurde, heiratete er eine junge Frau. Viele Männer seiner Altersgruppe taten so etwas. Er bekannte, dass er nebenher auch noch Freundinnen hatte. Es hat mich nie gestört, aber vielleicht auch nur deshalb nicht, weil ich meinen Vater verehrte. Später habe ich mich manchmal gefragt, ob er richtig gehandelt hat, aber damals habe ich es einfach ignoriert. Mein Vater war in den Fünfzigern, als er ein zweites Mal heiratete. Meine Mutter hätte noch weitere Kinder bekommen können. Als mein Vater eine zweite Frau heiratete, war mein jüngster Bruder 3 Jahre alt.

Jetzt im Alter zeigen sich die Auswirkungen des seelischen Drucks, dem meine Mutter durch die zweite Heirat ausgesetzt war. Sie musste plötzlich allein sechs Jungen erziehen, das ist schwieriger als Mädchen. Meine Mutter bekam vor 10 Jahren nervöse Störungen, die heute noch nicht behoben sind.

Ich kann meinem Vater jedoch nicht böse sein, denn er tat etwas, was zu seiner Zeit nicht üblich war. Er hat sein Geld ausgegeben, um uns Mädchen eine gute Ausbildung zu geben. Und dafür bin ich ihm dankbar.

Heirat und Ehe

Ich traf meinen Mann an der Universität Khartum, während ich an meinem Diplom arbeitete. Er war Professor an der Universität und hatte viele Jahre im Ausland gelebt. Ich habe ihn noch vor meinem Examen geheiratet. Während einer Weihnachtsfeier in einem Club bat er mich zum Tanz. Während wir tanzten, fragte er mich, ob ich ihn heiraten wolle. Ich bat um Bedenkzeit, denn der Antrag kam für mich so plötzlich. Aber er sagte, dass ich sofort „ja" oder „nein" sagen müsste. Ich sagte „ja". Die Freunde, mit denen ich zu dem Fest gekommen war, rieten mir, nichts zu übereilen. Aber ich wollte mir eine Chance geben, ihn näher kennenzulernen und deshalb habe ich zugestimmt.

Mein Mann hatte den Ruf, ein unverbesserlicher Junggeselle zu sein. Er war sehr streng. Die Studenten hatten schreckliche Angst vor ihm. Eine Freundin von mir weinte tatsächlich, als ich ihr von meinen Heiratsplänen erzählte. Vier Monate später waren wir verheiratet. Meine Fahrkarte für unsere Hochzeitsreise habe ich selbst bezahlt. Zu Beginn unserer Ehe hatte ich so meine Probleme. Ich konnte mich nicht daran gewöhnen, dass mein Mann um 4 Uhr nachmittags nach der Arbeit sich duschte und dann aus dem Haus ging, um nicht vor Mitternacht wieder zurück zu sein. Ich hatte mir die Ehe anders vorgestellt und dachte, dass wir die Abende zusammen verbringen würden. Am Anfang habe ich mich oft beschwert, aber dann habe ich eingesehen, dass man nichts gegen die gesellschaftlichen Regeln tun kann. Männer und Frauen leben in getrennten Welten. Man muss daraus das Beste machen. Mein Mann wird niemals seine Freunde aufgeben, das habe ich schnell eingesehen. Ich musste mich entscheiden, entweder würden seine Freunde täglich bei mir zu Hause herumsitzen und sich bedienen lassen, oder ich muss auf meinen Mann am Abend verzichten. Einen oder zwei Freunde täglich hätte ich akzeptiert, aber nicht die ganze Gruppe. So habe ich mich dazu entschlossen, mein eigenes Leben nachmittags und abends zu leben, und er seines. Aber trotz allem sind wir eine Familie. Dieses System hat sich bewährt, denn sein Versuch, als Hausvater zu Hause zu sitzen, schlug völlig fehl. Er war so nervös, dass ich am Ende froh war, als er wieder zu seinen Freunden ging.

Du hast eine Tochter und zwei Söhne, machst du Unterschiede in der Erziehung?
Oh nein. Wenn meine Tochter mich zum Beispiel ärgern will, dann sagt sie: „Hallo Frau!" Und ich rege mich jedes Mal darüber auf. Ich sagte ihr dann immer wieder: „Du bist eine Frau und ich bin

eine Frau, das ist keine Beleidigung!" Sie antwortet mir dann: „Was willst du damit sagen? Wir werden doch wie Mädchen behandelt." Sie hat natürlich bemerkt, dass die Gesellschaft ihre weiblichen Mitglieder wie unmündige Kinder behandelt. Ich gebe ihr aber keinen Anlass, sich als minderwertig zu betrachten, nur weil sie ein weibliches Wesen ist. Aber gleichzeitig hüte ich mich davor, sie als etwas Besonderes zu behandeln, denn sie ist die einzige Tochter zwischen zwei Söhnen. Sie soll nicht vorgezogen werden.

Wie stehst du zur weiblichen Beschneidung?
Ich glaube, wenn wir aufstehen würden und laut schreien, die Sudanesen werden dabei bleiben. Einige bevorzugen beschnittene Frauen, andere wären glücklicher mit einer unbeschnittenen Frau. Meiner Ansicht nach sollten Mädchen nicht beschnitten werden. Wenn ein Mann darauf besteht, dass seine Frau beschnitten sein sollte, und sie ist damit einverstanden, dann ist dies ihr Problem. Es gibt unbeschnittene Mädchen, die sich nach der Geburt des ersten Kindes beschneiden lassen. Meine Tochter lasse ich so, wie sie ist. Es ist ihre eigene Entscheidung, was sie mit sich machen will. Meine Großmutter mütterlicherseits war eine der ersten Hebammen mit einer richtigen medizinischen Ausbildung. Sie wurde früh Witwe und hatte fünf Kinder zu ernähren. Daher entschloss sie sich, im Krankenhaus eine Ausbildung als Hebamme zu machen. Jeden in unserer großen Familie hat sie zur Welt gebracht. Sie hatte unheimliche Angst vor den Engländern, die damals noch Kolonialherren im Sudan waren und die Infibulation 1946 gesetzlich verboten. Meine Großmutter führte daher nur die mildere erlaubte Form der Beschneidung durch. Alle Mädchen in unserer Familie wurden auf die milde *Sunna*-Art beschnitten. Wir sind eine sehr große Familie, und alle heirateten Partner nicht immer innerhalb der Familie. Daher haben einige Mädchen sich vor oder nach der Heirat nochmals auf die härtere Art beschneiden lassen. Aber fast immer haben die Familienmitglieder vorher dieses Problem mit dem zukünftigen Mann durchgesprochen. Meine Großmutter hat immer darauf bestanden, dass die pharaonische Beschneidung (Infibulation) nicht durchgeführt wurde.

Meine Schwestern und ich wurden alle an einem Tag beschnitten. Ich kann mich nicht mehr daran erinnern, aber in der Familie werden Geschichten erzählt. Ich kann mich nicht an etwas Unschönes erinnern. Auch in der ganzen Familie meiner Mutter hat man keine Probleme mit den Beschneidungen gehabt. Wir haben auch keine großen Feste gefeiert. Meine Mutter mochte keine Gäste bei Festen wie Beschneidungen oder zur Geburt eines Kindes, denn sie hatte Angst vor dem „Bösen Blick".

Der „Böse Blick"

Meine Mutter fürchtete sich vor dem „Bösen Blick", da sie eine große Familie hatte. Wenn jemand uns besuchte, dann rief sie uns zu, dass wir uns verstecken sollten. Und wir kleinen Dummerchen versteckten uns wie Affen. Wenn wir in den Schulferien zu Hause waren, dann mussten wir uns im Badezimmer verstecken. Schwitzend saßen wir da, bis der Gast wieder ging. Meine Mutter verneinte die Frage, ob ihre Kinder schon in den Ferien nach Hause gekommen seien.

Ich glaube nicht an den „Bösen Blick", aber ich kenne viele Leute, die daran glauben. Man sagt, dass Leute dich um dein Glück und deine Habseligkeiten beneiden, z.B. einen guten Mann, gesunde Kinder, ein großes Haus. Aber ich glaube nicht, dass dieser Neid gefährlich sein kann. Viele Sudanesen tragen einen *hijab*, kleine Lederkästchen, die eine Koransure enthalten. Vor allem kleine Kinder tragen oft einen *hijab* um den Hals gebunden. Das soll Schutz gegen Krankheit oder Tod bringen. In unserer Familie tragen wir blaue Perlen als Glücksbringer.

Frauen und Beruf

Als ich begann, die Universität zu besuchen, war es nicht leicht für Frauen. Zum Beispiel gab es einen Fall, den ich nie vergessen werde. Eine sehr begabte Studentin musste die Universität verlassen, da ihr Bruder, der nicht so intelligent war, die gleichen Vorlesungen besuchte, aber nicht so gute Zensuren brachte. Es war eine Zeit, in der die Leute damit begannen, an Hochschulausbildung für Mädchen zu glauben. Aber nicht alle waren wirklich mit ganzem Herzen dabei.

Sudan ist eine Männerwelt. Wir Frauen müssen unser ganzes

Leben kämpfen. Wir haben jahrelang gekämpft. Es ist uns fast zur Gewohnheit geworden. Die Tatsache, dass man als weibliches Wesen zur Welt kommt, macht jede Frau, jedes Mädchen automatisch zur Bürgerin zweiter Klasse. Das ist die Wahrheit. Es gab Zeiten, da war ich sehr betroffen. Ich werde ein Beispiel nennen. Als ich hörte, dass die Stelle des Dekans unserer Fakultät neu besetzt werden sollte, habe ich nicht im Traum daran gedacht, mich um die Position zu bewerben. Ich wusste, dass es mir nicht möglich war, mich dem Diktat der islamischen Gesetze zu unterwerfen. Ich wusste, dass ich mich entsprechend hätte kleiden müssen, um diesen Posten zu vertreten. Das war nicht akzeptierbar für mich. Ich wollte als Frau akzeptiert sein, so wie ich war und mich nicht dem Diktat unterwerfen. Deshalb habe ich mich zurückgezogen. Als Mann hätte ich mich nicht zu ändern brauchen. Aber als Frau hätte ich mich unterwerfen müssen, wenn ich den Posten angenommen hätte. Man muss es akzeptieren, eine Frau zu sein und Vorschriften ablehnen, die besonders für Fragen gemacht werden. Man muss sich entscheiden, auch wenn man dafür vieles aufgibt. Ich hatte sehr große Chancen, den Posten zu bekommen. Viele hatten mich vorgeschlagen.

Bildung
Familien, die es sich leisten können, versuchen, ihre Töchter auf die Universität zu schicken. Zu meiner Zeit mussten wir uns unseren Weg zur Universität erkämpfen. Eine meiner Freundinnen musste vier Jahre zu Hause sitzen, bevor ihr ältester Bruder ihr die Erlaubnis gab, die Universität zu besuchen. Heute ist es natürlich nicht mehr so. Es sind die Eltern, die ihre Kinder vorantreiben. Man sieht heute viele Väter, die versuchen, einen Platz an der Universität für ihre Töchter zu finden. Sie sind auch bereit, dafür zu zahlen.

Verhindern Ehemänner das Studium ihrer Frauen?
In meiner Fakultät sind mehr verheiratete Frauen als in anderen Fakultäten. Ich kann nicht genau die Zahlen sagen, aber ich bin sicher, dass es auch in anderen Fakultäten viele verheiratete Studentinnen gibt. Diplomandinnen und Doktorandinnen sind noch zahlreicher. Auch viele berufstätige Frauen sind verheiratet. Heirat

hält eine Frau normalerweise nicht davon ab, ihr Studium zu beenden und eine Karriere zu beginnen.

Stimmt es, dass Studentinnen sich später weigern, in ländlichen Gegenden zu arbeiten?
In der naturwissenschaftlichen Fakultät, besonders in den Abteilungen Botanik, Biologie und Zoologie sind mehr Studentinnen als Studenten. Das Gegenteil ist der Fall in Chemie, Physik, Mathematik und Geologie. Ich werde ganz ehrlich meine Meinung darüber sagen. Wenn eine Frau mit einem Mann einen Wettbewerb eingeht, und sie gewinnt, dann hat sie das Recht auf den Studienplatz, um den sie gekämpft hat. Aber wenn die Frau – oder auch der Mann – der Sache nicht dient, für die sie (er) den Platz an der Universität bekommen hat, dann hat sie (er) kein Recht darauf.

Ich denke, es gibt zwei Wege, aus diesem Dilemma herauszukommen. Entweder müssen die Studienplätze für Frauen in den Fächern reduziert werden, die am meisten betroffen sind, z.B. Medizin und Landwirtschaft, oder die Studentinnen müssen sich verpflichten, nach dem Studium zumindest für einige Zeit zu arbeiten. Die Mediziner sollten kein Abschlusszeugnis bekommen, bevor sie nicht eine praktische Ausbildungszeit in ländlichen Regionen durchgeführt haben. Ich meine, dass es sehr wichtig ist, dass auch Mädchen und Frauen außerhalb von Khartum arbeiten. Vielleicht bevorzugen sie später sogar das Leben auf dem Lande. Es ist am Anfang nur das Ungewöhnliche für Mädchen, sich von der Familie zu entfernen und allein zu leben. Natürlich sind die Familienmitglieder auch gegen eine Ausbildungszeit, die nicht in der Nähe der Familie stattfindet. Wenn es jedoch ein Teil der Ausbildungspflicht ist, dann wird niemand etwas dagegen sagen können. Ich zum Beispiel nehme immer Mädchen auf meine Feldforschungsreisen mit. Wir begeben uns in Gegenden, in die viele Männer nicht reisen würden. Wir reisen und leben unter schwierigsten Bedingungen. Aber die Studentinnen kommen sehr gut zurecht. Wenn ich es jedoch der Familie überlassen würde, diese Entscheidung zu treffen, sie würden den Mädchen diese Feldforschungsreisen nicht erlauben. Sie würden fragen: Wo werdet ihr wohnen? Wer passt auf euch auf?

Wenn die Eltern jedoch wissen, dass die Mädchen vom Lehrpersonal beaufsichtigt werden, dann haben sie nichts einzuwenden.

Wenn die Studentinnen dies nicht akzeptieren wollen, dann haben sie kein Recht, sich über die Reduzierung von Mädchen und Frauen an den Universitäten zu beschweren. Ich würde eine gleiche Anzahl von Studenten und Studentinnen vorziehen. Mir wären sogar weniger Studentinnen recht. Nicht jede Studentin arbeitet hart, um zu graduieren. Wenn sie nur vier Jahre ihres Lebens an der Universität verbringen will und nicht an eine Karriere denkt, dann wäre ich glücklicher ohne sie. Ein Student jedoch muss graduieren, ob er es gerne möchte oder nicht, denn auf ihn wartet Verantwortung. Natürlich gibt es auch Mädchen, auf die große Verantwortung wartet. Aber die sudanesische Gesellschaft erwartet es eher von einem Jungen. Er muss Arbeit finden, eine Karriere aufbauen und ist für die ganze Familie verantwortlich.

Es wird gesagt, dass viele Mädchen nur die Universität besuchen, um einen reichen Mann zu finden?
Lass es mich so sagen. In einem Alter, in dem sich Jugendliche auf einen guten Oberschulabschluss vorbereiten, der die Aufnahme an Universitäten berechtigt, sind Mädchen und Jungen zwischen 18 und 20 Jahre alt. Ich glaube, dass Mädchen in dem Alter reifer sind als Jungen. Besonders im Sudan besteht da – verglichen mit Europa – ein großer Unterschied. Hier heiraten Mädchen oft schon mit 14 Jahren. Die junge Frau betreut den ganzen Haushalt. Sie macht das perfekt und ohne sich zu beschweren. Es scheint nicht fair, dass ein Mädchen dieses Alters schon verheiratet ist. Man könnte annehmen, es sei geistig nicht vorbereitet. So ist es aber nicht, viele Mädchen sind reif für diese Rolle.

Nun nehmen wir einmal an, ein Mädchen heiratet, bevor es an der Universität aufgenommen ist. Die Aufnahme an der Universität ist in den meisten Fällen dann nur die Erfüllung eines Wunsches und nicht der Traum nach einer großen Karriere. Aber die Mädchen, die darauf bestehen, zuerst einen Fuß in der Tür zu haben, um zu wissen, woran sie sind, und dann heiraten, die denken sicher an eine spätere Karriere.

Ein Junge dieses Alters im Sudan ist erst in der Entdeckungsphase. Im Vergleich zu Jungen der europäischen Gesellschaft könnte man ihn mit 15- bis 16-Jährigen vergleichen. Er ist hauptsächlich an Kino und Discos interessiert. Im Gegensatz zu den Mädchen bekommt er von der Familie die Erlaubnis, diese Orte zu besuchen. Für Mädchen gibt es nur die Bücher, und daher lernen Mädchen mehr. Mädchen haben keine besseren Gehirne als Jungen, aber sie benutzen ihre Freizeit zum Lernen. Dadurch erhalten sie bessere Zensuren. Das Ergebnis ist: Sie bestehen die Aufnahmeprüfung der Universität. Es gibt viele intelligente Jungen, die nicht studieren. Sie sind nicht interessiert. Sie haben keine Lust zum Lernen. Wir wissen das, denn wir haben alle diese Fälle in unseren Familien. Man hört es überall: „Er ist so intelligent, aber er sieht in kein Buch." Und wenn man Prüfungen als Maß für Universitätsbildung ansetzt, dann haben diese Jungen keine Chance.

Mit meinen Kindern habe ich ähnliche Probleme. Meine Tochter ist sehr selbstständig und unabhängig. Sie braucht meine Hilfe nicht. Aber beide Jungen brauchen meine Unterstützung beim Lernen. Sie sind intelligent, aber man muss sie zum Lernen zwingen. Ich weiß nicht, wie es anderen geht, aber ich werde immer schnell nervös, wenn ich meinen eigenen Kindern beim Lernen helfen muss. Ich versuche mich zu kontrollieren, aber ich benehme mich immer wieder als Lehrerin. Ich möchte aber nicht die Lehrerinnenrolle bei meinen Kindern einnehmen. Ich glaube, Eltern sind meistens die schlechtesten Lehrer für ihre eigenen Kinder. Ich bin da keine Ausnahme.

Scheidung

Wenn zwei Menschen mir erzählen, dass sie 20 Jahre verheiratet seien, und nun wollten sie sich scheiden lassen, dann finde ich es in Ordnung. Viele Leute akzeptieren eine Scheidung. Sie sind nicht sehr beunruhigt darüber, obgleich in einigen Gesellschaften und Familien eine Scheidung immer noch ein Makel ist. Aber bei vielen Leuten in und um Khartum ist eine Scheidung kein Makel mehr. Eine Frau kann sagen: „Ich kann ihn nicht mehr ausstehen. Ich will mich scheiden lassen." Und sie lassen sich scheiden. Die meisten Frauen, die es in Ehen aushalten, obgleich sie unzufrieden mit ihrem Mann und ihrem Leben sind, tun dies wegen ihrer Kinder.

Es ist immer wieder zu hören – man bleibt wegen der Kinder. Und dann wiederholt man es selbst: „Ich bleibe wegen der Kinder." Frauen sagen immer wieder, dass Frauen mit diesem Problem konfrontiert werden, ob sie es nun wollen oder nicht. Aber ich glaube, dass dies heute nicht mehr der Fall ist, denn viele junge Frauen sind gebildet. Sie können eine Arbeit finden und sich selbst und ihre Kinder ernähren. Bildung hat den Frauen sehr geholfen. In vielen Familien ist es kein großer Makel, wenn die Tochter geschieden ist. Einige Familien denken sogar, dass die Tochter viel besser ohne Ehemann leben kann. Sie unterstützen sie, ihren Mann zu verlassen. Wenn eine Frau von ihrer Familie Unterstützung erhält, dann hat sie keine Probleme. Nach *der Schari'a* gehören die Kinder dem Vater. Ab einem bestimmten Alter – Jungen 7 Jahre, Mädchen 12 Jahre – kann der Vater die Kinder von der Mutter verlangen. Aber in 90 Prozent der Scheidungsfälle wollen der Vater und seine Familie die Kinder nicht. Die Männer wollen meistens wieder heiraten. Sie wollen eine junge Braut. Sie wollen noch einmal neu anfangen. Weshalb sollen sie sich da mit schreienden Kindern ärgern. Wenn ein Mann die Kinder nimmt, dann nur, um seine Frau zu verletzen. Die Frauen heiraten meistens nicht wieder. Solange sie sich nicht wieder verheiraten, können sie meistens ihre Kinder behalten.

Aber ich kann nur sagen, wenn eine Frau sich wirklich an einem sudanesischen Mann aufgrund der von ihm gewünschten Scheidung rächen will, dann sollte sie wieder heiraten! Das würde einen Sudanesen umbringen. Aber leider findet man kaum einen Mann, der eine geschiedene Frau heiratet. Eine geschiedene Frau ist eine gebrauchte Frau. Für Männer gelten da andere Gesetze.

Wie denkst du über Polygamie?
Ja, darüber habe ich oft nachgedacht. Ich habe mich gefragt, wie werde ich reagieren, wenn mein Mann nochmals heiraten würde? Würde ich die neue Frau akzeptieren? Manchmal sage ich mir: Sie soll im Hause wohnen, und ich werde ihm und ihr das Leben zur Hölle machen. Und dann denke ich wieder, dass ich dieses Zusammenleben nicht tolerieren könnte. Sie werden Dinge machen, die mich aufregen würden. Aber nun denke ich oft, vielleicht werde ich mich überhaupt nicht aufregen. Doch wenn ich mich ärgern

würde, dann würde ich es nicht zeigen wollen, und das macht krank. Eines kann ich jedoch sagen, wenn ich es wirklich akzeptieren würde, mit der zweiten Frau im gleichen Haus zu leben, eine sexuelle Verbindung zwischen mir und meinem Mann käme nicht mehr in Frage. Vielleicht würde ich aus finanziellen Gründen mich nicht scheiden lassen. Wenn ich dieses alles einander gegenüberstelle, dann sage ich mir aber wieder, dass ich auf keinen Fall bei ihm bleiben würde. Manchmal sitzen mein Mann und ich zusammen und sprechen darüber zum Spaß – oder ist es kein Spaß? Ich sage dann, dass ich viele Leute kenne, die abends schlafen gehen und am Morgen nicht mehr aufwachen und glaub mir, das hat meinen Mann ehrlich erschreckt. Ich bin nicht sicher, aber ich glaube nicht, dass ich eine zweite Frau akzeptieren würde.

Es wird gesagt, dass es in einigen sudanesischen Gesellschaften Frauen gibt, die sich wirklich nichts daraus machen, wenn eine zweite Frau ins Haus kommt. In vielen Gesellschaften ist es so, dass ein Mann nicht mit seiner Frau schlafen darf, wenn sie ein Kind stillt. Es ist eine Art von Geburtenkontrolle. Daher darf der Mann seine Frau oft zwei bis drei Jahre nicht anfassen. Aus diesem Grunde heiratet er dann eine zweite oder auch dritte Frau.

Aber wenn ich richtig überlege: Männer haben kein Recht, eine zweite und weitere Frau zu heiraten – jede Frau weiß das. Aber gleichzeitig wird *Schari'a* angewendet und praktiziert. Man kann es vielleicht in bestimmten Fällen verstehen, wenn ein Mann unbedingt ein Kind möchte und die Frau keine Kinder bekommen kann, dass er dann eine zweite Frau nimmt. Aber in den meisten Fällen ist es doch so, der Mann hat Geld und will sich mit einer neuen, jungen Frau vergnügen. Ich glaube, es ist nicht mehr als das. Dem Kodex der Gesellschaft folgend, macht man das legal durch Heirat und Geld. Es ist bezahlter Ehebruch. Und viele Männer wissen, dass sie eigentlich keinen Anspruch auf eine zweite Frau haben. Ich glaube auch, dass die Lebensbedingungen heute anders sind. Viele Männer in der Generation meines Vaters hatten zwei, drei und sogar vier Frauen. Manchmal ließen sie sich von der vierten Frau scheiden, um eine fünfte heiraten zu können. Es gibt da einen Ausdruck im Sudan – *Rugal Maswage* – das heißt, wenn ein Mann gern heiratet, legal heiratet, soll er daran denken, dass er nicht mehr als vier Frauen gleichzeitig heiratet. Dann fängt er an, sich mit X, Y, Z zu streiten, normalerweise behält er die erste und zweite Frau, die dritte Frau wird meistens ausgetauscht für eine neue Frau.

Wie denkt die Gesellschaft über Polygamie?
Ich glaube, kein Mann wird ehrlich darüber sprechen. Doch ich bin sicher, dass sie alle tief im Innern neidisch sind. Sie möchten alle eine zweite junge Frau. Aber nach außen hin sagen sie: „Wie kann er nur, er ist 50 oder 60 Jahre alt. Die neue Frau könnte seine Tochter sein ..." Aber sie sind eigentlich neidisch auf diesen Mann. Die männliche Gesellschaft im Sudan hat nichts gegen eine junge, zweite Frau, obgleich viele Männer sich nachteilig darüber äußern. Diese Auffassung ist nicht richtig, denn der Mann hat oft Kinder im gleichen Alter wie die neue Frau.

Was hältst du von sudanesischen Männern?
Ich habe da eine bestimmte Meinung über gebildete Männer. Es gibt Männer in der sudanesischen Gesellschaft, die benutzen Bildung nur als Schein. Wird Bildung hingegen so verstanden, dass Dinge richtig überlegt werden, dass man einer Frau ihre vollen Rechte gibt und sie als vollwertiges menschliches Wesen anerkennt, dann würde ich sagen, dass es sehr, sehr wenige gebildete Männer im Sudan mit dieser Auffassung gibt. Das zeigt sich, wenn es zu Problemen kommt. Lass mich ein Beispiel nennen: Es gibt viele gebildete Männer, die sich Kinder wünschen. Wenn die Frau keine Kinder bekommen kann, heiratet der Mann eine zweite Frau. Ich denke, wenn ein Mann wirklich gebildet ist, dann sollte er auch an seine Frau denken, sie so nehmen wie sie ist, und sich damit zufrieden geben. Sie hat ihr Bestes getan. Aber hier ist die sudanesische Gesellschaft gespalten.

Ist dir eine Frau bekannt, die um Scheidung gebeten hat?
Ja, ich kenne zwei Fälle, in denen die Frau den Mut hatte, zum Gericht zu gehen und zu sagen: „Ich verlange eine Scheidung, denn ich kann keine Kinder von ihm bekommen" und „Ich möchte eine Scheidung, denn mein Mann ist kein vollwertiger Mann." Aber es sind weit mehr Männer als Frauen, die eine Scheidung verlangen.

Und obgleich oft der Mann der Schuldige ist, bekommt die Frau meistens die Schuld. Ich kenne einen Fall, da hat die Familie der Frau dem Ehemann vorgeschlagen: „Lass dich von ihr scheiden, wenn sie keine Kinder bekommen kann." Die Familie würde niemals sagen: „Lass unsere Tochter gehen, denn du bist schuldig, dass ihr kinderlos seid."

Das wichtigste Ziel für sudanesische Frauen ist es, Mutter zu sein – auch für die gebildeten Frauen?
Ja, in den meisten Fällen. Aber ich glaube, es kommt auch darauf an, was dir das Leben bietet. Hat die Frau eine Karriere, die sie voll in Anspruch nimmt, dann ist die Mutterrolle nicht so wichtig. Aber wenn eine Frau zu Hause ist, dann wird jeder sagen: Du hast noch nichts erreicht. Du hast keine Kinder. Warum gehst du nicht zum Arzt? Oder sogar: Warum gehst du nicht zum Faki. Vielleicht hat jemand den „Bösen Blick" auf dich geworfen?
Der gesellschaftliche Druck auf die Frauen ist sehr groß. Das wird sich nicht so schnell ändern.

2008
Mona arbeitet als Professorin in den Emiraten. Sie ist eine international anerkannte Biologin und wird oft zu Vorträgen und Seminaren im Ausland eingeladen. Ihr Mann ist pensioniert und lebt im Sudan. Das Ehepaar besucht sich regelmäßig. Ein Sohn lebt und arbeitet in London. Er ist verheiratet mit einer Ärztin mit deutsch-sudanesischem Hintergrund. Das Ehepaar hat zwei kleine Töchter. Monas Tochter hat promoviert und lebt in den USA. Sie ist bisher nicht verheiratet. Der jüngste Sohn ist seit Kurzem auch in den USA und wohnt bei seiner Schwester.

SELMA
Die Mehrzahl der sudanesischen Frauen kann gleiche Rechte nicht richtig nutzen. Die Frauen würden ihre Rechte nur missbrauchen.

Selma ist 30 Jahre alt, verheiratet und Mutter von drei Kindern: zwei Mädchen von 6 und 8 Jahren und einem einjährigen Jungen. Selmas Mutter ist Engländerin, ihr Vater ist Sudanese. Beide Eltern stammen aus der Mittelschicht. Der Vater war Regierungsbeamter, ist jetzt aber pensioniert. Selma hat zwei Brüder und zwei Schwestern. Alle Geschwister haben die Oberschule und weiterführende Schulen besucht. Die Geschwister sind im Sudan aufgewachsen und alle, außer einer Schwester, leben im Sudan und sind dort verheiratet. Selmas Wunsch ist es, einen eigenen Kindergarten zu eröffnen, sobald ihr kleiner Sohn groß genug ist, damit auch er den Kindergarten besuchen kann.

Ehe

Ich kannte meinen Mann vor der Heirat. Wir sind verwandt. Unsere Großväter väterlicherseits sind Brüder. Mein Mann ist sieben Jahre älter als ich. Er ist Beamter im gehobenen Dienst. Er hat im Sudan und im Ausland studiert. Auch heute ist er noch viel unterwegs, in Europa, Asien und den Vereinigten Staaten.

Seit meiner Heirat fühle ich mich unabhängiger. Es ist nicht schlecht, mit einem Verwandten verheiratet zu sein. Es ist besser, den Teufel persönlich zu kennen! Aber im Grunde hängt es doch davon ab, ob man verliebt ist oder nicht. Andererseits glaube ich, dass Liebesheiraten im Sudan nicht lange halten. Respekt ist wichtiger als Liebe. Nach meinen Erfahrungen sind nur etwa 50 Prozent aller Ehen hier glücklich. Ob man sich gut versteht, das hängt viel von gleicher Bildung ab. Maßgebend ist außerdem gleicher Familienhintergrund. Ich halte nicht viel von Sex vor der Ehe. Für 90 Prozent der Ehen im Sudan ist Sex das Wichtigste überhaupt. Daher wollen Männer immer junge Frauen. Viele Frauen verlieren das Interesse am Sex, wenn sie älter werden und Kinder haben. Aber auch viele Kinder halten einen Mann nicht bei seiner Frau. Männer nehmen sich später oft eine junge zweite Frau. Selten ist der

Respekt vor dem Partner, der sich in der Ehe entwickeln sollte. Für die meisten Männer ist die Frau nur als Sexualobjekt interessant. Wenn ein Mann sich mit seiner Ehefrau langweilt, dann beginnt er eine Affäre mit einer anderen Frau. Oft ist das die Frau eines Freundes, da er das Haus eines Freundes leichter betreten kann, ohne dass die Nachbarn etwas Anstößiges dabei finden. Frauen haben Affären mit anderen Männern aus anderen Gründen. Sie fühlen sich vernachlässigt. Ihre Ehemänner haben wenig Zeit für sie, und so versuchen sie, andere Männer zu treffen.

Scheidung und Polygamie?
Ich würde mich nicht scheiden lassen, wenn mein Mann sich eine zweite Frau nähme. Ich würde im Haus bleiben und ihn sich schuldig fühlen lassen. Er wird mich mit mehr Respekt behandeln und mir Geschenke geben, damit ich glücklich bin. So im Grunde fände ich es nicht schlecht, wenn mein Mann eine zweite Frau heiraten würde. Ich habe meine Kinder und solange ich mit ihm verheiratet bin, habe ich keine finanziellen Sorgen.

Geschiedene Frauen werden als gefährlich angesehen, da sie eventuell einer Freundin den Mann wegnehmen. Eine geschiedene Frau kann Geschlechtsverkehr haben, da sie „offen" ist als Beschnittene. Geschiedene Frauen versuchen, schnell wieder zu heiraten, da die Gesellschaft sie unter Druck setzt. Die Gesellschaft verlangt von einer geschiedenen Frau, dass sie ruhig und zurückgezogen lebt. Junge geschiedene Frauen sagen deshalb niemals, dass sie geschieden sind. Sie sagen, sie wären unverheiratet oder Witwen. Ich persönlich glaube, eine verheiratete Frau sollte vorsichtig sein, wenn sie eine geschiedene Freundin hat, denn sie könnte ihr den Ehemann nehmen. Sehr oft sind geschiedene Frauen falsch, sie lächeln, aber man kann ihnen nicht trauen. Um ganz ehrlich zu sein, ich glaube nicht, dass man in der sudanesischen Gesellschaft echte Freundschaften unter Frauen aufbauen kann.

Es ist heute möglich, dass sich auch sudanesische Frauen von ihren Männern scheiden lassen können, wenn sie drei Jahre lang getrennt leben. Aber wenn das Paar nur kurze Zeit in einem verschlossenen Raum ohne Aufsicht zusammen ist, dann müssen für eine Trennung erneut drei Jahre berechnet werden. Eine Frau, die sich von ihrem Mann trennen will, muss also sehr vorsichtig sein. Die Gesellschaft ist fast immer auf der Seite des Mannes.

Witwen

Wenn eine Witwe Kinder hat, dann wird sie von der Gesellschaft sehr respektiert. Junge Witwen werden normalerweise schnell wieder heiraten können – falls sie es wünschen.

Verwandtschaft

Ich selbst ziehe eine Kleinfamilie vor – mein Mann, meine Kinder und ich. Aber im Sudan ist jeder Mann verpflichtet, sich um seine unverheirateten Schwestern zu kümmern. Es macht mir daher nichts aus, wenn eine oder zwei Schwestern meines Mannes bei uns leben. Ich habe auch nichts dagegen, wenn meine Eltern und meine Geschwister mit uns zusammenleben. Manchmal rege ich mich darüber auf, wie meine Schwester ihre Kinder erzieht. Dieser Krach und der ewige Zank zwischen den Kindern nervt mich sehr.

Kinder

Ich habe zwei Mädchen und meinen kleinen Sohn. Der wichtigste Moment in meinem Leben war die Geburt meines Sohnes. Ich liebe auch meine Töchter, aber im Sudan ist ein Sohn etwas ganz Besonderes. Alle meine Kinder sollen die bestmögliche Bildung bekommen, aber mein Sohn muss die Universität besuchen. Meine Töchter können natürlich auch die Universität besuchen. Wenn es möglich ist, sollten Jungen und Mädchen die gleiche Bildung erhalten. Manchmal denke ich, dass es noch wichtiger für die Mädchen ist, eine gute Ausbildung zu erhalten. Sie würden dadurch eine gewisse Unabhängigkeit erhalten. Ich wünsche mir, dass meine Kinder ein besseres Leben haben. Sie sollen auf jeden Fall gesund bleiben und frei von Rassismus sein.

Wie denkst du über Freiheit und gleiche Rechte für Frauen?

Ich glaube, dass Frauen im Sudan genug Freiheit haben. Sie können alleine reisen und lassen dabei oft ihre Kinder bei Verwandten und Dienstpersonal. Frauen – und ich spreche jetzt über die Mittelschicht und Oberschicht – vernachlässigen oft wochenlang ihren Haushalt. Sie unternehmen weite Reisen, um Verwandte zu besuchen. Einige Frauen studieren im Ausland und lassen ihre Kinder und den Ehemann jahrelang allein. Frauen besuchen sich auch sehr oft gegenseitig. Sie gehen zu Nachbarn, Freunden und Verwandten. Ich denke, dass die meisten sudanesischen Frauen noch nicht fähig sind, gleiche Rechte richtig zu gebrauchen. Sie würden ihre Rechte nur missbrauchen. Frauen sollten nur gleiche Rechte bekommen, wenn sie das Gleiche wie die Männer zur Gesellschaft beisteuern können.

Wie denkst du über berufstätige Frauen?
Frauen, die neben ihrer Hausarbeit noch andere Arbeit leisten, haben oft große Probleme. Normalerweise haben die Männer nichts dagegen, wenn ihre Frauen berufstätig sind. Aber Männer wollen ihre Bequemlichkeit. Zum Beispiel muss das Essen immer fertig sein. Auch wenn plötzlich Gäste kommen, dann soll sofort das Essen für die Gäste auf den Tisch. Die Kinder sollen gut erzogen sein und so weiter. Deshalb sind berufstätige Frauen meistens überarbeitet. Sie können daher ihre Arbeit nicht richtig zu Hause und auch nicht richtig auf der Arbeitsstelle ausführen. Wenn eine Frau es sich leisten kann, dann sollte sie, solange ihre Kinder klein sind, zu Hause bleiben. Ich glaube, dass eine Frau nur berufstätig sein sollte, solange sie keine Kinder hat, denn leider gibt es noch nicht genügend Kindergärten im Sudan. Und wenn ich so überlege: Warum sollte eine Mutter mit kleinen Kindern sich abrackern? Während ihr Mann es sich gut gehen lässt, sie nicht bei der Hausarbeit unterstützt, sodass sie doppelte Arbeit leisten muss. Es müssten zunächst einmal Gesetze geschaffen werden, die berufstätigen Müttern mehr Freiheit für ihre Familie zugestehen.

Wie denkst du über Glauben und Aberglauben?
Ich spreche über den Islam, denn ich bin Muslimin. Nach meiner Auffassung ist die Stellung der Frau im Islam gut festgelegt. Die Frauen haben viele Rechte. Aber viele islamische Gesetze wurden von den Männern, d.h. der Gesellschaft, verdreht und so ausgelegt, wie es der Gesellschaft gerade passt. Ich selbst glaube an den

„Bösen Blick". Neid kann schaden. Missgünstige Frauen können viele Probleme verursachen.

Das *Zar*-Ritual ist eine gute Therapie für Frauen, die daran glauben. Es hilft diesen Frauen. Momentan benötige ich die *Zar*-Therapie nicht, aber es kann ja noch kommen.

Gold und Geld

Für sudanesische Frauen ist der Besitz von Gold sehr wichtig. Wenn eine Frau in Not ist, dann hilft ihr das Gold. Frauen versuchen daher, so viel wie möglich Goldschmuck und Goldmünzen zu bekommen. Geld verliert den Wert, daher bevorzugen sudanesische Frauen Gold.

Männer

Männer sollten Frauen mehr respektieren. Mein Mann wurde auf traditionelle Weise erzogen. Diese Erziehung respektiert die Frauen nicht. Frauen müssen den Befehlen der Männer folgen. Sie sollen sich leise verhalten und gehorsam sein.

Jüngere Männer sind oft anders. Junge Männer helfen heute im Haushalt und kümmern sich um ihre Kinder. Das ist aber noch sehr selten. Dagegen gibt es noch genügend junge Männer, die auf traditionelle Art und Weise erzogen wurden, und sie verhalten sich wie ihre Väter. Die Erziehung der Kinder liegt normalerweise ganz in den Händen der Mütter, und meistens verwöhnen die Mütter ihre Söhne besonders. Der älteste Sohn spielt eine besondere Rolle. Er befiehlt seinen Schwestern und jüngeren Brüdern. Er verändert sein Verhalten in der Ehe nicht und seine Frau muss ihm gehorchen. Der älteste Sohn ist ein schwieriger Ehemann.

Männer, die die Universität besucht haben, wissen wie man bügelt und wäscht, denn während der Studentenzeit müssen sie sich selbst versorgen. Aber wenn sie dann heiraten, erwarten sie von ihrer Frau, dass sie die ganze Hausarbeit allein erledigt. Um ein krankes Kind kümmern sich die Väter sehr und unterstützen ihre Frau bei der Pflege. Aber alles hängt von der Persönlichkeit des Mannes ab. Viele Männer sind sehr hilfsbereit und kümmern sich liebevoll um ihre Frau und die Kinder, und andere nicht. Mein Mann ist traditionell und das Leben ist nicht immer einfach mit ihm.

2008

Selma lebt seit 15 Jahren mit ihrer Familie in einer Kleinstadt in England. Sie versorgt neben ihrer Familie ebenfalls ihre kranke Mutter und hat eine Halbtagsarbeit in einem Restaurant. Ihr Mann lebt als Arbeitsloser bei ihr. Sie hat viel Besuch von ihrer sudanesischen Familie aber – obgleich sie abgekämpft ist – gefällt ihr das Leben in der Großfamilie. Ihre Kinder kommen in England gut zurecht. Sie ist inzwischen mehrfache Großmutter.

ZEINAB
Männer sollten mehr Freiheit als Frauen haben, so ist es im Leben.

Zeinab ist eine lebhafte attraktive Frau von 35 Jahren. Mit 17 Jahren wurde sie mit ihrem Vetter verlobt, einem Sohn der Schwester ihres Vaters. Die Verbindung durch Heirat so naher Verwandter wird im Sudan vor allem in der Mittel- und Oberschicht noch immer bevorzugt. Zeinabs Familie gehört zur Mittelschicht. Am Tage ihrer Verlobung musste Zeinab die Schule verlassen und in das Haus ihrer zukünftigen Schwiegermutter ziehen. Die Hochzeit fand erst 5 Jahre später statt. Der zukünftige Ehemann, der zu der Zeit in Saudi-Arabien arbeitete, wünschte es nicht, dass Zeinab noch weiterhin die Schule besuchte. Er hielt es nicht für richtig, dass sie sich unbeaufsichtigt in der Öffentlichkeit bewegte. Zeinab fügte sich ohne Aufbegehren. Sie hat es oft bereut, die Schule nicht beendet zu haben. Doch zum Zeitpunkt ihrer Verlobung war sie sehr froh und erleichtert, einen guten und ihr bekannten Mann heiraten zu können; denn das Leben ihrer Mutter, einer geschiedenen Frau ohne einflussreiche Familie, wollte sie auf keinen Fall führen.

Zeinabs Mutter Fatma ist eine Kabbabisch. Die Kabbabisch sind Kamelnomaden, die in der Wüste von Kordofan leben. Mit 12 Jahren wurde Fatma von ihrem Vater an einen Faki verheiratet, den der Vater auf dem Kamelmarkt der Oase Bara traf. Als der Faki sich von Fatma trennte und sie mit vier kleinen Kindern allein ließ, war Fatma zu stolz, um wieder zur Familie ihres Vaters zurückzukehren. Sie wusste, dass ihre Kinder dort nicht voll anerkannt sein würden, da die

Kabbabish normalerweise nicht außerhalb der eigenen Volksgruppe heiraten. Fatma wurde jedoch von der Familie des Fakis unterstützt, die sich verpflichtet fühlte. Während sie am Markt einen Imbiss betrieb, konnte sie dort ihre Kinder unterbringen. So wuchsen Zeinab und ihre Schwester im Hause ihrer zukünftigen Schwiegermutter auf, die so viel Gefallen an den hübschen Mädchen fand, dass sie zwei ihrer Söhne davon überzeugte, je eines der Mädchen zu heiraten. „Mein Vater, der Faki, hat mindestens sieben Frauen geheiratet", sagt Zeinab lachend, aber auch missbilligend, „hatte er vier Frauen und wollte er eine neue Frau, dann ließ er sich von einer scheiden und heiratete die nächste. Vier Frauen kann er laut Schari'a ohne Probleme heiraten. Probleme hatten dagegen die geschiedenen Frauen und ihre Kinder, denn mein Vater kümmerte sich nicht weiter um seine ehemaligen Frauen und deren Kinder."

Kindheit

Ich liebe meine Mutter sehr, obgleich ich sie als Kind nicht oft sah. Meine Mutter war zu stolz, sich von der Familie ihres geschiedenen Mannes ernähren zu lassen. Sie begann, sich selbstständig zu machen, lieh sich Geld für einen kleinen Holzkohleofen und einige Stühle und eröffnete eine Teeküche, in der sie auch belegte Brote verkaufte. Das Geld, das sie damit verdiente, reichte aus, sich und meine Brüder zu ernähren. Meine Mutter setzte alles daran, dass mein ältester Bruder die Höhere Schule besuchen konnte. Er ist heute Lehrer. Mein zukünftiger Schwiegervater, der uns Mädchen aufnahm, versprach meiner Mutter, meine Schwester und mich zur Schule zu schicken. Ich ging gern zur Schule, aber meine Schwester war froh, als sie nach der Grundschule aufhören durfte.

Meine Mutter besuchte uns, so oft sie konnte und brachte uns kleine Geschenke. Als mein ältester Bruder das Pädagogische Institut besuchte, entschied sich meine Mutter, nach Saudi-Arabien zu reisen. Sie nahm meinen kleinen Bruder mit. Nach kurzer Zeit eröffnete sie in Mekka einen kleinen Imbissladen und verkaufte Essen und Getränke an die Pilger. Seit kurzem ist sie aus Saudi-Arabien zurück und brachte viel erspartes Geld mit. Sie baute sich ihr eigenes kleines Haus und unterstützte meinen ältesten Bruder beim Bau seines Hauses. Meiner Schwester und mir schenkte sie Goldschmuck und Haushaltsgegenstände. Ja, meine Mutter ist wunderbar!

Ehe

Ich gleiche meiner Mutter nicht nur im Aussehen. Ich bin ebenfalls sehr stolz und versuche, aus meinem schwierigen Leben das Beste zu machen. Mein Mann nahm kurz nach der Hochzeit eine Stellung in Saudi-Arabien an. Er wollte viel Geld verdienen, damit wir uns ein eigenes Haus bauen können. Neun Monate später wurde meine Tochter geboren. Mein Mann kam für drei Monate in den Sudan und nachdem ich wieder schwanger war, reiste er ab. Ich wollte wieder schwanger werden, denn ich wollte einen Sohn. Aber leider war es nur eine Tochter. Ich war sehr enttäuscht. Aber mein Mann nicht, denn er liebt Kinder sehr. Da ich Angst hatte, nochmals ein Mädchen zu bekommen, ging ich zur Familienplanung und ließ mir die Pille geben, als mein Mann im Urlaub kam.

In den Jahren, in denen mein Mann in Saudi-Arabien arbeitete, war ich zuständig für den Haushalt meiner Schwiegereltern. Beide waren alt. Ich musste sie und meine Kinder versorgen. Als mein Schwiegervater starb und sonst kein erwachsener Mann im Haus lebte, habe ich mit Hilfe eines Dieners den Einkauf und alles andere im Haushalt erledigt. Ich musste die Kinder zur Schule bringen und meine Schwiegermutter bei Besuchen zu Verwandten und Nachbarn begleiten.

Diese Zeit der Selbstständigkeit war für mich die beste in meinem Leben. Ich wollte auch meine Bildung in Abendkursen vervollständigen. Doch als mein Mann das hörte, hat er es mir verboten. Er sagte, eine Frau kann abends nicht allein das Haus verlassen und die Abendkurse könnte ich besuchen, wenn er wieder im Sudan sei. Ich habe gehorcht. Aber ich bereue es sehr, denn er hat mir auch nach seiner Rückkehr nicht erlaubt, Abendkurse zu besuchen.

Ich bin von meinem Leben enttäuscht. Mein Mann hat keine Arbeit gefunden, als er aus Saudi-Arabien zurückkam. Es geht uns finanziell nicht gut. Ich verdiene etwas durch Heimarbeit. Wir werden von Verwandten unterstützt. Hätte ich eine bessere Bildung oder eine Ausbildung erhalten, dann könnte ich jetzt arbeiten und Geld verdienen.

Ich bin auch unglücklich über mein drittes Kind, es ist wieder ein Mädchen. Nach der Geburt meiner Tochter habe ich 3 Tage geweint. Aber jetzt liebe ich die Kleine und verwöhne sie zu sehr.

Du hast einen nahen Blutsverwandten geheiratet. Glaubst du, dass der Ehepartner aus der gleichen Familie stammen sollte?
Nein, ich finde es nicht notwendig. Aber vielleicht wäre es besser, wenn der Partner nicht aus derselben Familie stammt. Das nahe Zusammenleben in einer großen Familie übt oft zuviel Druck aus auf die Familienmitglieder. Ich meine damit, dass der nahe Kontakt oft nervt. Ich glaube, das Beste sind Liebesheiraten. Ob der Partner dabei von derselben Familie stammt oder nicht, das spielt dabei keine Rolle. Wenn sich die Partner lieben, dann haben sie ein besseres Verständnis füreinander.

Scheidung und Polygamie?
Wenn mein Mann eine zweite Frau heiraten wollte, dann würde ich um eine Scheidung bitten. Denn mit seinem Wunsch, nochmals zu heiraten, signalisiert er mir, dass er nicht mit mir glücklich ist. Ich würde keine zweite Frau akzeptieren. Und ich finde es auch nicht richtig, wenn ein Mann mehr als zwei Frauen hat. Ich sehe das Unglück bei meiner Mutter.

Stellung der geschiedenen Frau
Eine geschiedene Frau wird in unserer Gesellschaft normalerweise respektiert. Aber die Leute beobachten sie und fragen: „Was ist der Grund für die Scheidung?" Geschiedene Frauen erregen immer das Interesse der Gesellschaft. Es ist besser, wenn die Frau so schnell wie möglich wieder heiratet. Aber einige Frauen kommen sehr gut ohne Mann zurecht. Meine Mutter ist ein gutes Beispiel. Mein Vater ließ sich von ihr scheiden, als mein ältester Bruder, meine Schwester und ich fast erwachsen waren, aber sie war mit meinem jüngsten Bruder schwanger. Mein Vater wollte eine jüngere Frau heiraten, so musste er sich von einer Frau scheiden lassen, und diesmal war es meine Mutter.

Würde bessere Bildung Frauen helfen?

Ja, das würde helfen. Alle Mädchen sollten die gleiche Ausbildung wie Jungen bekommen. Mädchen sollten auch die Möglichkeit haben zu studieren. Ich wünschte, ich hätte die Möglichkeit gehabt, meine Schulausbildung zu beenden. Unsere finanzielle Lage wäre heute nicht so schlecht, denn ich könnte arbeiten. Ich weiß, dass ich einen guten Beruf ausüben könnte, denn ich war sehr gut in der Schule. Aber als ich mich verlobte, musste ich die Schule aufgeben, und das bereue ich heute sehr. Wenn meine Kinder älter sind, dann besuche ich die Tagesschule. Das ist mein Ziel.

Sollten Männer mehr Freiheit und Rechte haben als Frauen?

Ja, ich glaube, dass Männer mehr Freiheit als Frauen haben sollten, weil das so sein muss. Aber einige Männer sind große Tyrannen. Ich finde das nicht gut. Gott sei Dank sind solche Männer selten. Die meisten Männer respektieren die Frauen sehr. So ist das Leben und so steht es im Koran. Frauen sollten aber nicht die gleichen Rechte wie die Männer haben, denn das ist gegen die Religion und gegen die Tradition im Sudan.

Stellung der Frau

Ich kann nur für die Stellung der Frau im Islam sprechen. Der Islam ist natürlich die einzige und beste Religion, die ich kenne. Ich bin Muslimin, und die Stellung der Frau im Islam ist gerecht. Der Islam bringt den Frauen viele Vorteile. Wenn es zu Konflikten kommt, dann geben die Gesetze den Frauen viele Rechte.

Der „Böse Blick" und Zar

Ich glaube an beides. Es gibt viele eifersüchtige und böse Menschen. Sie könnten den „Bösen Blick" auf meine oder andere Kinder werfen, oder auf Dinge, die man gern hat. Davor kann man sich mit einem *hijab* schützen.

Zar finde ich sehr gut. Bei Problemen kann eine Frau zu einer *Zar*-Feier gehen und darüber mit anderen Frauen sprechen. Ich gehe oft, aber ich habe nie aktiv daran teilgenommen. Meine Probleme sind nicht groß genug für eine aktive Teilnahme. Aber ich mag die Atmosphäre und die Musik und es ist eine Möglichkeit, andere Frauen zu treffen. Geschiedene Frauen besuchen regelmäßig *Zar*-Feste.

Kinder

Ich habe drei Mädchen und sie sollen die gleiche Ausbildung erhalten wie Jungen. Ich möchte so gern einen Sohn haben, aber ich habe Angst, dass mein viertes Kind wieder ein Mädchen wird. Deshalb habe ich mich entschlossen, keine Kinder mehr zu bekommen. Man braucht viel Geld, um seinen Kindern eine gute Ausbildung geben zu können. Schulbücher, Schuluniformen, Schuhe, Kleidung ... alles kostet viel Geld, und da genügen drei Kinder.

Ich möchte, dass meine Kinder unabhängig werden. Ich meine damit, dass sie selbstständig werden und sich selbst versorgen können. Als meine erste Tochter geboren wurde, habe ich die Plazenta in eine Plastiktüte getan und meinem Neffen, der Student an der Khartumer Universität war, gegeben. Ich bat ihn, die Plazenta auf dem Gelände der Universität zu vergraben, und er hat es getan. Ich bin jetzt sicher, dass meine Tochter einmal Studentin der Universität sein wird. Bildung ist wirklich das Beste für alle Kinder, besonders für Mädchen. Nur so können sie unabhängig werden. Wenn ein Mädchen eigenes Geld verdient, dann braucht es nicht den ersten Mann zu heiraten, der von der Familie vorgeschlagen wird. Ein Mädchen, das finanziell unabhängig ist, braucht gar nicht zu heiraten. Sie kann heiraten, wenn sie es wirklich will. Ich hoffe nur, dass alle meine drei Mädchen die Universität besuchen werden. Das ist mein Ziel und dafür arbeite ich!

Weibliche Beschneidung

Meine Mutter hat mich auf die pharaonische Art beschneiden lassen. Das war ganz schrecklich. Ich erinnere mich an die schrecklichen Schmerzen. Heute habe ich viele Probleme durch die Beschneidung. Ich hatte große Probleme bei der Heirat. Mein Mann konnte nicht in mich eindringen. Es war schrecklich für uns beide. Dann bin ich mit einer Schwägerin ins Krankenhaus gegangen und sie haben mich dort aufgeschnitten. Bei jeder Geburt leide ich sehr. Deshalb habe ich mich entschlossen, dass meine Töchter nicht beschnitten werden sollen. Aber was passierte? Als meine beiden ältesten Töchter sechs und acht Jahre alt waren, kamen sie jeden Tag zu mir und fragten mich, wann sie denn nun endlich beschnitten würden. Sie sagten, dass alle ihre Freundinnen schon beschnitten seien und hätten ein großes Fest gehabt. Sie würden von den Mädchen in der Schule ausgelacht und *nigsa* (Unreine) gerufen. Meine Töchter weinten sehr. Und als dann mein Mann und meine Schwägerinnen meinten, dass meine Töchter krank im Kopf würden, gab ich nach. Aber ich habe nur die ganz leichte Form der Beschneidung machen lassen, die *Sunna*. Hier sind Fotos vom Tag der Beschneidung, und ihre lachenden Gesichter beweisen, dass sie keine Schmerzen hatten. Ich hatte auch Angst, dass eine der älteren Verwandten meine Kinder eines Tages zu einer alten Frau nehmen würde, die dann bestimmt die pharaonische Beschneidung gemacht hätte. So habe ich mich entschieden, wenn es nun sein muss, dann sollen meine Kinder die Beschneidung bekommen, die am wenigsten Schmerzen bereitet. Es war nicht einfach für mich, aber die Tradition ist noch zu beherrschend.

Gold und Geld

Geld ist sehr wichtig. Man sollte immer etwas Erspartes für schlechte Tage haben. Aber wir haben keine Ersparnisse, weil mein Mann seit langer Zeit ohne Arbeit ist. Wir werden von der Großfamilie unterstützt.

Gold ist zur Dekoration. Es ist schön, aber nicht wichtig. Es sei denn, dass Gold verkauft werden kann, wenn man Geld benötigt. Es ist wichtig, selbst Geld zu verdienen, damit man niemanden darum bitten muss. Ich nähe etwas, um meine Familie zu unterstützen. Aber mein heimlicher Wunsch ist es, meine Ausbildung zu beenden und dann die Universität zu besuchen. Mein einziges Ziel im Leben ist, für eine bessere Zukunft meiner Kinder zu arbeiten.

2008

Zeinab hat einen Sohn geboren. Sie ist darüber sehr glücklich. Ihr Sohn besucht noch die Schule. Die jüngste und die älteste Tochter sind verheiratet und haben Kinder. Die mittlere Tochter macht ihr Sorgen. Sie ist etwas zurückgeblieben und es wird schwer sein, einen Ehemann

*für sie zu finden. Die Familie lebt zusammen in einem großen Haus:
die Töchter, ihre Ehemänner und die drei kleinen Enkel. Sohn und
Ehemann von Zeinab, die nicht arbeiten, leben von dem Einkommen
der Schwiegersöhne und der ältesten Tochter, die in einer Behörde arbeitet. Zeinab und ihre unverheiratete Tochter arbeiten als Näherin-
nen in einer Fabrik. Finanziell geht es der Familie verhältnismäßig
gut. Aber ohne zusätzliche Unterstützung von der Großfamilie für
das Schulgeld des Sohnes usw. kämen sie nicht zurecht. Ausbildung
kostet Geld. Von ihrem Mann ist Zeinab sehr enttäuscht, da er sich
nicht einmal mehr um Arbeit bemüht. Nun konzentriert sie ihre ganze Stärke auf ihren Sohn. Er ist ihre Zukunft!*

FARIDA
Meine Kusine und ich – wir waren Pionierinnen.

*Farida ist Anfang vierzig, attraktiv, schlank und freundlich, aber zu-
rückhaltend. Sie ist mit ihrem Vetter verheiratet und Mutter von drei
Kindern. Farida sieht aus wie die ältere Schwester ihrer Tochter, jung
und dynamisch. Sie ist nicht nur berufstätig, sondern durch die ständige berufliche Abwesenheit ihres Mannes auch Haushaltsvorstand für
ihre Großfamilie. Ihr Haus in Khartum ist fortwährend überfüllt mit
Verwandten, die aus ihrem Heimatdorf am Nil kommen. Die Verwandten kommen entweder, um in der Hauptstadt zu studieren, Arbeit zu finden oder um einen Arzt aufzusuchen. Sie bleiben tagelang,
oft monatelang.*

*Faridas Familie stammt aus Nubien im Norden des Sudan. Sie
und ihre Kusine waren die ersten Mädchen aus dem kleinen Nildorf,
die nach der Grundschule die Oberschule besuchen durften. Farida
hat einen Hochschulabschluss. Sie arbeitet an der Universität Khartum als Bibliothekarin und Dozentin. Außerdem ist sie ehrenamtlich
in vielen Frauenprojekten und der Frauenbewegung tätig.*

Kindheit
Meine Kusine und ich, wir waren Pionierinnen. Wir waren die
ersten Mädchen unserer Familie, die sich nach der Grundschule
weiterbilden durften. Es war wirklich eine große Entscheidung für

unsere Eltern. Mein Onkel, der Vater meines späteren Mannes, war Lehrer, und er bestand darauf, dass wir weiterhin zur Schule gehen sollten. Es gab in unserem Dorf keine weiterführende Schule. Die nächste Oberschule für Mädchen war in einer entfernten Stadt. Wir wohnten im Internat der Schule. Danach bestanden wir die Aufnahmeprüfung für die Universität Khartum. Nach zwei Jahren Studium habe ich geheiratet. Mein Mann bekam ein USA-Stipendium, und ich bin mit meinem Mann nach Los Angeles gegangen. Dort habe ich mein Studium beendet und eine Tochter bekommen. Meine Kusine hat zuerst ihr Studium beendet, dann geheiratet und fünf Kinder bekommen. Sie ist heute Bankangestellte.

An dem folgenden Beispiel möchte ich erklären, dass auch Jungen unter dem Druck der Gesellschaft zu leiden haben. Während meine Kusine und ich die Oberschule besuchten, war einer unserer Vettern ebenfalls auf der Oberschule. Seine Familie drängte ihn die ganze Zeit, besser zu sein als wir Mädchen. Als Junge musste er besser sein. Er war dadurch so unter Spannung, dass er die Aufnahmeprüfung für die Universität nicht bestand. Er hätte sie im nächsten Jahr wiederholen können. Aber er verließ die Schule und ging nach Libyen. Er ist heute noch dort. Es war eine sehr schwere Niederlage für ihn. Er hatte versagt. Das konnten weder er noch seine Familie akzeptieren. Deshalb verließ er den Sudan und veränderte sein Leben vollständig.

Ehe

Eigentlich hatten mein Mann und ich uns schon als Jugendliche geeinigt, dass wir heiraten wollten. Aber wir wagten nicht, es der Familie zu sagen. Es war dann sein Vater, der die Ehe vorschlug, und mein Vater akzeptierte. Wir kannten uns gut und unsere Ehe ist auch gut. Weiteres möchte ich nicht sagen.

Kinder

Der größte Teil der Kindererziehung liegt in den Händen der Frauen. Wenn die Männer sich mehr um die Kinder kümmern oder im Haushalt helfen würden, so wäre das schon eine große Hilfe für die Frau. Dann wäre die sudanesische Art des Lebens angenehm. Aber wenn die ganze Arbeit der Frau überlassen ist und sie ist außerdem auch berufstätig, dann ist es einfach zuviel für eine Person.

In den ländlichen Gebieten ist das Leben einfacher. Dort lebt die Großfamilie zusammen und alle unterstützen sich gegenseitig. Aber wir leben hier in der Stadt, sehr weit entfernt von der Großfamilie. Ich habe hier in der Stadt nicht nur unsere Kleinfamilie zu versorgen, sondern wir haben noch viele Besucher aus unserem Dorf, die alle hier bei uns wohnen.

Verhalten der Männer gegenüber Frauen und Beruf

Ich kenne viele berufstätige Frauen, die sich oft fragen, ob es das alles wert ist: berufstätig zu sein und den ganzen Haushalt zu versorgen. Wenn man nicht genügend Geld hat, eine gute Haushälterin oder einen Diener anzustellen, dann macht man sich kaputt. Und die meisten von uns können sich keine Haushilfe mehr leisten. Die Mehrzahl der Familien aus der Mittelklasse hat große Häuser, viele Kinder und viele Besucher. Die Hausfrau hat die ganze Last zu tragen. Unsere Männer sind keine Hilfe. Sie helfen vielleicht bei kleinen Dingen, die nicht viel Zeit in Anspruch nehmen. Aber sie möchten nicht, dass ihre Freunde sehen, wenn sie im Haushalt helfen, da das unter ihrer Würde ist. Es ist alles sehr schwierig.

Als wir in den Vereinigten Staaten lebten, hat mich mein Mann im Haushalt unterstützt. Doch sobald wir wieder im Sudan waren, hat er damit aufgehört. Er kann sich selber Tee kochen. Aber wenn Freunde kommen, um ihn zu besuchen und ich bin nicht zu Hause, dann wird er nie daran denken, für sich und seine Freunde Tee zu kochen. Sie warten dann, bis ich nach Hause komme.

Sogar mein Sohn wird sich, wenn er erst die Oberschule besucht, verändern. Er wird sich genauso verhalten wie sein Vater. Außerhalb des Hauses geben die Männer sich gern modern. Sie begrüßen den veränderten Status der Frauen. Aber zu Hause vergessen sie alles und verhalten sich wie ihre Väter. Männer geben vor, die Veränderungen im Sudan zu akzeptieren, aber das ist nur Gerede. Im Sudan wird sich für lange Zeit gar nichts ändern.

Großfamilie

Eine Großfamilie ist sehr schön und gut, man schützt und unterstützt sich gegenseitig. Auf dem Lande und in großen Häusern der Stadt ist eine Großfamilie ein Segen, denn im Haushalt teilen sich die Frauen die viele Arbeit.

Großfamilien können jedoch zu einem Problem werden, wenn man wie ich allein für den Haushalt verantwortlich ist. In Khartum ist es heutzutage nicht leicht, Hilfe im Haushalt zu finden und die Hausangestellten verlangen sehr hohe Löhne. Normal verdienende Sudanesen können sich kaum Haushilfe leisten. Die guten Haushilfen arbeiten bei den Ausländern, die hohe Löhne zahlen können. Ich kann froh sein, wenn ich jemanden bekomme, der die Wäsche macht und das Haus reinigt. Doch die Angestellten für niedrigen Lohn sind unzuverlässig. Ich stehe meistens mit der ganzen Arbeit allein da.

Und dann kommen die Verwandten der Großfamilie zu Besuch. Und wenn ich noch so erschöpft bin, ich muss die Gäste versorgen. Ich darf meine Müdigkeit nicht zeigen oder mich beschweren. Das wäre eine Beleidigung und inakzeptabel. Denn wenn wir unsere Verwandten in unserem Heimatdorf besuchen, dann öffnen sie ihre Türen weit und verwöhnen uns. Deshalb muss ich die Verwandten, ohne zu murren, aufnehmen und versorgen. Das ist unsere Tradition.

Gäste bleiben oft wochenlang, manchmal Monate (Farida lacht etwas hilflos). Oft kommen sie, weil sie krank sind und dann muss ich sie zum Arzt oder ins Krankenhaus fahren. Manchmal sind es 30 Gäste aus der Großfamilie, manchmal nur fünf. Alle übernachten und essen bei uns. Als permanente Hausgäste wohnen bei uns zwei Kusinen, mein Bruder und mein Schwager und zwei Nichten, die in Khartum zur Schule gehen. Am Wochenende kommen dann immer noch viele andere Nichten und Neffen zu Besuch. Ich muss sehen, dass alle versorgt sind. Einige der Mädchen helfen mir manchmal. Aber es ist doch eine große Belastung.

Bildung für Mädchen

Die Bildungsmöglichkeiten für Mädchen haben sich in den letzten Jahren verbessert. Es hat sich gezeigt, dass Mädchen bessere

Zeugnisse an den Hochschulen bekommen. Das Problem beginnt jedoch, wenn die Mädchen heiraten. Eine verheiratete Frau wird bei ihrer Arbeitsstelle oft abwesend sein oder zu spät kommen. Eine verheiratete Frau ist großen Belastungen ausgesetzt, wenn sie neben ihrem Beruf noch für Familie und Haushalt verantwortlich ist. Von ihr wird mehr erwartet, als sie handhaben kann. Wenn eines der Kinder krank wird, dann zieht sich der Mann an und geht zur Arbeit. Und was bleibt dann der Frau übrig?

Es ist also nicht damit getan, die Bildung der Mädchen voranzutreiben, sondern es muss auch gleichzeitig Hilfestellung angeboten werden, die es den Frauen und Mädchen erlaubt, ihre Bildung einzusetzen. Frauen müssen im Haushalt und bei der Versorgung der Kinder entlastet werden. Aber diese Probleme haben ja noch nicht mal die Länder der sogenannten „Ersten Welt" in den Griff bekommen. Frauen haben überall zu kämpfen.

2008

Farida hat 1997 ein Stipendium in England bekommen. Dort hat sie drei Jahre Soziologie studiert. Ihr Mann, der als Professor an der Universität arbeitete, ist mit der ältesten Tochter im Sudan geblieben. Farida hat ihre beiden jüngsten Kinder mitgenommen. Sie haben in London englische Schulen besucht. Nach ihrer Rückkehr aus England hat Faridas Mann kurz darauf eine Professorenstelle in Saudi-Arabien angenommen. Farida folgte ihrem Mann und unterrichtete in Saudi-Arabien an einer Universität für Frauen.

Seit einigen Jahren lebt das Ehepaar wieder in Khartum, allein in einem großen Haus. Die älteste Tochter hat ihr Studium an der Universität Khartum beendet und ist verheiratet. Die jüngeren Kinder studieren noch in England. Faridas Mann arbeitet noch als Berater und reist viel ins Ausland. Farida begleitet ihren Mann oft und besucht ihre Kinder und Enkel.

AISHA
Ich hatte das große Glück, einen sehr fortschrittlichen Vater zu haben.

Aisha ist eine kleine, gut aussehende, etwa 55-jährige Frau. Sie wirkt sehr ruhig und ausgeglichen. Man spürt ihre innere Stärke und Wärme. Aisha kleidet sich nach strenger muslimischer Art. Sie trägt lange, den Körper bedeckende Kleider, und sie bedeckt ihr Haar mit einem Schleier. Sie verlor mit 30 Jahren plötzlich und unerwartet ihren Mann, der als Professor an der Universität Khartum tätig war. Aisha hat nicht wieder geheiratet. Ihre fünf Kinder hat sie allein aufgezogen. Sie arbeitet als Bibliothekarin an der Universität. Außerdem ist sie Mitbegründerin der sudanesischen Frauenbewegung und in vielen Ausschüssen für Frauenproblematik aktiv tätig. Viele Souvenirs in ihrem kleinen, gemütlichen Haus zeugen von ihren vielen Reisen ins Ausland.

Kindheit
Meine Eltern sind Nordsudanesen. Mein Vater stammt von den „Bideiriya-Damashiya". Die Familie meiner Mutter stammt aus einer Familie, die zur Hälfte im Sudan und zur Hälfte in Ägypten lebt. Die Familie meines Vaters kam mit dem Mahdi[35] nach Omdurman. Ich bin aber nicht in Omdurman aufgewachsen. Mein Vater war noch unter der britischen Kolonialverwaltung ein „Marmour" – Vertreter des britischen Bezirksverwalters. Er wurde von einer Region zur anderen versetzt. Wir lebten in der Blue Nile Provinz und der Nordprovinz, in Kordofan und Darfur. Das hat mir ein weitreichendes Wissen über den Sudan gegeben. Ich habe viel von meinem Land gesehen.

Kindheit
Ich bin ein mutterloses Kind. Meine Mutter starb, als ich sieben Monate alt war. Aber ich hatte das große Glück, einen sehr progressiven Vater zu haben. Er meinte schon zur damaligen Zeit, dass

---

35   Religiöser Freiheitskämpfer, der Ende des 19. Jahrhunderts erfolgreich gegen die englische Kolonialherrschaft kämpfte.

es keine Unterschiede in der Erziehung von Mädchen und Jungen geben sollte. Und von Anfang an hat er mich wie einen Jungen behandelt. Ich habe gelernt, auf Pferden zu reiten. Er hat mich zum Tennisspielen mitgenommen. Er hat mich in dieser für Sudanesen fremden Art erzogen, die völlig unüblich zu der Zeit war. Mein Vater arbeitete als Verwalter in der Regierung und hatte viele englische Freunde. Als ich älter wurde, wünschte er, dass ich mich wie ein europäisches Mädchen benehmen sollte. Er schickte mich in die katholische Schwesternschule, und am Nachmittag besuchte ich die Frauen der britischen Kolonialbeamten. Manchmal zeigten sie mir, wie man einen Tisch deckt und andere Dinge, die mein Vater „damenhaft" nannte.

Mein Vater war ein sehr fortschrittlicher Mann, und er war sehr lieb zu mir. Ich lebte zwar mit meiner Stiefmutter, aber ich habe immer seine Liebe und seinen Schutz gespürt. Er war sehr fortschrittlich, das zeigt folgendes Beispiel: Zur damaligen Zeit wurden in der Katholischen Schule im Fach Religion nur die Bibel und der Katechismus gelehrt. In der Religionsstunde wurden alle Muslimkinder auf den Schulhof geschickt. Dort spielten sie, bis die Religionsstunde zu Ende war. An einem Tag kam mein Vater, der damals Verwalter der Stadt war, mit Besuchern in die Schule, und er sah mich auf dem Schulhof. Er sagte in dem Moment nichts, aber als ich von der Schule nach Hause kam, fragte er mich: „Weshalb warst du im Hof? Bist du bestraft worden, hast du etwas falsch gemacht?" Ich antwortete: „Nein, Vater, das war die Zeit des Katechismus. Wir Muslimkinder nehmen nicht an diesen Stunden teil." Er sagte daraufhin: „Meine Tochter, bist du ein gutes Muslimmädchen? Ist deine Religion eine Legende? Nein! Du gehst jetzt in die christliche Klasse und lernst etwas über eine andere Religion!" Und dadurch wurde ich das erste Muslimmädchen, das an der christlichen Religionsstunde teilnahm. Ich habe etwas über den Katechismus und über die Moralbegriffe der Christen gelernt. Es hat mir sehr geholfen, meine Denkweise zu erweitern. Es gab mir eine gründliche Basis für mein späteres Wissen. Ich habe es niemals bedauert. Mein Vater war ein sehr mutiger Mann.

Ich war das einzige Kind meiner Mutter, aber ich habe zwei Halbschwestern, die Kinder meiner Stiefmutter. Am Anfang haben wir nicht zusammengelebt, aber später wohnten wir in einem Haus. Mein Vater hat uns alle gleich behandelt. Er glaubte an die Bedeutsamkeit der Bildung. Er schickte uns auf die Höhere Schule, und zwei von uns haben die Universität besucht. Mein Vater hatte nur Töchter, aber er war sehr stolz auf uns. Er sagte oft zu seinen Freunden: „Meine Mädchen sind viel klüger als eure Jungen." Das war sehr unüblich. Heute noch erinnern sich Leute an diesen Satz. Er war sehr tolerant, obgleich er aus einer sehr religiösen Familie stammte.

Bildung

Wir waren Schülerinnen der ersten staatlichen Sekundarschule für Mädchen im Sudan. Drei von uns bestanden die Aufnahmeprüfung für die Khartum Universität. Ich war eines der drei Mädchen. Alle sudanesischen Zeitungen haben über uns geschrieben. Es herrschte ein großes Interesse und Neugier. Würde die Universität uns aufnehmen? Es war eigenartigerweise Babiker Badri (s. Absatz Bildung), der zwar die erste Mädchenschule im Sudan eröffnet hatte, der aber gegen unsere Universitätsaufnahme war. Sein Argument war, dass die sudanesischen Jungen gerade Universitätsreife erreicht hätten. Die Mädchen sollten warten, bis die ersten Jungen den Universitätsabschluss hinter sich gebracht hätten. Die Mädchen sollten nach den Jungen ihren Abschluss machen. Er meinte, dass die Männer überlegen seien. Das entspricht der allgemeinen Ansicht der sudanesischen Männer. Die männliche Überlegenheit wird nicht angezweifelt, und Jungen sollten eine bessere Bildung als Mädchen erhalten.

Aber es gab auch Männer, die unsere Universitätsbildung begrüßten. Es waren Journalisten wie Atabani und Ahmed Yousif Hashim, die uns unterstützten. Ich glaube, dass die allgemeine sudanesische Öffentlichkeit stolz auf uns war. Wir Mädchen hatten ein Ziel erreicht. Wir waren in den Schlagzeilen. Das war Ende der 40er-Jahre.

Weibliche Beschneidung

Mein Vater war gegen die Beschneidung, aber ich wurde beschnitten, als ich sehr, sehr jung war. Es wurde mir erzählt, dass mein Vater aus diesem Anlass zu seiner Mutter sagte: „Wenn du mir nicht sagst, wer die Frau ist, die das meiner Tochter angetan hat, dann werde ich dich ins Gefängnis bringen." Mein Vater wollte meine Beschneidung verhindern, aber als er eines Tages aus seinem Büro nach Hause kam, fand er mich im Bett. Er soll sehr, sehr erbost gewesen sein. Aber es war geschehen. Er hatte es nicht verhindern können.

Ich selbst kann mich kaum an etwas erinnern. Ich erinnere mich nur noch daran, dass sie mir die Beine zusammengeschnürt hatten. Vielleicht taten sie es, weil ich mich als Kind zuviel bewegen würde. Sie schnürten meine Beine so eng zusammen, dass die Schnur in mein Fleisch schnitt. Als sie die Schnüre abnehmen wollten, mussten sie mich ins Krankenhaus bringen. Bis heute sind Narben zu sehen. Meine Tochter habe ich nicht beschneiden lassen. Aber als sie etwa fünf Jahre alt war, kam sie zu mir und sagte: „Die Mädchen werden mich necken und hinter mir herrufen. Warum bin ich nicht beschnitten?" Ich sagte ihr, dass wir eine sehr große Geburtstagsfeier für sie veranstalten würden, denn sie liebte die Feste, die im Zusammenhang mit der Beschneidung stattfinden. Aber damit war sie nicht zufrieden. Dann bat ich eine Hebamme, so zu tun, als ob sie meine Tochter beschneiden würde. Das Kind nahm an, dass es beschnitten sei. Wir haben dann auch alle die Dinge gemacht, die mit einer Beschneidungsfeier zusammenhängen. Wir haben einen Hammel geschlachtet, doch wir haben nicht *Henna* gemacht, denn ich persönlich mag *Henna* nicht. Bei dem Fest wurden dann zwei meiner Söhne beschnitten. Meine Tochter ist mir heute sehr dankbar. Sie ist Ärztin und ihr Mann ist Arzt. Sie kennen die Probleme, die mit der Beschneidung zusammenhängen.

Weshalb hast du einen Verwandten geheiratet?
Ja, ich habe meinen Vetter geheiratet; denn damals hatten wir keine Möglichkeit, Männer außerhalb der Verwandtschaft kennenzulernen. Es war nicht schicklich, einen Kommilitonen an der Universität näher kennenzulernen. Meinen späteren Mann kannte ich vor der Ehe. Wir führten eine gute Ehe. Ich wusste, er war gebildet. Ich wusste, was eine Ehe mit sich bringt und dass sie nur ein Erfolg sein wird, wenn man den Partner kennt. Kennenlernen vor der Ehe war

nur möglich, wenn der zukünftige Mann ein Verwandter war. Ein Mädchen durfte nur einen nahen Verwandten vor der Ehe treffen und sich mit ihm unterhalten. Wir haben geheiratet und sind nach England gegangen, da er dort studierte. Er war der erste Sudanese, der nach England gesandt wurde, um dort weitere Studien zu absolvieren. Nach unserer Rückkehr aus England haben wir unsere Kinder bekommen. Der letzte Sohn wurde nach dem plötzlichen, tragischen Tod meines Mannes geboren.

Du wurdest sehr früh Witwe, wie hat es dein Leben beeinflusst?
Ich hatte gerade meinen 30. Geburtstag gefeiert. Es war der 4. Juni und mein Mann starb ganz plötzlich am 19. Juni. Er war niemals krank gewesen. Der Tod kam überraschend, schnell und erschütternd. Ich war nicht auf so eine Tragödie vorbereitet. Da ist jemand, und ein paar Stunden später ist er nicht mehr da. Und hätte ich nicht so einen starken Glauben an Gott, dann hätte ich es nicht geschafft. Aber ich glaube an Gott, und das hilft mir mehr als alles andere auf der Welt. Wenn du dich auf Gott verlässt, dann gibt er dir Frieden und Trost; denn Gott ist stark und verlässlich.

Ich habe dann meine ganze Zeit meinen Kindern gewidmet. Vielleicht hat mir das auch geholfen, diese Tragödie zu bewältigen. Wie ich schon vorher sagte, bin ich ein mutterloses Kind. Ich wurde von meiner Großmutter erzogen. Sie starb, als ich 11 Jahre alt war. Dann musste ich mit einer Fremden leben, meiner Stiefmutter. Und obgleich ich zwei Halbschwestern habe und wir immer zusammen waren, ist das Leben nicht so wie mit der eigenen Mutter. Ich hatte ein schweres Leben bei meiner Stiefmutter.

Warum hast du nicht wieder geheiratet?
Ich hatte Angebote. Einige Leute, sehr enge Freunde meines Mannes, kamen in mein Haus und sahen, wie ich mein Haus und die Kinder in Ordnung hielt. Sie dachten, dass ich all das nochmals machen würde in einem anderen Haus. Aber ich hätte das niemals tun können. Meine Schwestern und meine Familie sagten zwar immer wieder, ich sei noch zu jung für eine Witwenschaft. Im Islam sei dies nicht erlaubt, ich müsste wieder heiraten. Aber ich hatte mich entschlossen, als die Wunde noch nicht verheilt war, gleich

nach dem Tod meines Mannes. Ich habe überlegt, ob ich meine Kinder allein großziehen könnte, oder ob es besser wäre, wieder zu heiraten? Ich habe dies innerlich verarbeitet und bin zu dem Entschluss gekommen, nicht wieder zu heiraten. Ich habe mich für keinen leichten Weg entschieden. Es ist sehr schwierig, Beruf, Haushalt und Mutterrolle zu vereinigen. Es war wirklich sehr hart, aber mit Disziplin und Routine im Haushalt haben meine Kinder und ich das Leben gemeistert.

Wie denkst du über Scheidung?
Ich bin gegen die Scheidung. Ich glaube, dass Scheidung nicht gut ist. Ausgenommen sind Krankheitsfälle, dann kann man es verstehen. Ich denke dabei an einen geistig kranken Partner. Aber sich wegen einer Geringfügigkeit scheiden zu lassen, nur weil man das Recht hat, es zu tun, das finde ich unmöglich. Nicht einmal der Koran erlaubt das.

Was hältst du von Polygamie?
Wenn man den Text sorgfältig liest, dann sagt der Koran, dass ein Mann eine, zwei, drei oder vier Frauen heiraten kann, wenn er gerecht gegen alle Frauen ist. Aber ich glaube nicht, dass ein Mann jeder Frau gerecht sein kann, denn der Koran spricht von Empfindsamkeit und Liebe. Es ist jedoch nicht möglich, dass ein Mann von 60 Jahren, der ein junges Mädchen heiratet, gegenüber seiner ersten älteren Frau genau so empfindet. Er kann die alte Frau nicht so lieben wie die junge. Er kann nicht gerecht sein. Und daher erlaubt der Koran diese Ehe nicht. Diese Sachen sind bekannt. Ich hoffe, dass ich es noch erleben werde, dass der Koran richtig ausgelegt wird; denn bei richtiger Auslegung wird es in einer Ehe keine zweite, dritte oder vierte Frau geben.

Berufstätigkeit
Ich hatte kaum Probleme in meinem Berufsleben. Die Leute hier im Sudan waren sehr nett und hilfsbereit und halfen mir, wo immer sie konnten. Die Schwierigkeit bei mir war, dass ich nicht zu meiner Familie gezogen bin, nachdem mein Mann gestorben war. Jeder hat mir sein Haus geöffnet. Mein Großvater besitzt ein großes

Haus in Omdurman, trotzdem entschied ich mich, gemeinsam mit meinen Kindern, hier in meinem Haus wohnen zu bleiben. Es war ein sehr harter Entschluss, und niemand hat mich unterstützt. Aber ich habe einen vertrauenswürdigen alten Wachmann, der schon bei uns wohnte, als mein Mann noch lebte. Er blieb bei mir und hilft mir. Es war sehr schwierig, aber ich blieb allein und widmete meine ganze Zeit und mein Wissen meinen Kindern.

Gesellschaftsleben

Eines habe ich völlig vernachlässigt, das Gesellschaftsleben. Ich verlasse das Haus niemals, nur wenn ich zur Arbeit gehe. Über 10 Jahre bin ich zu keiner Veranstaltung gegangen. Ich gehe nur zu meiner Arbeit an der Universität. Ich bin damit völlig ausgelastet. Jetzt bin ich meinen Freunden und Kollegen entfremdet. Und jetzt, wo ich Zeit hätte, da meine Kinder erwachsen und teilweise schon verheiratet sind, kann ich mein Gesellschaftsleben nicht wieder aufnehmen. Zu viele Jahre sind vergangen. Aber ich habe einige gute Freundinnen, die kommen mich besuchen, und sie sind mir nicht böse, wenn ich den Besuch nicht erwidere. Ich besuche nur meine Kinder.

Die sudanesische Frauenbewegung

Ich war 14 Jahre, als ich mit der Fürsorge für sudanesische Frauen begann. Ich bemerkte die unwissenden Mädchen in meiner Familie. Sie konnten weder lesen noch schreiben. Aber ich konnte zur Schule gehen und Geschichten lesen. Ich kannte den Koran besser als meine Kusinen, die nur wie Papageien die Verse wiederholten. Ich sah das alles ganz klar, und die Mädchen taten mir leid.

Als dann Fatma Tayib fragte, ob ich helfen würde, die Frauenbewegung zu gründen, war ich voller Enthusiasmus und habe sofort mitgearbeitet. Ich besuchte noch die Oberschule, als ich mit der Frauenarbeit begann. Wir haben Frauen in Hauswirtschaft unterrichtet, in Hygiene, Verwaltung des Haushalts. Manchmal haben wir ihnen auch das Lesen und Schreiben beigebracht. Aber da das Letztgenannte ein langer Prozess ist, haben wir uns zunächst auf das konzentriert, was das Familienleben verbessern würde.

Als ich selbst eine Familie hatte, begann ich, Artikel für Zeitungen zu schreiben. Ich hatte eine Frauenseite und das Motto dieser Seite war: „Ehemann, würden Sie bitte diese Seite Ihrer Frau vorlesen!" Ich schrieb Artikel über Ernährung, Hygiene, Psychiatrie, doch musste ich mir das meiste aus Büchern anlesen, da es nicht zu meiner Bildung und Erfahrung gehörte. Ich habe Artikel über Themen geschrieben, von denen ich glaubte, dass sie Frauen interessieren.

Was wir, die Avantgarde der Frauenbewegung, damals gemacht haben, macht heute niemand mehr. Vielleicht bin ich nicht ganz fair. Langsam beginnen sich auch heute wieder die gebildeten Frauen für ihre weniger gebildeten Schwestern verantwortlich zu fühlen.

Was ist Deine Meinung über weibliche Beschneidung?
Wir haben damals einen harten Kampf gegen die weibliche Beschneidung geführt. Heute sind die Frauen nicht interessiert, das weiter zu verfolgen. Heute kämpft kaum jemand gegen die weibliche Beschneidung. (Anm.: Diese Aussage wurde 1989 gemacht, mittlerweile kämpfen die Frauen wieder aktiver.) Ich kenne viele, z.B. meine Schwester und andere gebildete Frauen, die ihre Töchter nicht beschneiden lassen, aber die weibliche Beschneidung breitet sich weiterhin aus, wie es damals zu meiner Zeit geschah. Niemand spricht darüber, und weshalb nicht? Weil die ausführende Person ins Gefängnis müsste. Es gibt seit 1946 ein Gesetz, das die pharaonische Beschneidung verbietet. Daher wird nicht darüber gesprochen. Oft passiert es so wie bei mir, hinter dem Rücken des Vaters. Aber es geht ein überzeugendes Gerücht, in dem gesagt wird, dass die sudanesischen Männer auch für die Beschneidung der Frauen sind. Und ich glaube jetzt auch, dass es die Wahrheit ist. Wenn sudanesische Männer nicht für die Beschneidung wären, dann hätten sie etwas dagegen unternommen. Ich glaube jetzt, dass sudanesische Männer die Beschneidung unterstützen. Ich habe von ägyptischen und anderen arabischen Frauen gehört, die nicht beschnitten waren, als sie sudanesische Männer heirateten. Diese Frauen haben sich nach der Eheschließung beschneiden lassen. Und deshalb bin ich überzeugt, dass sudanesische Männer ihre Hand im Spiel haben. Wir müssten die Methode der Bekämpfung entsprechend

ändern. Bisher hat man immer angenommen, es sei eine reine Frauensache. Sudanesische Männer sind natürlich sehr beeinflusst von ihren Müttern. Es ist eigentlich ein Zirkelschluss. Beide Seiten sind beteiligt, Männer und Frauen. Ich weiß keinen Ausweg, da Tradition und Bräuche sehr stark sind.

Der „Böse Blick" und Zar

Ich glaube nicht an den „Bösen Blick". In der Religion wird zwar der „Böse Blick" erwähnt. Aber wenn man darüber liest oder einen Film sieht, dann bemerkt man, dass die Dinge durcheinander gebracht werden. Ich glaube nicht daran. Ich glaube nicht, dass etwas ohne Gottes Willen geschehen kann, und das hat man zu akzeptieren. Ich glaube nicht, dass der „Böse Blick" oder ein Mensch auf diese Art einem anderen etwas antun kann.

Zar ist ein Ausweg für sudanesische Frauen. Ich habe zwei Zar-Feste besucht. Die Frauen leben in einer abgeschlossenen Gesellschaft und im Zar können sie sich unter anderem wie Männer bewegen. Sie tanzen zusammen und im Grunde drücken sie damit aus, dass sie eine gemischte Gesellschaft wünschen. Es ist eine Gruppentherapie. Einige Frauen sind wirklich krank. Sie besuchen Zar-Feste, und tun dort, was sie wollen. Manchmal trinken sie Alkohol und rauchen und tun etwas, was sie glücklich macht, und ihre Krankheit verschwindet. Es ist ein Ausweg. Eine Frau im Zar kann alles verlangen. Sie befiehlt es in Trance, und ihre Befehle werden respektiert und ausgeführt. Es ist eine seelische Angelegenheit. Die meisten Männer gehorchen und bringen ihren Frauen, was sie verlangen.

Formale Bildung

Dinge verändern sich, wenn der Wandel bei der ärmeren Bevölkerung beginnt und sich zu der reichen Oberschicht hocharbeitet, dann ist es einfach. Aber Veränderungen sind sehr schwierig, wenn sie in den Oberschichten beginnen und sich zu den unteren Schichten vorarbeiten.

Frauen, auch mit sehr wenig formaler Bildung, gehen arbeiten und verdienen Geld und ihr Status im Haus verändert sich. Sie werden mehr geachtet. Daher sind jetzt alle Frauen bemüht, aus dem Haus zu gehen, um zu arbeiten. Das Mädchen ist jetzt wie der

Junge. Beide bringen ein Gehalt nach Hause. Das verändert alles, denn nun ist der Vater interessiert, seiner Tochter auch eine gute Ausbildung zu geben. Vielleicht ist sie intelligenter als der Junge und wird bessere Arbeit bekommen. Gott sei Dank, das ist wirklich eine fortschrittliche Veränderung im Sudan.

Aber oft wollen Männer keine Mädchen mit höherer Bildung heiraten. Das war vielleicht auch der Gedanke von Babiker Badri, als er sagte, dass ein sudanesischer Mann von der männlichen Überlegenheit überzeugt sei und eine Ehefrau mit gleicher Bildung nicht willkommen ist. Und wenn man da näher nachforscht, so kommt man zu dem Ergebnis, dass ein Mann einer gebildeten Frau die Ehe verspricht, dann aber in sein Dorf fährt und eine ungebildete Ehefrau mitbringt. Er wird dann sagen, dass sein Vater ihn zur Ehe gezwungen hätte. Aber der Mann ist ein Lügner, denn niemand kann ihn zu einer Ehe zwingen. Er hat das Mädchen geheiratet, da er eine Frau wollte, die ruhig im Harem sitzt. So hat er seine Freiheit und keine Fragen zu Hause.

Aber da ist auch die andere Seite. Eine Studentin hat einen Kommilitonen zum Freund und dann heiratet sie plötzlich einen reichen Mann, auch wenn der ignorant und ungebildet ist. Das macht ihr aber nichts aus; wenn er viel Geld hat, sind sie und ihre Familie zufrieden.

Wie denkst du über Gold und Geld?
Ich beobachte die neue Generation sehr genau. Es ist augenfällig, dass Geld im Leben eines gebildeten Mädchens eine große Rolle spielt. Sie möchte viele Dinge besitzen, die ein Junge ihres Alters ihr nicht bieten kann. Aber ein fertiger Mann mit Geld kann das. Er kann weniger gebildet sein und auch sonst einige Fehler haben; aber wenn er Besitzer eines Hauses und eines Mercedes ist, dann wird das Mädchen ihn heiraten. Dies sind ganz neue Symptome, die analysiert werden sollten. Unsere Gesellschaft verändert sich sehr.

2008
Aisha lebt noch immer in ihrem kleinen Haus in Khartum. Sie ist inzwischen mehrfache Großmutter und wird von ihren Kindern verwöhnt.

BINT AHMED
Man erwartet von einem Mädchen, dass es jeden bedient.

Bint Ahmed heißt eigentlich Zeinab. Aber da in dem Hause, in dem sie aufwuchs, mehrere Frauen mit diesem Namen lebten, wurde sie Bint Ahmed, die Tochter von Ahmed, genannt. Dieser Name ist bis heute haften geblieben. Zeinab Bint Ahmed ist 53 und voller Leben und Energie. Ihr rundes Gesicht reflektiert ihr freundliches Wesen. Ihre fortwährende Hilfsbereitschaft machen sich viele Familienmitglieder zunutze. Die Kinder lieben sie sehr, denn sie können zu ihr mit ihren kleinen und großen Sorgen kommen. Sie hat immer Zeit für die Kinder und außerdem kann sie auch wunderschöne Geschichten erzählen.

Bint Ahmed arbeitet sehr viel. Sie schafft von Tagesanbruch bis spät in die Nacht, um all die Wünsche der Großfamilie erfüllen zu können. Sie gönnt sich kaum Ruhe. Ihre geschwollenen Beine und Füße sind ein äußerliches Zeichen der Überanstrengung. Sie fühlt sich verpflichtet, es jedem in der Großfamilie recht zu machen. Damit will sie der Familie danken, die sie als kleines Mädchen adoptierte. Aber Bint Ahmed kann auch ihren eigenen Standpunkt verteidigen. Sie ist sehr stolz und vertritt ihre Meinung zumindest gegenüber den Frauen der Familie.

Kindheit
Mein Vater ist ein entfernter Verwandter des Haushaltsvorstands der Familie, in der ich seit frühester Kindheit lebte. Als mein Vater meine Mutter heiratete, war er schon ein Tunichtgut. Als ich geboren wurde, kümmerte er sich weder um meine Mutter, die aus einer sehr armen Familie stammte, noch um mich. Meine Mutter wusste nicht, wohin sie mit mir gehen sollte. Der alte Herr, der später mein Vormund wurde, hörte davon, und er bot meiner Mutter und mir sein Haus an. Meine Mutter akzeptierte das Angebot für mich. Sie selbst war zu stolz, bei einer Familie zu leben, die nicht ihre eigene war. So wuchs ich im Haus meines Vormunds auf und wurde niemals anders als die anderen Kinder im Haus behandelt. Mein Vormund war ein Scheich und ein sehr religiöser Mann. Für mich war er der Vater. Ich habe ihn sehr verehrt und mir geschworen, dass ich

ihn bis zu seinem Tode gut versorgen würde. Daran habe ich mich auch gehalten. Ich habe verschiedene Heiratsangebote abgelehnt, weil ich dann das Haus meines Vormunds hätte verlassen müssen. Er brauchte mich, denn er war sehr alt und krank. Als mein Vormund starb, fühlte ich mich verpflichtet, auch seine Frau zu versorgen. Deshalb verschob ich wieder Heiratsangebote, obgleich ich liebend gern Kinder gehabt hätte. Aber ich habe mich um die Kinder in der Großfamilie gekümmert. Sie lieben mich sehr.

Eltern

Mein Vater war Alkoholiker. Ich habe ihn kaum gekannt. Manchmal kam er mich besuchen, aber er ist dann früh gestorben. Die Angehörigen meiner Mutter sind Nomaden, aber sie hat keinen Kontakt mehr zu ihnen. Meine Mutter kam mich nur besuchen und hat immer versucht, allein zurechtzukommen. Sie machte *kisra* (Hirsefladen) und verkaufte sie auf dem Markt. Mein Vormund und seine Söhne haben ihr immer wieder finanzielle Hilfe angeboten, aber sie war zu stolz und hat nie Geld von ihnen angenommen. Oft schickten sie mich zu ihr, um Kleidung und kleine Geschenke zu bringen. Jetzt ist sie sehr alt und krank. Aber sie hat es jetzt gut, denn sie lebt bei mir.

Bildung

Ich habe die Grundschule besucht, wie alle Mädchen in der Familie meines Vormunds. Er hatte eine kleine Privatschule für Mädchen eröffnet, und ich besuchte diese Schule. Als ich jung war, gingen Mädchen – wenn überhaupt – nur in die Grundschule. Aber die Söhne meines Vormunds haben alle die Höhere Schule besucht und einige haben an der Universität studiert. Sie haben jetzt alle eine guten Beruf. Ich bin sehr stolz auf sie. Für mich sind sie wie Brüder.

Großfamilie und Position der Frauen

Ich musste in dem großen Haushalt der Familie von Kindheit an sehr viel helfen. Wir hatten immer sehr viele Gäste. Mitglieder der Familie, die nicht in Omdurman wohnten, kamen zu allen Gelegenheiten und wohnten dann im großen Haus des Scheichs. Das ist die Tradition und niemand fand es ungewöhnlich, wenn die Leute oft wochen- oder monatelang dort lebten. Jeder war willkommen.

Aber für die Frauen des Hauses war es harte Arbeit. Wir mussten die Gäste versorgen, d.h. kochen, sie bedienen, waschen und die Zimmer in Ordnung halten, und das zu jeder Tageszeit. Gäste im Sudan werden von den Gastgebern immer sehr verwöhnt. Ich musste oft bis abends 10 oder 11 Uhr arbeiten. Ich stand morgens vor Sonnenaufgang auf, betete und begann dann, den Tee für die Familie und die Gäste vorzubereiten. Oft war ich sehr müde, aber so ist das Leben für junge Mädchen im Sudan, besonders in großen Haushalten. Sie erwarten, dass man jeden bedient.

Natürlich war ich ein besonderer Fall und ich fühlte immer, dass es meine Pflicht sei, alle in der Familie zu bedienen, denn durch sie hatte ich ein Heim bekommen. Und wenn ich an meine arme Mutter dachte, dann war ich sehr dankbar.

Ich liebe meine Familie und fühle mich als ein Teil von ihr. Und wenn die Gäste und meine Familie meine Kochkünste loben, dann freue ich mich besonders. Aber am meisten liebe ich die Kinder. Sie lieben mich auch und sie haben einen besonders schönen Namen für mich, den ich aber nicht verrate.

Was hältst du von Gleichheit zwischen Männern und Frauen?
Es gibt keine Gleichheit zwischen Männern und Frauen. Männer haben ihren Platz im Leben, und Frauen haben ihren Platz. So hat Gott es gemacht, und so ist es richtig.

Obgleich sich heute Dinge verändern, und manchmal frage auch ich mich: Sollten Frauen nicht doch mehr Rechte haben? Ich sehe jetzt, dass einige Mädchen in unserer großen Familie Ärztinnen werden. Einige Mädchen sind in der Schule sogar besser als Jungen. Sicher sind Körper und Aussehen von Jungen und Mädchen verschieden, doch ihr Gehirn ist gleich. Deshalb sollten die Frauen gleiche Rechte im Leben haben. Ihr Leben sollte sich verbessern.

Aber ich selbst wurde erzogen wie die meisten Frauen meiner Generation. Viele Mädchen werden auch heute noch so erzogen. Sie bedienen ohne Murren sogar ihre jüngeren Brüder, ganz abgesehen von den anderen Familienmitgliedern. Ich verhalte mich heute noch so. Ich kann mich nicht mehr ändern. Aber jetzt werde ich von jungen Mädchen bedient, da ich alt bin.

Aber ich muss sagen, dass es mir nicht gefällt, wie sich heute viele Mädchen benehmen. Es gehört sich nicht, dass Mädchen mit Jungen ins Kino gehen oder in ein Restaurant. Ich halte das für schlechtes Benehmen. Ein Mädchen kann schnell seinen Ruf verlieren und damit die Chance, einen guten Mann zu bekommen.

Jungen dürfen sich anders als Mädchen benehmen. Niemand fragt nach ihrer Vergangenheit, solange sie gute Ehemänner werden und die Familie gut versorgen. Und so sollte es auch sein.

Ehe

Ich habe meinen jetzigen Ehemann einmal vor der Hochzeit gesehen, und zwar, als er mir vom Haushaltsvorstand der Familie vorgestellt wurde. Mein Mann war damals Witwer. Nach dem Tod seiner Frau lebte er bei seiner Tochter. Aber seine Tochter hatte viel mit ihrer eigenen Familie zu tun, und er wollte wieder einen eigenen Haushalt, obgleich er schon Ende 60 war. Er ist Bezirksvorstehender und hat viele Verpflichtungen. Er entschloss sich deshalb, wieder zu heiraten. Durch seine Tochter hörte er von mir. Ich war 51 Jahre alt, als er mich heiratete. Ich bin glücklich mit ihm. Er ist mein zweiter Mann. Ich bin sehr glücklich, denn ich habe einen eigenen Teil eines großen Hauses. In dem anderen Teil wohnt der Sohn meines Mannes mit seiner Familie. Ich habe ein Dienstmädchen, das mir die schwere Arbeit abnimmt. Ich koche nur für mich und meinen Mann. Ich habe keine finanziellen Probleme und einen netten Mann.

Polygamie und Scheidung

Ich konnte und wollte in jungen Jahren nicht heiraten, da ich meinen Vormund bis zu seinem Tod und anschließend seine Frau versorgte, bis sie starben. Mehrere Männer wollten mich heiraten. Einer war Lehrer, und ich hätte ihn sehr gern geheiratet. Aber ich habe mich verpflichtet gefühlt, die Ehe abzulehnen. Es war eine schwierige Situation. Mein Vormund und seine Frau waren alt und die beiden Töchter waren verheiratet und lebten in anderen

Städten. Die Schwiegertöchter fühlen sich nicht verpflichtet, die Schwiegereltern zu versorgen, solange die Töchter leben.

Als ich dann schließlich keine Verpflichtungen mehr hatte und frei war zum Heiraten, war ich 43 Jahre und viel zu alt. Ich wollte aber unbedingt noch eigene Kinder haben. Als ein Kaufmann mich als seine vierte Frau wünschte, habe ich zugesagt. Meine ganze Familie war gegen diese Heirat. Aber ich wollte Kinder und hörte nicht. Es war ein Fehler. Mein Mann hat mich gut behandelt. Er gab mir einen Platz auf dem Markt, wo ich Haushaltsgegenstände verkaufen konnte. Ich hatte dadurch eigenes Geld. Aber ich wurde nicht schwanger. Ich habe mich den schrecklichsten Untersuchungen unterzogen und kleine Operationen wurden ausgeführt. Aber nach einigen Jahren war es ganz klar, ich konnte keine Kinder mehr bekommen. Mein Mann ließ sich von mir scheiden. Er wollte noch Kinder und heiratete eine junge Frau. Ich war eigentlich ganz froh, wieder zu meiner Familie zurückkehren zu können. Und die Kinder meiner Familie freuten sich sehr.

Danach wollten mich noch mehrere ältere, verwitwete Männer heiraten, aber ich habe immer abgelehnt. Bis dann mein jetziger Mann kam. Der Sohn meines Vormunds zog genaue Erkundigungen über meinen zukünftigen Mann ein. Als ich hörte, dass der Mann einen guten Ruf hatte und Kinder und Enkel im Haus lebten, habe ich eingewilligt. Ich habe es bis heute nicht bereut. Ich bin die einzige Frau meines Mannes, und mir geht es gut. Ich habe meine Mutter zu mir genommen.

Berufstätige Frauen

Frauen arbeiten immer sehr viel, am meisten im Haus. Frauen, die berufstätig sind, müssen im Haus Hilfe haben oder in einer Großfamilie leben, in der andere Frauen die Hausarbeit machen. Sonst geht es nicht, da es zu viel Arbeit für eine Frau ist.

Ich halte es für gut, wenn eine Frau ihr eigenes Einkommen hat, vor allem, wenn der Mann ihr kein Geld geben kann oder will. Junge Mädchen haben heute die Möglichkeit zu studieren und gute Arbeit zu bekommen. Sie sollten diese Möglichkeit in Anspruch nehmen. Nichts ist schrecklicher als abhängig zu sein. Daher hatte ich mein ganzes Leben lang immer ein kleines Einkommen, über das ich selbst verfügen konnte. Ich habe z.B. große Mengen Gemüse auf dem Markt eingekauft und dann in kleineren Mengen an Nachbarn verkauft. Oder ich habe *Henna*[36] oder *Halawa*[37] für die Nachbarsfrauen gemacht. Ich hatte immer etwas eigenes Geld. Jetzt gibt mir mein Mann Haushaltsgeld, das ich benutzen kann, wie ich möchte.

Weibliche Beschneidung

Es ist für mich sehr schwierig, darüber zu sprechen. Ich wurde, wie alle Mädchen in der Familie, auf pharaonische Art beschnitten. Und ich muss sagen, als ich heiratete und alle diese unangenehmen ärztlichen Untersuchungen hatte, da hatte ich sehr große Schmerzen. Aber Mädchen müssen beschnitten werden, denn das ist unsere sudanesische Tradition und das befiehlt auch die Religion. Aber ich finde, die leichtere Beschneidung *Sunna* genügt für unsere Mädchen vollkommen. In Zukunft wird die Beschneidung verschwinden. Aber es wird noch lange dauern, denn wir glauben, dass niemand ein unbeschnittenes Mädchen heiraten wird.

Religion

Ich bin Muslimin und sage meine Gebete regelmäßig. Ich hoffe, in den nächsten Jahren nach Mekka pilgern zu können. Im Islam findet man die Antwort auf alle Fragen, und als guter Muslim oder gute Muslimin wird man im Himmel belohnt, und manchmal sogar schon in diesem Leben. Ich zum Beispiel habe endlich einen guten Mann gefunden, und ich hatte immer eine Familie, in der mich alle lieben.

„Böser Blick" und Zar

Ich glaube an den „Bösen Blick", denn es gibt viele neidische Menschen. Man muss vor allem kleine Kinder durch Koransprüche im *hijab* beschützen. Der *Zar* hilft Frauen mit Problemen. Für Frauen mit Problemen ist der *Zar* gut, und oft kann ihnen geholfen wer-

---

36 Henna-Bemalungen
37 Haarentfernung mit Zuckermasse

den. Ich gehe oft zu *Zar*-Festen, aber nur weil ich die Atmosphäre dort gern mag und dort viele Frauen treffe. Wir reden über unsere Probleme. Oft lachen wir auch zusammen. Es ist eine gute Gelegenheit, das Haus zu verlassen und bei den *Zar*-Feiern Neuigkeiten zu hören.

Wie denkst du über Geld und Gold?
Geld und Gold sind für mich sehr wichtig, denn ich hatte nie viel von beidem. Nur wenn man Geld hat, ist man unabhängig und kann dann auch anderen helfen. Es ist schrecklich, arm zu sein. Meine Mutter ist ein Beispiel dafür. Aber nur Leute, die auch einmal arm waren, können das richtig verstehen. Betteln ist unwürdig. Viel Geld ist nicht notwendig, dann werden die Leute nur gierig auf noch mehr Geld. Ich bin froh, dass ich jetzt genügend Geld habe, sodass meine alte Mutter bei mir leben kann.

2008
Bint Ahmed ist jetzt Witwe. Sie bewohnt ein Zimmer im Haus ihres verstorbenen Mannes. Finanziell geht es ihr nicht besonders gut, aber sie erhält Unterstützung von den Söhnen ihres Vormunds. Sie besucht reihum ihre „Kinder" und immer sind alle hocherfreut über ihre Besuche, die sich auf Tage oder Wochen ausdehnen. Sie ist zufrieden, nur gesundheitlich geht es ihr nicht gut. Sie kann kaum noch gehen und braucht dazu einen Stock. Trotzdem hat sie immer noch gute Laune.

KHAMISA
Als mein Mann starb, musste ich arbeiten gehen. Meine Kinder haben keine Arbeit. Alle sind von mir abhängig.

Khamisa sagt, sie sei etwa 50 Jahre alt, genau weiß sie es nicht. Sie wirkt älter. Ihr einst hübsches Gesicht zeigt Ermüdung und Enttäuschung. Sie ist sehr zurückhaltend aber stolz, dass sie Arbeit als Botin an der Universität gefunden hat.
Khamisa wurde in Burri, einem Stadtteil von Khartum, geboren. Sie ist seit 20 Jahren verwitwet und hat fünf Kinder, die alle von ihr abhängig sind. Sie verdient umgerechnet etwa 25 Euro im Monat.

Kindheit

Über meine Kindheit kann ich nicht viel erzählen. Sie ist nichts Ungewöhnliches. Ich bin in Burri geboren und auch dort aufgewachsen. Mein Vater war ein einfacher Arbeiter. Er hatte mit meiner Mutter 8 Kinder. Ich bin niemals zur Schule gegangen. In meiner Kindheit gingen Mädchen nicht zur Schule. Ich musste meiner Mutter zu Hause helfen, das war üblich so. Ich kann mich an nichts Besonders erinnern. Wir Mädchen mussten früh im Haushalt helfen.

Ehe

Ich habe sehr jung geheiratet. Ich weiß nicht, wie alt ich war. Mein Mann war ein Verwandter. Er war viel älter als ich, etwa 20 Jahre älter. Mein Vater hat meinen Mann für mich ausgesucht. Es war gut so, denn es ist immer besser, einen Verwandten zu heiraten, da weiß man doch wenigstens, woher er kommt. Wenn Probleme entstehen, dann muss sich der Mann vorsehen, denn die ganze Verwandtschaft wird ihn beobachten und über ihn reden. Für Mädchen ist es besser, einen Verwandten zu heiraten, sie sind dann auch nicht so weit weg von ihrer Mutter.

Mein Mann starb, kurz nachdem mein jüngster Sohn geboren wurde. Mein Mann war bei der sudanesischen Eisenbahn angestellt. Wir lebten zu der Zeit in Kosti. Als er starb, bin ich mit den Kindern zu meiner Schwester nach Burri gezogen. Seitdem lebe ich bei ihr.

Arbeit/Beruf

Ich musste arbeiten, als mein Mann starb. Ich habe fünf Kinder und wir müssen leben. Der Mann meiner Schwester kann uns nicht alle ernähren. Ich habe natürlich keinen Beruf erlernt. Ich arbeite als Putzfrau, zuerst bei Familien, dann in Schulen. Jetzt habe ich mich verbessert, ich arbeite an einem Institut der Universität und bin Putzfrau und Botin zugleich. Die Frauen, die hier an der Universität arbeiten, ich meine die gebildeten Frauen, sie helfen mir oft finanziell und mit Kleidung. Sie sind alle sehr nett.

Kinder

Ich habe zwei verheiratete und zwei unverheiratete Töchter. Die beiden unverheirateten Töchter machen mir Sorgen, denn sie sind schon ziemlich alt. Sie sind schon 25 und 27 Jahre. Mädchen heiraten im Sudan sehr viel jünger. Mein Sohn ist 23 Jahre alt. Er ist der einzige, der zur Schule gegangen ist. Er hat die Oberschule beendet. Aber sein Abschlusszeugnis war nicht gut genug für die Universität. Nun sitzt er zu Hause und sucht Arbeit.

Meine Kinder verdienen kein Geld, alle sind von mir abhängig. Ich halte es für wichtiger, dass Jungen zur Schule gehen, denn sie sollen später eine Familie ernähren. Mädchenbildung ist nicht wichtig, denn sie heiraten ja doch später. Als meine Töchter im Schulalter waren, da war mein Mann schon sehr krank und starb später, und ich hatte andere Sorgen, als mich um die Ausbildung meiner Mädchen zu kümmern. Sie mussten mir im Haushalt helfen. Jetzt denke ich manchmal, es wäre doch besser gewesen, wenn die Mädchen zur Schule gegangen wären, denn die unverheirateten Töchter könnten sich jetzt selbst ernähren. Aber jetzt ist es zu spät. Ich hoffe, dass sie bald einen Mann bekommen. Und vor allem hoffe ich, dass mein Sohn Arbeit findet, damit er mich entlasten kann. Ich fühle mich manchmal sehr müde. Ja, und was soll werden, wenn ich nicht mehr arbeiten kann?

2008
Fatma arbeitet nicht mehr an der Universität. Sie wurde krank und musste ihre Arbeit aufgeben. Es ist nicht bekannt, ob ihr Sohn Arbeit gefunden hat und ob die Töchter geheiratet haben.

UMSALAMON
Als zukünftiger Ehemann kommt für mich nur ein Muslimbruder in Frage.

Umsalamon ist 23 Jahre alt, sehr hübsch, lebhaft und selbstbewusst. Sie ist zunächst sehr zurückhaltend. Doch während des Gesprächs zeigt sich ihre starke und selbstsichere Persönlichkeit. Ich treffe Umsalamon in einer Gruppe von jungen Mädchen. Alle gehören zu der po-

185

litischen Organisation der Muslimschwestern. Sie haben Umsalamon zu ihrer Sprecherin gewählt. Alle Mädchen tragen die Kleidung der Muslimschwestern. Im Laufe des Gesprächs nehmen die anderen Mädchen zuweilen daran teil. Allgemein sind sie der gleichen Meinung wie Umsalamon. Sie studiert Wirtschaftswissenschaften in Khartum. Ihr Vater ist Direktor eines großen Unternehmens. Ihre Mutter ist Hausfrau. Sie hat die Mittelschule besucht. Umsalamon hat vier Brüder und drei Schwestern. Die Brüder und zwei Schwestern studieren ebenfalls. Die jüngste Schwester besucht noch die Schule. Umsalamons älteste Schwester ist mit einem Mann verlobt, den sie nur einmal vor der Verlobung gesehen hatte. Erst jetzt, da sie verlobt ist, darf sie mit ihrem zukünftigen Ehemann ausgehen, um ihn näher kennenzulernen. Sie ist mit der Wahl ihrer Eltern zufrieden und wird demnächst heiraten.

Kindheit

Ich hatte eine sehr glückliche und beschützte Kindheit. Mein Vater bestand darauf, dass wir Mädchen die gleichen Ausbildungschancen wie die Jungen bekamen. Ich bin ihm sehr dankbar dafür. Unsere Familie lebt in einem großen Haus in Khartum. Für mich sind Religion und die momentane politische Entwicklung im Sudan sehr wichtig. Seit meiner Schulzeit bin ich politisch sehr aktiv.

Religion und Politik

Da mich Religion und Politik am meisten interessieren, möchte ich damit beginnen. Ich gehöre der Bewegung der Muslimbrüder und -schwestern an. Ich werde erzählen, wie ich beigetreten bin.

Es ist etwa 8 Jahre her, da begann ich regelmäßig zu beten und mich in der Weise zu kleiden, wie ich es jetzt tue, d.h. lange Ärmel an den Blusen und einen Rock, der bis zu meinen Füßen reicht. Mein Haar bedeckte ich mit einem Kopftuch. Ich bin Muslimschwester, seitdem ich an der Universität Khartum studiere.

Muslimschwestern traten an mich heran, als ich noch in der Schule war. Sie erklärten mir ihre Ziele und überzeugten mich. Heute arbeite ich genauso. Vor 3 Jahren bin ich Mitglied der National Islamic Front geworden. Ich spreche Schulmädchen und Studentinnen an und versuche sie davon zu überzeugen, unserer Vereinigung beizutreten. Unsere islamische Bewegung bezieht sich auf Hassan El Banna, der die Muslimbrüderbewegung in Ägypten um 1920 gründete. Wir versuchen den Menschen klarzumachen, dass der Islam nur so, wie er im Koran beschrieben wird, der ursprüngliche Islam ist. Heutzutage nennen sich viele Menschen Muslime, aber sie benehmen sich nicht so. Nur einige Beispiele: Sie trinken Alkohol, sie kleiden sich nicht korrekt, sie beten nicht. Ich könnte noch viele andere Dinge aufzählen.

Der Islam sollte so gelebt werden wie zu den Zeiten des Propheten Mohammed, aber sehr viele Menschen haben vergessen, die richtigen Regeln des Islam zu befolgen. Wir arbeiten daran, die Menschen auf ihre Fehler aufmerksam zu machen, um sie zum wirklichen Islam zurückzuführen. Wenn alle Menschen wieder zum wahren Islam zurückgekehrt sind, dann werden wir den Namen Muslimbrüder und -schwestern zurückziehen, da wir dann alle gleich sind.

Die Menschen, die noch nicht unserer Bewegung folgen, sind nicht richtig über den Islam informiert. Ich bin ganz sicher, dass die Menschen uns folgen werden, wenn sie die korrekte Lehre des Islam verstanden haben. Nur die Leute sind gegen uns, die nichts über Religion wissen und falsche Informationen über den Islam besitzen. Unsere Bewegung arbeitet natürlich auch außerhalb des Sudan, in vielen anderen Ländern. Wir freuen uns immer sehr, wenn jemand unserer Bewegung beitritt. Wir helfen und unterstützen uns gegenseitig in jeder Hinsicht. Die Politik der National Islamic Front hilft uns bei unserer Arbeit. Wir unterstützen sie bei Aufklärung der Bevölkerung.

Ehe und Polygamie

Obgleich es im Islam dem Mann erlaubt ist, mehr als eine Frau zu heiraten, bin ich dagegen. Ich möchte keinen Mann heiraten, der schon eine andere Frau hat. Natürlich möchte ich auch nicht, dass mein Mann eine zweite oder gar dritte Frau heiratet. Ich kann jetzt nicht sagen, was ich machen würde, wenn mein Mann eine weitere Frau heiraten würde. Vielleicht würde ich um eine Scheidung bitten. Ich kann es jetzt nicht sagen, aber ich mag diese Idee überhaupt nicht, das ist ganz sicher. Ich möchte keinen Verwandten heiraten. Ich heirate nur einen Muslimbruder, mit dem ich nicht verwandt bin.

Stellung von Männern und Frauen

Im Islam sind Männer und Frauen gleichgestellt; sie haben denselben Status in der Gesellschaft. Vor dem Islam wurden die Frauen sehr schlecht behandelt; das ist zwar nicht im Koran erwähnt und auch sonst nirgendwo, soweit ich informiert bin, aber es ist allgemein bekannt. Aber zur Zeit des Propheten Mohammed bekamen die Frauen den gleichen Status wie die Männer. Zum Beispiel Aisha, eine der Frauen des Propheten, hat im Krieg geholfen. Frauen haben Religion unterrichtet und niemand hat sie davon abgehalten. Frauen hatten die gleichen Rechte wie Männer. Aber die Frauen sollten sich schicklich kleiden. Sie sollten den Männern nicht direkt in die Augen sehen. Es ist ihnen aber erlaubt, jede Art von Arbeit auszuführen. Dasselbe, was im Islam den Frauen diktiert wird, das ist auch maßgebend für die Männer. Auch sie sollten sich schicklich anziehen und anständig reden. Männer sollten Frauen nicht unschicklich ansehen und ansprechen.

Es ist einem Mann erlaubt, seine Frau zu bestrafen, wenn sie sich unschicklich benimmt. Er darf sie dann in ihrem Hause einschließen. Aber wenn die Frau sich korrekt nach dem Islam benimmt, dann darf er sie nicht bestrafen. Der Mann ist der Haushaltsvorstand. Wenn die Frau das nicht akzeptieren will, dann kann sie ihn verlassen und wieder zu ihrer Familie zurückkehren.

Frauen und Beruf

Ich denke, dass Frauen – wenn sie es können und wollen – außerhalb des Hauses arbeiten sollten. Sie sollten berufstätig sein. Unser Land braucht die Unterstützung der Frauen. Wenn eine Frau jedoch nicht fähig ist, Hausarbeit und Berufstätigkeit gleichzeitig zu leisten, dann sollte sie sich auf den Haushalt beschränken. Jede Frau ist anders, es hängt alles von der einzelnen Frau selbst ab. Ich persönlich glaube daran, dass die Frauen die Pflicht haben, ihr Land zu unterstützen. Das bedeutet, dass Frauen am Arbeitsprozess, d.h. am Aufbau des Landes und an der Wirtschaft teilhaben müssen. Aber es gibt noch viele Männer, die etwas dagegen haben, wenn ihre Frauen das Haus verlassen. Sie erlauben ihnen nicht einmal, in die Moschee zum Gebet zu gehen. Ich denke, dass Frauen berufstätig sein müssen, denn je mehr sie arbeiten, je besser ist es für den Sudan und Allah sieht das. Tüchtigkeit wird in der Religion gutgeheißen. Auch zu Zeiten des Propheten Mohammed haben die Frauen den Männern geholfen, obgleich sie Kinder zu Hause hatten, die sie auch beaufsichtigen mussten. Frauen sollten jedoch nur die Arbeit ausüben, zu der sie körperlich in der Lage sind. Es gibt Arbeiten, die von Frauen nicht ausgeführt werden können, weil sie einfach nicht die Kraft dazu besitzen. Aber allgemein ist es nicht wichtig, welche Art der Arbeit Frauen ausführen, denn jede Arbeit ist gut.

Die Muslimbrüderbewegung unterstützt die Frauenarbeit. Es ist nicht gut, wenn man faul zu Hause sitzt. Frauen haben die Pflicht, ihrem Land zu helfen. Aber es gibt Plätze, an denen die Frauen nicht erwünscht sind. Einer dieser Plätze ist die Faisal Bank in Khartum. Aber der Grund ist nicht, weil es eine islamische Bank ist, nein, sondern weil es eine saudi-arabische Bank ist. In Saudi-Arabien werden die Frauen wie Tiere behandelt. Sie müssen zu Hause bleiben und Kinder gebären. Nur dafür sind sie da. Sie dürfen nicht unbegleitet das Haus verlassen. Sie dürfen kein Auto fahren, und was sonst noch alles verboten ist. Aber im Iran ist das ganz anders. Die Frauen tragen zwar den *Chador*, aber darunter tragen sie Jeans. Sie fahren auf Motorrädern und tragen Waffen. Sie dürfen alles.

Hier im Sudan tragen wir die langen Kleider der Muslimschwestern, da sie praktischer sind als der traditionelle *tob*. Im *tob* kann man sich nicht so frei bewegen. Außerdem sind die modernen *tobs* oft durchsichtig und sie bedecken den Körper der Frauen nicht wie der traditionelle *tob*. Der *tob* ist außerdem sehr teuer. Aber wenn man richtig arbeiten will, dann muss man sich auch frei bewegen können, und das ist möglich in einem Kleid mit einem langen Rock oder Hosen mit einem langen Hemd wie in Pakistan. Daher tragen wir diese Kleidung. Ich glaube, der *Chador* ist auch nicht sehr praktisch, denn die Frauen können sich darin nicht frei bewegen. Viele Studentinnen und berufstätige Frauen mögen Kleidung nach westlicher Mode, aber wir Muslimschwestern tragen lange Röcke und Kopftücher. Das Kopftuch ist im Sommer sehr heiß. Wenn ein Mädchen es trotzdem trägt, ist es ein Zeichen, dass es sehr religiös ist. Aber auch Mädchen und Frauen, die nicht zu den Muslimschwestern gehören, tragen jetzt unsere Kleidung. Da Frauen und Mädchen, die diese Kleidung tragen, von Männern nicht belästigt werden. Im Gegenteil, wir werden respektiert.

Sollte es Unterschiede in der Bildung zwischen Jungen und Mädchen geben?
Nein, Jungen und Mädchen sollten dieselbe Ausbildung erhalten. Der Islam spricht nicht über Unterschiede, sondern beide Geschlechter sollen die gleichen Chancen haben. Aber es ist auch wahr, dass viele Mädchen nur eine höhere Ausbildung absolvieren, um sich und ihrer Familie zu beweisen, dass sie es schaffen können. Wenn sie dann fertig studiert haben, dann bleiben sie zu Hause und heiraten. Falls das in Fächern wie Medizin passiert, dann haben die Mädchen eine völlig falsche Einstellung zu ihren Pflichten dem Lande gegenüber. Sie nehmen den Platz einem anderen Studenten weg, z.B. einem Jungen, der als Arzt im Sudan dringend benötigt wird. Der Sudan braucht Ärzte, die arbeiten. Wenn Mädchen später nur Hausfrauen sein wollen, dann sollten sie sich andere Fächer aussuchen, z.B. Kunst oder Geschichte, aber nicht Medizin.

Es gibt natürlich auch Ehemänner, die ihren Frauen nicht erlauben, berufstätig zu sein. Aber wenn ich heirate, dann werde ich alles daran setzen, weiter berufstätig zu sein. Es ist eine wichtige Satzung unserer islamischen Bewegung: Wir müssen alle für unser Land arbeiten.

Verhältnis: Mann/Frau

Viele Männer sagen ihren berufstätigen Frauen, dass sie sich zuerst um die Kinder und den Haushalt kümmern sollen. Aber die Männer helfen überhaupt nicht im Haushalt, das ist gegen ihre Erziehung. Hausarbeit ist Frauenarbeit. Nach ihrer Meinung müssen die Frauen sehen, wie sie alles arrangieren, wenn sie unbedingt berufstätig sein wollen. Das ist natürlich sehr schwierig, besonders für Frauen mit kleinen Kindern. Unsere Männer sagen, dass sie das Geld für den Haushalt verdienen. Die Frauen behalten gewöhnlich das Geld, das sie verdienen, für sich selbst. Sie brauchen nach islamischem Gesetz nichts zum Haushalt beizutragen. Deshalb sagen unsere Männer: „Wenn die Frau Beruf und Haushalt nicht unter einen Hut bringen kann, dann muss sie sich für den Haushalt entscheiden. Der Haushalt ist ihre Pflicht."

Unsere Männer helfen auch deshalb nicht im Haushalt, da sie den Spott der Gesellschaft fürchten. Wenn sie helfen, dann muss es aber geheim geschehen. Nicht einmal die Eltern dürfen es wissen. Aber wenn ich heirate, dann bestehe ich darauf, dass in meinen Heiratsvertrag geschrieben wird, dass mein Mann mir im Haushalt helfen muss, wenn ich berufstätig bin. Sonst werde ich den Mann nicht heiraten. Aber ich habe auch gelesen, dass in anderen Ländern, in denen Frauen mit kleinen Kindern berufstätig sind, die Kinder darunter leiden. Kinder von berufstätigen Müttern haben große Probleme. Die Tendenz soll dahin gehen, dass Mütter mit kleinen Kindern zu Hause bleiben.

Weibliche Beschneidung
Weibliche Beschneidung sollte sofort abgeschafft werden! Nach dem Islam ist es *haram* (verboten); denn wir sollten nicht das von Gott Geschaffene zerstören. Zum Beispiel sollte man auch seine Nase nicht verändern, die Gott einem gegeben hat.

Wir Muslimschwestern bekämpfen die Beschneidung. Aber die meisten sudanesischen Frauen wissen nicht, dass die Beschneidung falsch ist. Wir müssen mit den Frauen sprechen und sie aufklären, wie die Bedri-Familie, die ein Buch gegen die Beschneidung geschrieben hat. Wir müssen die Frauen informieren. Zum Beispiel arrangieren wir große Hochzeitsfeste, bei denen viele Paare auf einmal getraut werden. Etwas Ähnliches müssen wir arrangieren, um die weibliche Beschneidung zu bekämpfen. Man hört natürlich von Männern, die keine unbeschnittenen Frauen heiraten wollen, das ist wahr. Aber viele Männer wissen einfach nicht, worüber sie sprechen. Sie kennen den Unterschied nicht. Sie wachsen im Sudan auf und kennen keine anderen Frauen. Sie glauben, dass sie nur beschnittene Frauen heiraten können, weil es immer so war.

Aber ich kenne auch viele Männer, die ausländische Mädchen heiraten, die nicht beschnitten sind. Diese Männer möchten keine beschnittenen sudanesischen Frauen heiraten. Ich habe von einem reichen alten Mann gehört, der hat schon erwachsene Kinder. Er will jetzt ein unbeschnittenes Mädchen heiraten. Ich finde das auch nicht gut, so ein alter Mann! Wir müssen sehr hart arbeiten, um die Frauen und Männer zu überzeugen, dass die Beschneidung abgeschafft werden muss. Wir haben viel Arbeit vor uns.

„Böser Blick" und „Zar"

Ich glaube an den „Bösen Blick", denn er wird im Koran erwähnt. Da ist zum Beispiel die Geschichte von Jakob, der hatte zehn Söhne. Als sie nach Ägypten kamen, da fragten sie nach Brot. Aber Jakob sagte zu seinen Söhnen, dass sie nicht alle auf einmal durch die Tür gehen sollten, denn die Leute würden neidisch werden, wenn sie sehen, dass sie so viele seien. Es gibt auch Leute, die werden neidisch, wenn man schöne Kleidung trägt. Deshalb sollte man nicht alle schönen Sachen auf einmal zeigen.

Über Zar weiß ich nichts zu sagen, und ich möchte auch nichts darüber wissen. Aber ich habe gehört, dass Frauen, die zu Zar-Festen gehen, Blut und Alkohol trinken. Beides ist im Islam verboten. Im Islam wird ein Schaf so geschlachtet, dass sein Kopf nach Mekka zeigt. Aber im Zar ist das umgekehrt und das ist nicht richtig.

Ich glaube, der Zar ist wichtig für seelisch kranke Frauen und es ist schon in Ordnung, wenn Frauen tanzen und singen. Aber Alkohol und Blut trinken ist verboten. Der Zar wird im Koran nicht erwähnt. Die meisten Riten sind gegen den Islam, und daher will ich nichts damit zu tun haben.

Zukunft

Ich hoffe, dass wir den wahren Islam weiterhin verbreiten können, damit die Menschen wieder ein besseres Leben führen, wie es im Koran gelehrt wird.

2008
Umsalamon hat ihr Studium beendet. Sie ist verheiratet mit einem Muslimbruder und hat zwei Kinder. Sie hat eine leitende Funktion in einer Bank. Außerdem ist sie weiterhin politisch sehr aktiv.

SARA
**Ich bin Witwe und habe nun alle Freiheiten.
Aber jetzt ist es zu spät.**

Sara ist etwa 45 Jahre alt. Sie kennt ihr Alter nicht, aber sie war sehr jung, als sie heiratete. Ihr ältester Sohn, der ein Jahr später geboren wurde, ist jetzt 30 Jahre alt. Sara hat ein sehr hübsches rundes Gesicht. Sie ist sehr dunkelhäutig, schlank und zart. Sie ist einfach gekleidet und hat ihr Haar mit einem Kopftuch bedeckt. Es dauert lange, bis sie mit ihrer Lebensgeschichte beginnt, da sie sehr schüchtern und zurückhaltend ist. Außerdem ist sie überrascht, dass jemand an ihrem Schicksal Interesse zeigt. Sara lebt, gemeinsam mit der ersten Frau ihres verstorbenen Mannes, auf einem ziemlich großen eingezäunten Stück Land in El Obeid. Die beiden Frauen sind seit 5 Jahren Witwen. Ihr verstorbener Mann, ein Offizier, hat ihnen und ihren Kindern eine Pension und etwas Land hinterlassen. Sara besitzt ein kleines Haus, mit einem Zimmer, in dem noch die Fensterläden und die Türen fehlen. Ihr Mann starb, bevor er das Haus fertig bauen konnte. Die erste Frau, mit der Sara sich gut versteht, lebt in einem Haus mit zwei Zimmern und einer Veranda. Beide Häuser sind auf demselben Grundstück. Es gibt keine Elektrizität und nur eine Wasserstelle im Hof.

Kindheit

Ich bin im Südsudan geboren. Meine Eltern waren Christen. Ich hatte eine sehr glückliche Kindheit. Mein Vater war Soldat, wie mein späterer Mann. Wir lebten in einem sehr großen, eingezäunten Gelände mit mehreren Hütten. Ich hatte vier Brüder, aber ich war das einzige Mädchen und wurde von meinen Eltern sehr verwöhnt. Leider starb mein Vater früh, und meine Mutter hatte große finanzielle Sorgen. Sie schickte uns trotzdem in die Missionsschule. Zwei meiner Brüder haben auch die Höhere Schule besucht. Ein Bruder ist heute Lehrer, der andere Ingenieur. Zwei Brüder wurden als Soldaten im Bürgerkrieg im Südsudan getötet.

Als ich etwa 15 Jahre alt war, kam ein Armeeoffizier und fragte meine Mutter, ob er mich heiraten könnte. Zuerst hat meine Mutter das abgelehnt, denn sie wollte nicht, dass ihre einzige Tochter

fortgeht. Und auch ich war nicht sehr interessiert, einen „Nordlän-
der" zu heiraten; denn mein zukünftiger Mann kam aus El Obeid
im Nordsudan. Schließlich hat meine Mutter dann doch nachge-
geben. Der Offizier hat viel Brautgeld geboten und gleichzeitig versprochen, dass er mich im Süden bei meiner Mutter zurücklassen
würde, sollte er in den Norden versetzt werden. Aber er hat sein
Versprechen nicht gehalten.

Ehe und Polygamie

Gleich, nachdem er mich geheiratet hatte, wurde ich Muslimin. Als
er nach El Obeid versetzt wurde, musste ich mit ihm gehen. Ich war
ja seine Frau und musste ihm gehorchen. Ich hatte einen Sohn bekommen, und natürlich wollte ich mein Kind nicht allein mit dem
Vater gehen lassen. So ging ich mit meinem Mann nach El Obeid
und lebe bis heute hier.

Als wir in El Obeid ankamen, lebte dort im Hause meines Mannes seine erste Frau mit zwei Töchtern. Die älteste Tochter war älter
als ich. Von dieser Frau hatte er meiner Mutter und mir nie etwas
erzählt. Die erste Zeit in El Obeid wollte ich sterben. Ich hatte großes Heimweh nach meiner Mutter und meinen Freundinnen und
nach dem schönen grünen Süden. Hier war alles gelb und sandig
und heiß.

Aber ich hatte Glück, denn die erste Frau meines Mannes war
sehr nett zu mir. Sie verstand, weshalb ich so traurig war. Sie war
aus einer Nomadenfamilie und wurde verheiratet, als mein Mann
als Soldat in Nordkordofan stationiert war. Sie war auch sehr jung
gewesen und hatte sehr großes Heimweh nach ihrer Familie und
dem freien Nomadenleben gehabt. Sie hat mich verstanden und
sehr getröstet. Nun versorge ich sie, als ob sie meine Mutter wäre,
denn sie ist jetzt alt und hilflos. Was mich wirklich sehr traurig
macht: ich habe meine Mutter nie wieder gesehen. Mein Mann hat
mir immer wieder versprochen, dass er mit mir zu meiner Mutter
reisen würde, aber er hat es nie getan. Er hat mich auch nicht allein
zu ihr reisen lassen. Vielleicht hatte er Angst, dass ich nicht wieder
zu ihm zurückkommen würde. Da hat er wohl recht gehabt. Ich
habe immer noch Heimweh nach dem Süden. Heute, wo ich die
Freiheiten habe zu reisen, ist es zu spät. Meine Mutter ist gestorben

und für den Rest der Familie bin ich eine Fremde. Nur meinen ältesten Bruder, der jetzt in Khartum als Ingenieur arbeitet, werde ich besuchen. Mein Schwiegersohn wird mich mit nach Khartum nehmen. Ich bin sehr aufgeregt: Nach 30 Jahren sehe ich meinen Bruder wieder.

Seitdem ich den Südsudan verlassen habe, war ich immer nur in El Obeid. Ich habe zwar Freundinnen und Nachbarinnen hier und wir besuchen uns gegenseitig. Aber ich fühle mich immer noch als Fremde. Ich habe versucht, mich anzupassen. Ich bin Muslimin geworden. Ich habe mich beschneiden lassen. Auch meine Töchter sind beschnitten. Aber ich bin und bleibe die „Südländerin" für die Leute hier.

Eigentlich war mein Mann ein guter Ehemann. Er hat uns alle immer gut versorgt. Solange er lebte, hatten wir keine Sorgen. Er hat viel Land in El Obeid gekauft. Wir sollten nach seinem Tod gut versorgt sein. Er war in der Nachbarschaft ein sehr geachteter Mann. Aber als er plötzlich starb, haben die Leute uns betrogen. Männer kamen, um unser Land zu kaufen. Da die Pension unseres Mannes sehr klein ist, verkauften wir einiges Land. Aber wir Frauen haben etwas unterschrieben, was wir nicht verstanden. Wir haben den Männern vertraut; denn wer wird Witwen mit Kindern betrügen wollen? Aber sie haben uns betrogen. Wir haben jetzt nur noch dieses Stück Land, auf dem wir leben. Und das auch nur, weil mein Schwiegersohn uns jetzt beschützt.

Mein Mann ist plötzlich gestorben, daher wussten wir nicht, was wir tun sollten. Wir Frauen hatten ja unsere Verwandten nicht in der Nähe. Niemand half uns. Mein Mann hatte gerade angefangen, mir ein kleines Haus auf dem Gelände zu bauen, aber jetzt sind immer noch keine Türen und Fenster in dem Haus, und er ist fünf Jahre tot. Wenn es im Winter kalt ist, dann lebe ich wieder im alten Haus, in dem die erste Frau mit ihrem Enkel lebt.

Kinder

Mein ältester Sohn ist krank. Seine Geburt war sehr schwer. Er und ich, wir haben fast nicht überlebt. Ich glaube, sein Gehirn hat bei der Geburt gelitten, denn er bekommt Depressionen und Anfälle. Er ist keine Hilfe für mich. Im Gegenteil, ich muss mich immer um ihn sorgen. Wir haben meinen Sohn zu einem *Faki* gebracht, um den bösen Geist austreiben zu lassen. Mein Sohn wurde mit einem heißen Eisenstab gebrannt. Er wurde an einen Baum festgebunden und tagelang geschlagen. Aber der Teufel wollte seinen Körper nicht verlassen. Und da habe ich ihn wieder nach Hause geholt. Er war auch im Krankenhaus. Aber da geben sie ihm nur Tabletten, und er schläft die ganze Zeit. Danach schicken sie ihn wieder nach Hause. Er ist dann für einige Zeit gesund, und dann beginnt die Krankheit wieder. Ich habe immer Angst vor dem nächsten Ausbruch.

Meine beiden anderen Söhne sind noch sehr jung und bisher keine Hilfe für mich. Einer ist gerade Soldat geworden wie sein Vater. Der Jüngste geht noch zur Schule. Meine drei Töchter sind eigentlich meine größte Freude. Sie helfen mir, so viel sie können. Nur die Älteste macht mir Kummer. Ihr Mann hat eine zweite Frau geheiratet. Er weigert sich, meine Tochter und ihre zwei Kinder weiterhin zu unterstützen. Nun habe ich ihren ältesten Sohn zu mir genommen, das Baby ist noch bei ihr. Meine Tochter lebt noch bei ihrem Mann. Sie lebt von der Pension ihres Vaters, die sie in Khartum von der Armee abholt und dann verbraucht. Sie bekommt ja kein Geld von ihrem Mann. Aber ich habe auch Probleme hier. Wir brauchen das Geld auch. Sie gibt mir jetzt etwas Geld. Meine Tochter versucht jetzt, eine Arbeit als Sekretärin bei der Armee zu finden. Dann braucht sie die Pension ihres Vaters nicht mehr. Sie will uns dann alles Geld schicken.

Meine beiden anderen Töchter sind kein Problem für mich. Eine Tochter hat vor einem Jahr geheiratet, und ihr Mann unterstützt uns alle. Die zweite Tochter wird hoffentlich auch bald einen so guten Mann heiraten.

Geld und Gold
Gold besitze ich nicht. Geld verdiene ich durch den Verkauf von Frühstücksbroten und Erdnüssen an Schulkinder. Hier in der Nähe ist eine Grundschule. In der großen Pause kaufen die Kinder ihr Frühstück. Ich verdiene nicht viel, aber es hilft doch, unsere Familie zu ernähren Unsere Familie besteht aus der ersten Frau und ihrem Enkel, meiner unverheirateten Tochter, meinen zwei Söhnen,

meinem Enkel und mir. Wenn wir meinen Schwiegersohn nicht
hätten, der uns Geld gibt und alles erledigt, dann wüsste ich nicht,
wie wir es schaffen würden. Leider wohnt er in Khartum. Daher
muss ich vieles allein erledigen. Aber er wird mir für den nächsten
Winter die Türen und Fenster für mein kleines Haus kaufen. Gott
meint es gut mit mir. Da meine Söhne mir nicht helfen können,
sandte er mir einen guten Schwiegersohn.

Verhalten der Männer gegenüber Frauen
Männer können das Haus verlassen, wann immer sie es wünschen.
Sie können arbeiten und sich frei bewegen. Niemand kann ihnen
etwas sagen. Schulbildung bekommen zuerst die Jungen und dann
die Mädchen, die dann oft gar nicht zur Schule gehen können, da
das Geld für die Schuluniformen und Bücher fehlt. Meine Kinder
sind alle zur Schule gegangen, denn mein Mann wollte, dass alle
eine Chance bekommen. Aber als er dann starb, hatten wir kein
Geld für die Schulbücher und die Schuluniform. Ich habe zuerst
die Mädchen von der Schule nehmen müssen. Meine älteste Tochter hat die Schule bis zur Oberstufe besucht. Sie kann jetzt Arbeit
finden. Mein ältester Sohn war niemals in der Schule. Aber wenn er
nicht krank ist, dann arbeitet er als Hilfsmechaniker. Er ist sehr geschickt mit seinen Händen. Mein jüngster Sohn geht noch immer
zur Schule. Der zweite Sohn ist jetzt in der Armee.
    Frauen müssen sich den Männern immer unterordnen. Nur
wenn sie eine gute Ausbildung haben, dann sind sie selbstständig
und brauchen sich nicht alles gefallen zu lassen. Hätte ich die Missionsschule weiter besucht und wäre vielleicht Lehrerin geworden
– alles wäre anders in meinem Leben.

Der „Böse Blick" und andere Geister
Das ist für mich sehr schwierig zu beantworten. Ich wuchs auf als
Christin. Die Missionare sagten uns, es gibt einen Gott und er hat
einen Sohn Jesus. Es gibt den Heiligen Geist und natürlich den
Teufel. Als ich Muslimin wurde, hat sich mein Glaube verändert,
aber nicht viel. Es gibt auch einen Gott – Allah – und den Teufel und viele böse Geister. Mein ältester Sohn ist von einem bösen

Geist befallen, sagen die Leute, und er hat dadurch viele Schwierigkeiten. Ja, ich glaube, es gibt böse Geister, aber ich glaube auch, dass Gott uns hilft, wenn wir ernsthafte Probleme haben.

Zukunft
Mein größter Wunsch ist, dass meine Kinder und Enkel glücklich sind und gesund bleiben. Und dann freue ich mich sehr auf ein Wiedersehen mit meinem Bruder in Khartum. Wenn dann noch mein Haus Türen und Fenster bekommt, dann bin ich wirklich glücklich.

2008
Saras Wünsche sind in Erfüllung gegangen. Sie hat ihren Bruder wieder gesehen. Sie hat die Türen und Fenster für ihr Haus bekommen. Nun lebt sie bei ihrer Tochter und dem netten Schwiegersohn in Khartum. Ihre beiden anderen Töchter und die Söhne leben auch in Khartum. Sara ist zufrieden und glücklich.

HELEN
Obgleich unsere Männer Christen sind, hält es sie nicht davon ab, zwei, drei oder vier Frauen zu heiraten.

Helen ist eine imponierende Erscheinung, groß und schlank, etwa 45 Jahre alt. Sie hat eine tiefschwarze Haut und edle Gesichtszüge. Sie ist zurückhaltend, aber autoritär. Helen stammt aus dem Südsudan. Sie heiratete dort und ging später mit ihrem Mann in den Nordsudan.

Kindheit
Ich bin eine Schilluk und wurde in einem kleinen Dorf ungefähr 10 km von Malakal geboren. Auf dem Lande, in der Dorfgemeinschaft, wächst man mit gewissen Pflichten auf. Alles ist durch die Tradition festgelegt. Die Pflichten eines Mädchens sind etwa folgendermaßen:
Bis zum 7. Lebensjahr kann es sich ziemlich frei bewegen. Aber mit dem 7. Lebensjahr ändert sich das. Die Eltern und Alten erwar-

ten von dem Mädchen, dass es Feuer macht, Wasser holt und allgemein behilflich ist. Die Leute glauben, dass ein Kind schneller als die Alten laufen kann und daher werden hauptsächlich Mädchen dazu benutzt, Sachen zu holen oder wegzutragen.

Auch Jungen haben ihre Pflichten. Sie müssen die Kühe und Ziegen hüten und sind für das Feuer im Tierlager verantwortlich, das die Insekten von den Rindern fernhält.

Wenn ein Mädchen etwa 10 Jahre alt ist, dann erwartet man von ihm, dass es Mehl für den täglichen Gebrauch stampft. Das Mädchen wird von der Mutter angelernt, im Haushalt zu arbeiten. Das sind die von einem kleinen Dorfmädchen erwarteten Arbeiten.

Erziehung/Bildung

Vor etwa 25 Jahren, als ich im Schulalter war, besuchten viele Mädchen aus unserem Dorf die amerikanische Missionsschule. Ich bin mit etwa 10 Jahren zur Missionsschule gegangen. Danach habe ich die Oberschule in Juba und später in Yei besucht. Ich habe die Oberschule nicht beendet, da ich mit 17 Jahren geheiratet habe. Gleich nach der Hochzeit sind mein Mann und ich nach Khartum gezogen und anschließend nach London. In London habe ich einige Lehrgänge in Kranken- und Kinderpflege besucht und einen Erste Hilfekurs gemacht. Wir haben 2 Jahre in London gelebt.

Ich war nicht glücklich in London. Ich habe meinem Mann viel Ärger bereitet, denn ich hatte Heimweh nach meiner Mutter. Ich hatte sehr großes Heimweh.

Als wir in den Sudan zurückkehrten, begannen die ersten Unruhen im Südsudan. Es wurde meinem Mann von der Regierung nicht erlaubt, wieder in den Südsudan zurückzukehren. Er unterrichtet Arabisch für nicht Arabisch sprechende sudanesische Studenten an der Universität Khartum.

Kinder

Ich habe 6 Kinder. Meine älteste Tochter hat schon ihre Universitätsausbildung beendet. Meine zweite Tochter wird dieses Jahr fertig. Die dritte Tochter studiert Medizin und ist jetzt im 10. Semester. Mein ältester Sohn studiert Ingenieurwissenschaft. Mein fünftes

Kind, ein Mädchen, macht gerade das Abitur, und mein jüngster Sohn geht noch zur Schule. Ich bin stolz auf meine Kinder.

Wie lebt es sich als Frau aus dem Süden im Norden des Sudan?
Ich persönlich bin glücklich im Norden. Sudan ist ja schließlich mein Heimatland. Aber natürlich kann man nicht richtig glücklich sein, wenn die eigenen Leute aus dem Süden im Norden generell nicht glücklich sind. Wir haben viele Probleme zu bewältigen. Viele Leute aus dem Süden kommen aufgrund der Unruhen zu uns. Viele Menschen leben oft für eine lange Zeit bei uns in unserem Haus. Einige sagen, dass sie im Norden diskriminiert werden. Ich persönlich habe diese Probleme nie gehabt. Aber ich habe abfällige Bemerkungen gehört und auch Worte, die so dahin gesagt wurden, besonders von Kindern in der Schule. Manchmal hört man: „Du aus dem Süden, was willst du hier im Norden. Du bist doch kein Sudanese." Die Sudanesen haben einen eigenartigen Charakter, sie sagen dir nie direkt, was sie über dich denken. Aber man fühlt und hört dann doch, was sie wirklich meinen.

Beruf
Ich arbeite als Projektmanagerin in Hag Yousif, einem Stadtteil von Khartum, in dem hauptsächlich Vertriebene aus dem Südsudan leben. Wir haben eine Grundschule für Kinder von 4 bis 6 Jahren errichtet. Das ist eine Art Kindergarten. Im gleichen Gebäude werden Erwachsenenbildungskurse für Frauen und Gesundheitsvorsorge für Mutter und Kind abgehalten. Wir planen ebenfalls, obgleich wir gerade klein angefangen haben, ein Programm für Einkommensverbesserung der Frauen.

Was wollt ihr verbessern?
Ja, das ist immer noch das Problem. Wir wollen, dass die Frauen es uns sagen. Wir wollen ihre Vorschläge. Zum Beispiel, wenn sie ein Darlehen von einer internationalen Organisation bekommen, dann könnten sie einen Esel zur Wasserbeförderung kaufen. Eine Frauengruppe könnte diesen Esel verleihen, dadurch Geld verdienen und dann das Darlehen zurückzahlen. Wir haben das vorgeschlagen. Aber wir wollen, dass die Frauen uns Vorschläge machen,

denn wir wollen ihnen nichts aufzwingen. Die Frauen wissen oft nicht, was sie zur Verbesserung ihres Lebensstandards tun können.

Verhalten der Männer gegenüber Frauen

In unserer Tradition ist eine Frau eine Frau. Es wird von ihr erwartet, dass sie im Hause ist und dort alles arrangiert, z.B. kochen, saubermachen und waschen – auch für die Männer. Und natürlich darf sie keine Entscheidung ohne die Zustimmung ihres Mannes treffen. Man muss mit dem Mann alles diskutieren. Dann merkt man manchmal, dass er die Worte gar nicht wahrnimmt. In sehr seltenen Fällen benehmen sich da die gebildeten Männer anders. Einige von ihnen geben zu, dass Mann und Frau sich über bestimmte Dinge einigen sollten. Mein Mann ist sehr verständnisvoll. Wir besprechen alles. Ich kann ebenfalls Vorschläge machen, und er hat meistens nichts dagegen einzuwenden.

Ehe und Polygamie

Wir heiraten keine Verwandten wie die Nordsudanesen. Die Dinka, die Schilluk und auch die Leute aus Equatoria heiraten keine Verwandten. Mein Mann kommt aus derselben Gegend wie ich. Ich glaube, er hat mich lange gekannt, denn ich bin viel jünger als er. Ich kannte ihn nicht. Erst als ich die Schule besuchte, habe ich ihn bemerkt.

Eine Ehefrau sollte jedoch mehr respektiert werden. Zum Beispiel mein Mann könnte sich heute entschließen, eine zweite Frau zu heiraten. Er ist kein Muslim, sondern Christ. Trotzdem könnte er eine zweite Frau heiraten. Christ zu sein, hält unsere Männer nicht davon ab, zwei oder drei Frauen zu heiraten. Oft informieren sie nicht einmal die erste Frau. Das schmerzt sehr. Frauen werden übersehen, und die Männer kümmert es nicht. Sie sagen einfach: Ich habe für dich bezahlt. Bei den Schilluk bezahlt der Mann einen Brautpreis von etwa 10 Rindern, etwas Geld und andere kleinere Dinge. Aber bei den Dinka ist es anders. Der Brautpreis ist abhängig von der Schönheit des Mädchens und von ihrem Familienstatus.

Scheidung

Scheidung ist sehr schwierig. Manchmal denkt man an Scheidung. Der Grund, weshalb Männer sich den Frauen gegenüber gleichgültig verhalten, ist wohl, dass sie wissen, Mütter in Afrika verlassen ihre Kinder ganz selten. Wer würde sich um die Kinder kümmern? Die Männer können den Frauen ihre Kinder nehmen. Bei einer Scheidung haben Frauen kein Recht auf ihre Kinder. Es kommt vor, dass Mütter ihre Kinder bei dem Vater lassen, aber das ist sehr selten. Normalerweise erdulden die Frauen eine schlechte Ehe, auch wenn sie frustriert sind. Außerdem, wenn die Frau den Mann verlässt, dann müssen die Eltern ihm den Brautpreis zurückgeben. Um ihre Familien nicht in Schwierigkeiten zu bringen, erdulden die Frauen die schlechte Behandlung des Mannes. Aber in letzter Zeit entschließen sich immer mehr gebildete Frauen, ihren Mann zu verlassen. Auch wenn sie ihre Kinder dabei verlieren. Doch dies ist eine sehr beunruhigende Situation. Man kann es den Frauen ansehen, dass sie sich Sorgen um ihre Kinder machen. Niemand wird sich um die Kinder kümmern. Die zweite Frau hat kein Interesse an den Kindern der ersten Frau. Weshalb sollte sie sich um Kinder kümmern, die noch eine lebende Mutter haben?

Die Stellung der Frau

Meine persönliche Meinung ist, dass die Freiheit und Gleichheit der Frauen anders zu bewerten sind als die der Männer. Frauen sollten keine Gleichstellung mit den Männern fordern. Aber ich denke, Frauen sollte freie Meinungsäußerung zugestanden werden. Da eine Frau auch ein menschliches Wesen ist, sollte die Gesellschaft verpflichtet sein, sie so zu behandeln. Aber mit einem Mann gleichgesetzt zu werden, ist meines Erachtens nicht möglich. Zum Beispiel: Wenn ich als Mutter in einem Büro arbeite, dann kann ich meine Pflichten nicht im gleichen Maße erfüllen wie ein Mann, der keine Verpflichtung zu Hause hat. Wenn ich nicht verheiratet bin, oder keine weiteren Haushaltsverpflichtungen habe, dann kann ich vielleicht die gleiche Arbeit leisten wie ein Mann. Aber Frauen sollten mehr Freiheit bekommen. Die Frau ist die Grundlage der Familie und jedes Kind, das in einer Familie aufwächst, ist das Ergebnis einer guten Frau. Deshalb sollten Frauen das Recht haben auf

Meinungsäußerung, auf Bildung, auf Entscheidungen in der Familie, auf Mitspracherecht bei Eheschließung und Scheidung!

Weibliche Beschneidung
Im Südsudan haben wir keine weibliche Beschneidung, obgleich gesagt wird, dass einige Leute in Wau ihre Mädchen beschneiden lassen. Aber normalerweise beschneiden wir unsere Mädchen nicht. Ich bin gegen die weibliche Beschneidung.

Der „Böse Blick"
Ich persönlich glaube nicht an den „Bösen Blick", aber unsere Leute im Süden glauben ganz fest daran.

Wie denkst du über Geld und Gold?
(Tiefer Seufzer): Mein ganzes Leben war ich sehr kritisch in Bezug auf Reichtum. Ich kann sagen: Gott hat mir etwas gegeben. Mein Mann verdient gut. Ich kann mich also nicht objektiv äußern. Aber ich kann Leute nicht verstehen, die Geld über alles lieben. Meine persönliche Ansicht ist folgende: Leute mit wenig oder ausreichend Geld haben ein anständiges Benehmen. Man kann sie respektieren. Aber wenn jemand plötzlich eine hohe Stellung wie z.B. einen Ministerposten bekommt, dann sieht man einen ganz anderen Menschen. Menschen in gehobenen Positionen verwandeln sich. Sogar die Gaben, die sie von Gott bekommen haben, werden von ihnen missbraucht. Sie entwickeln einen Charakter, den sie vorher nicht hatten. Deshalb bin ich sehr skeptisch, was Geld und Macht anbelangt. Ich glaube, man möchte immer mehr Geld besitzen, als man hat. Aber Geld kann Menschen verderben. Das glaube ich.

2008
Helen hat eine leitende Position bei einer internationalen Hilfsorganisation bekommen. Sie setzt sich für die Belange der Bürgerkriegsflüchtlinge aus dem Südsudan ein, die am Stadtrand von Khartum leben. Da der Bürgerkrieg zu Ende ist, wird sie demnächst in den Südsudan zurückkehren und sich für die heimkehrenden Flüchtlinge einsetzen.

MARY
Ich habe meinen Mann verlassen. Er hat meine Kinder behalten.

Mary schätzt ihr Alter auf etwa 30 Jahre. Sie ist hübsch, sehr groß und schlank. Mary ist eine Vertriebene aus dem Südsudan. Sie wurde in Yei geboren. Seit einiger Zeit lebt sie in einem Armenviertel am Stadtrand von Khartum in einem kleinen Haus gemeinsam mit Verwandten. Mary hat Glück gehabt, denn sie hat Arbeit als Botin in einem Büro gefunden. Ihr Gehalt ist umgerechnet etwa 30 Euro. Da sie von diesem Gehalt nicht leben kann, braut und verkauft sie heimlich Araki, Schnaps aus Datteln. Das ist im islamischen Norden verboten. Aber viele Frauen müssen sich über die islamischen Gesetze hinwegsetzen, da für sie keine soziale Sicherheit existiert. Wenn die Großfamilie nicht mehr Frauen wie Mary aufnehmen kann, dann muss jede auf ihre Weise für sich und ihre Kinder sorgen. In dem Armenviertel, in dem Mary lebt, sind die Frauen fast alle auf sich allein gestellt. Sie versorgen nicht nur ihre Kinder, sondern auch die Alten. Die Männer kümmern sich kaum um ihre Familien; sie wandern aus oder kämpfen im Südsudan im Bürgerkrieg.

Heirat und Ehe
Ich wurde zu einem Tanz eingeladen, und plötzlich haben mich einige junge Männer entführt. Diese Männer waren der Bruder und einige Freunde meines späteren Mannes. Ich war sehr erschrocken, als die Männer mich forttrugen. Ich schrie und habe mich gewehrt. Keiner kam mir zu Hilfe; denn so etwas passiert schon mal und viele dachten wohl, es sei ein Spaß. Mein Mann bezahlte dann den Brautpreis an meinen Vater, und damit war ich verheiratet.

Ich war noch sehr jung, vielleicht 14 Jahre alt. Mein Mann kam aus dem Nachbardorf und hatte mich beim Tanzen beobachtet. Ich gefiel ihm sehr; deshalb ließ er mich entführen. Ich hatte meinen Mann niemals vorher gesehen. Ich habe ihm drei Kinder geboren. Als mein drittes Kind starb, habe ich ihn verlassen. Ich ließ mich von ihm scheiden, deshalb hat er meine beiden Kinder behalten.

Eine Ehe ist normalerweise für eine Frau etwas Schönes. Aber wenn eine Frau unglücklich ist, wie ich es mit meinem Mann war, dann bereut sie es immer. Ich wollte meinen Mann nie heiraten, aber da er einen hohen Brautpreis bezahlte, hat mein Vater zugestimmt. Ich habe trotzdem versucht, ihm eine gute Frau zu sein.

Scheidung

Ich habe mich von meinem Mann scheiden lassen, weil er keine Verantwortung zeigte. Er hat viele andere Frauen geliebt und ist immer zum Tanzen gegangen. Falls ich einen guten Mann finde, werde ich vielleicht wieder heiraten. Ich bin noch nicht zu alt für eine Ehe. Aber im Moment bin ich glücklich, wie ich bin. Ich bin eine freie Frau und kann tun und lassen, was ich will.

Kinder

Ich habe jetzt drei Kinder, zwei von meinem geschiedenen Mann und eine kleine Tochter von einem anderen Mann. Ich möchte, dass meine Kinder eine gute Ausbildung bekommen, damit sie sich in Zukunft selbst helfen können. Da ich nur wenig verdiene, kann ich meinen Kindern im Südsudan nicht helfen. Ich habe gehört, dass mein ältester Sohn die Schule verlassen hat, um als Assistent eines Lastwagenfahrers zu arbeiten. Darüber bin ich nicht glücklich, denn wenn mein Sohn seine Schulbildung beenden würde, dann hätte er eine Chance im Leben. Seine Schwester geht noch zur Schule. Ich kann nur hoffen, dass sie weiterhin dort bleiben wird. Ich habe nur die Dorfschule besucht. Mit meiner Schulbildung bekomme ich keine gute Arbeit. Aber ich bin schon froh, dass ich diese Arbeit als Botin bekommen habe. Außerdem arbeite ich noch nebenbei, um mein Einkommen zu verbessern.

Beruf und Hausarbeit

Ich muss mir meine Arbeit genau einteilen. Wenn ich von der Arbeit komme, dann koche ich das Essen für mich und meine kleine Tochter. Sie wird von einer Freundin beaufsichtigt, während ich arbeite. Die restliche Hausarbeit mache ich an meinem freien Tag. Wir Frauen in unserer Wohngegend sind alle arm, aber wir helfen uns gegenseitig. Fast alle Frauen sind aus dem Südsudan und unsere Männer kämpfen entweder im Süden, sind tot oder sie haben ihre Familien verlassen.

Ausbildung

Frauen sollten eine gute Ausbildung haben, daher lerne ich Englisch in einer Abendschule der Kirche. Frauen sollten auch Büroarbeiten machen können, dann können sie den Männern auch etwas sagen. Es ist auch besser für die Männer, wenn Frauen einen Beruf haben, dann können sie sich die Pflichten in einer Familie teilen, und dadurch entsteht auch gegenseitiger Respekt.

Verhältnis Männer/Frauen

Männer sollten mehr Verantwortung zeigen und Frauen respektieren. Sie sollten mutig und tapfer sein, um schwierige Probleme lösen zu können. Ein Mann, der sich so verhalten würde, hätte meinen Respekt. Männer sollten keine Macht über Frauen haben, denn Frauen können alles schaffen wie Männer, wenn sie nur die gleichen Bildungschancen hätten.

Weibliche Beschneidung

Ich bin Christin und ich bin nicht beschnitten. Unser Volk beschneidet keine Mädchen, obgleich seit kurzem Städterinnen im Südsudan es modisch finden, sich beschneiden zu lassen. Sie lassen auch ihre Töchter beschneiden.

Religion

Die Religion hilft mir, meine Probleme zu vergessen, denn ich vermisse meine beiden Kinder sehr. Ich gehe daher oft in die Kirche. Ich bin auch Mitglied in einer Frauengebetsgruppe. Ja, meine Religion hilft mir sehr. Ohne die Kirche würde ich hier im Nordsudan verzweifeln. Ich vermisse die schöne Natur des Südens, meine Verwandten. Ich habe Heimweh.

Zukunft

Ich habe etwas Geld auf der Bank für unerwartete Notlagen. Ich hoffe, dass der Bürgerkrieg bald zu Ende geht, dann werde ich nach Hause zu meinen Kindern fahren.

2008
Mary ist nicht auffindbar. Höchstwahrscheinlich ist sie wieder in den Südsudan zurückgekehrt, nachdem der Bürgerkrieg endete.

ROSE
Ich bin geschieden und genieße die Freiheit.

Rose ist 35 Jahre alt und gehört zu den Kakwa – einem Volk im Südsudan. Sie hat die Missionsschule bis zur Oberstufe besucht. Durch den Bürgerkrieg ist Rose als Vertriebene nach Khartoum gekommen und wohnt jetzt am Stadtrand in einem Armenviertel. Dort leben hauptsächlich Vertriebene aus dem Südsudan. Rose ist geschieden und lebt mit ihrem Sohn allein. Sie ist sehr zurückhaltend. Aber selbstbewusst antwortet sie präzise und ohne Umschweife auf die Fragen.

Ehe
Ich kannte meinen Mann vor der Ehe, aber nur kurz. Wir haben uns einige Mal getroffen und uns dabei verliebt. Bald darauf haben wir beschlossen zu heiraten. Eine Ehe ist gut für eine Frau. Leider war meine Ehe nicht erfolgreich. Wir haben uns getrennt. Ich hätte meine Ehe gern noch fortgesetzt, aber mein Mann hat mich verlassen.

Scheidung
Die Trennung von meinem Mann ist mehr oder weniger eine Scheidung. Ich konnte mich nicht mit der Familie meines Mannes verstehen. Sie beschwerte sich bei meinem Mann über mich. Er hat auf seine Familie gehört und mich verlassen. Ich könnte wieder heiraten, wenn ich wollte, aber im Moment genügt mir mein Sohn. Ich bin sehr glücklich, völlig unabhängig zu sein. Ich brauche mir jetzt keine Anschuldigungen mehr von meinen Schwiegereltern anzuhören. Ich genieße meine Freiheit.

Arbeit/Beruf
Ich habe ein kleines Privatunternehmen. In der Vergangenheit habe ich Bier in Juba gebraut und es in Khartum verkauft. Aber seitdem wir hier das strenge islamische Gesetz haben, ist es verboten Alkohol zu verkaufen. Jetzt verkaufe ich Produkte, die aus Kenia eingeführt sind. Ich habe Verbindung durch meine Familie im Süden, die mir die Sachen über die Grenze aus Kenia besorgt. Während ich arbeite, habe ich eine Hilfe im Haushalt. Eine Verwandte von mir

kocht und putzt für mich. Ich habe da keine Probleme. Meine Rolle als Ehefrau wäre natürlich anders. Dann wäre ich für die ganze Hausarbeit verantwortlich wie kochen, putzen, und gute Nachbarschaft halten. Ich müsste meine Probleme ohne Streit regeln. Jetzt habe ich es aber viel besser. Ich bin eine freie Unternehmerin, und ich verdiene mein eigenes Geld.

Religion und Beschneidung
Ich bin praktizierende Christin. Ich gehe jeden Sonntag in die Kirche und nehme an allen kirchlichen Festen teil. Das Lesen der Bibel und beten hilft mir, über meine Probleme hinwegzukommen. Als Christin bin ich nicht beschnitten. Ich halte auch nichts von der Beschneidung. Im Südsudan wird die Beschneidung nicht praktiziert. Ausnahmen sind Frauen, die muslimische Männer aus dem Norden heiraten; sie lassen sich vor oder nach der Heirat beschneiden und ihre Töchter auch.

Gleichheit von Männern und Frauen
Ich glaube, dass Frauen und Männer gleich sind. Frauen sollten daher die gleichen Bildungschancen wie Männer haben. Aber Männer und Frauen haben verschiedene Pflichten in der Gesellschaft. Der Mann ist verantwortlich für die Probleme außerhalb des Hauses, und die sollte er sicher und friedlich lösen. Die Frau hat ihre Verantwortung innerhalb des Hauses. Aber Männer sollten keine Macht über Frauen ausüben. Das ist Sklaverei. Männer sollten Verantwortung zeigen und sonst nichts. Ich glaube an die Gleichheit von Frauen und Männern, aber die meisten Männer sind davon nicht überzeugt.

Geld und Gold
Ich habe weder Gold noch Geld, aber mein Sohn hat etwas Land geerbt. Daher spare ich Geld, um ein Haus für meinen Sohn zu bauen. Wenn ich alt bin, dann werde ich dort leben, und mein Sohn und seine Familie werden mich versorgen.

2008
Über Rose gibt es keine weiteren Informationen.

NADIA
Die Rolle der Männer in der Gesellschaft ist groß und wichtig.

Nadia ist 24 Jahre, sehr gut aussehend und fröhlich. Sie stammt aus Wau, einer Stadt im Südsudan, und sie gehört zum Volk der Indogo. Aufgrund der Unruhen des Bürgerkrieges im Südsudan ist Nadia mit ihrer Familie nach Khartum gezogen. Sie ist mit ihrer Ehe und ihrem Leben in Khartum zufrieden.

Kindheit
Ich hatte eine sehr schöne Kindheit. Mein Vater war Regierungsbeamter und als Christ hatte er nur eine Frau, meine Mutter. Ich wuchs mit zwei Brüdern und einer Schwester in Wau auf. Dort habe ich auch bis zu meiner Heirat die Missionsschule besucht.

Ehe
Ich bin seit 6 Jahren verheiratet. Mein Mann ist der Bruder meiner Freundin. Als ich 18 Jahre alt war, zeigte mir meine Freundin Fotos von ihrem Bruder, und er gefiel mir. Nach ein paar Tagen wurde ich ihm vorgestellt. Wir waren dann einige Zeit bekannt, haben uns verlobt, und als wir uns gut kannten und liebten, haben wir geheiratet. Verheiratet sein ist sehr schön, denn man wird respektiert und hat viel Verantwortung. Als verheiratete Frau bin ich zum Beispiel verantwortlich für die Hausarbeit, dazu gehört kochen und putzen und alles andere, was man von einer Hausfrau erwartet. Außerdem muss ich mich um meinen Mann und die Kinder kümmern. Wenn ich Probleme mit den Verwandten habe, dann versuche ich, es ruhig und ohne laute Worte zu regeln. Das ist nicht immer einfach, aber als gute Ehefrau sollte man sich an die Regeln der Gesellschaft halten.

Scheidung und Polygamie
Über Scheidung kann ich nicht sprechen. Das ist ein sehr schwieriges Thema. Zweitfrauen sind ein Problem. Keine erste Frau wird glücklich über eine Zweitfrau sein. Sie wird niemals wieder das gleiche Gefühl für den Mann haben. Wenn man in der Kirche geheira-

tet hat, erwartet man keine Zweitfrau. Auch wenn die Gefühle und das Benehmen des Mannes gegenüber seiner ersten Frau vielleicht gleich bleiben. Die Gefühle der Frau, die ihren Mann mit einer anderen teilen muss, werden niemals die gleichen sein.

Männer
Der verheiratete Mann ist verantwortlich für die Kinder. Wenn sie krank sind, dann muss er mit ihnen zum Arzt oder ins Krankenhaus gehen. Er muss Kleidung für die Kinder kaufen und sie zur Schule bringen. Er muss die Nahrungsmittel einkaufen. Generell spielen Männer eine große Rolle in der Gesellschaft. Es gibt Dinge, die nur ein Mann machen kann. In einer Familie hat ein Mann mehr Verantwortung als die Frau. Die Rollen des Mannes in der Gesellschaft sind daher groß und wichtig.

Kinder
Ich habe drei Kinder, zwei Jungen und ein Mädchen. Sie sind noch sehr klein. Ich möchte sie so erziehen, dass sie alle Menschen, ob jung oder alt, respektieren. Die Kinder sollen in der Schule gut lernen, damit sie sich später im Leben selbst versorgen können, ein verantwortungsvolles Leben führen und eine gute Zukunft haben.

Ausbildung und Arbeit
Ich habe die Schule bis zur Oberstufe besucht, aber ich habe keinen Beruf. Als ich heiratete, war ich noch ein Schulmädchen. Daher habe ich keine Berufsausbildung. Jetzt habe ich meine Kinder zu versorgen. Ich glaube, es ist sehr gut, wenn Frauen gebildet sind, da sie dann mit den Männern in einen Wettbewerb treten können, z.B. in der Büroarbeit. Ja, ich glaube, dass Frauen berufstätig sein sollten; denn Frauen sind fähig zu arbeiten. Sie sind oft besser als Männer.

Religion und Beschneidung
Ich bin keine Muslimin, ich bin Christin. Meine Religion hilft mir sehr. Die Religion hilft mir, mein Leben zu ordnen. So kann ich meinen Kindern beibringen, wie sie sich zu verhalten haben, um gute Menschen zu werden. Meine Religion gibt mir Kraft und Glück.

Ich bin Christin, aber ich bin trotzdem beschnitten; denn die Städterinnen von Wau möchten es den Frauen aus dem Norden gleichtun. Sie halten es für richtig. Es ist die feine Art der Städterinnen. Die Beschneidung machte die Geburt meiner Kinder zur Qual.

Geld und Gold
Ich besitze wenig Gold. Dieses Gold spare ich für unser Haus, falls mein Mann nicht genug Geld verdient. Wenn das der Fall sein sollte, dann werde ich mein Gold verkaufen, denn das Haus wird unser zukünftiges Heim sein.

2008
Nadja hat seither sechs Kinder. Sie ist noch immer zufrieden mit ihrem Leben als Hausfrau, Mutter und nun auch Großmutter.

LIZA
Eine verheiratete Frau ist in einer sehr glücklichen Lage, denn sie wird geschätzt und respektiert.

Lzsa ist etwa 25 Jahre alt, groß, attraktiv und sehr aktiv. Sie ist eine Kakwa. Die Kakwa leben teils im Sudan, teils in Uganda. Daher sind sie vom Bürgerkrieg besonders hart betroffen. Lisa ist mit ihrer Familie nach Khartum geflüchtet.

Kindheit und Bildung
Ich hatte eine glückliche Kindheit. Meine Geschwister und ich lebten mit meinen Eltern in einem kleinen Dorf. Ich bin in eine Missionsschule gegangen und habe den Abschluss der Mittleren Reife. Ich arbeite jetzt als Schreibkraft. Ausbildung ist sehr wichtig, denn durch meine Ausbildung kann ich jetzt arbeiten und dafür sorgen, dass meine Kinder eine noch bessere Ausbildung erhalten. Frauen sollten immer die Chance haben, die gleiche Ausbildung wie die Männer zu erhalten. Dadurch können sie helfen, die Familie zu unterstützen.

Ehe

Mein erster Mann und ich, wir haben aus Liebe geheiratet. Aber dann wurde ich nicht schwanger, und die Verwandten meines Mannes dachten, es sei meine Schuld. Sie haben mich nicht zufrieden gelassen. Immer wieder haben sie mich belästigt. Ich wurde gezwungen, meinen Mann zu verlassen. Später traf ich meinen jetzigen Mann, er ist auch ein Kakwa. Wir haben jetzt drei Töchter und einen Sohn. Eine verheiratete Frau ist in einer sehr glücklichen Lage, denn sie wird geschätzt und respektiert.

Kinder

Ich wünsche, dass alle meine Kinder, die Mädchen und der Junge, die Universität besuchen, damit sie gute Stellungen bekommen. Ich sehe es als meine wichtigste Aufgabe an, meinen Kindern eine gute Ausbildung zu geben; erst danach kommen mein Mann und der Haushalt. Für eine Mutter sind die Kinder das Wichtigste im Leben.

Beruf

Meine älteste Tochter hilft mir beim Kochen und der Hausarbeit. Ich mache morgens den Tee, bevor ich zur Arbeit gehe. Schwere Arbeit wie waschen mache ich an meinem freien Tag. Mein Mann unterstützt mich ebenfalls, wenn z.B. meine älteste Tochter oder ich nicht zu Hause sind, dann kocht er für sich selbst und die Kleinen. Und wenn eines der Kinder krank ist, dann fährt er mit dem Kind zum Arzt.

Gleichheit von Männern und Frauen

Da Frauen das Gleiche tun können wie die Männer, sollten sie auch gleich behandelt werden. Aber in unserer Gesellschaft sind die Rollen der Männer und Frauen verschieden. Männer z.B. fühlen sich verantwortlich für Frauen. Sie sollen die Frauen respektieren, sollen sie gut versorgen, und sie sind verantwortlich für alles außerhalb des Hauses, z.B. müssen sie sich darum kümmern, dass Wasser und Licht vorhanden sind. Aber es sollte den Männern Grenzen in ihrer Macht gesetzt werden. Einige Männer sind schwierig. Sie glauben, dass sie Macht über Frauen ausüben sollten. Ich glaube, dass Männer wie Frauen jeweils ihren Rang in der Gesellschaft haben, doch beide Geschlechter sind gleichberechtigt.

Wie denkst du über die weibliche Beschneidung?
Ich bin Christin und bei unserem Volk ist es nicht üblich, Mädchen zu beschneiden. Einige Mädchen heiraten Muslime und lassen sich nach der Heirat beschneiden. Sie nehmen dann auch die Religion ihrer Männer an. Meiner Ansicht nach ist die weibliche Beschneidung nicht gut. Aber es bleibt den Frauen selbst überlassen, wenn sie erwachsen sind und die Beschneidung für sich wünschen, dann soll man sie lassen. Aber man sollte kein Kind beschneiden, denn es weiß ja nicht, was mit ihm geschieht.

Religion
Ich bin sehr religiös und gehe jeden Sonntag in die Kirche. An jedem Dienstag besuche ich noch die Frauen-Gebetsstunde, und an jedem Freitag gehe ich zu Gottesdiensten, die in meiner Volkssprache abgehalten werden. Mein Geist ist daher mit guten Gedanken und Glück reichlich versehen. Das gibt mir viel Kraft für mein Leben.

2008
Liza ist weiterhin glücklich verheiratet. Sie hat eine gute Stelle als Sekretärin bei einer internationalen Hilfsorganisation. Ihre Kinder besuchen die Oberschule bzw. studieren an der Universität Khartum.

AMIRA
Ohne Bildung keine Entwicklung, daher benötigen Frauen zuerst Bildung.

Amira, 45, groß und schlank, ist sehr beeindruckend in ihrem Selbstbewusstsein und ihrem Stolz. Sie ist die Tochter ihres Vaters – eines Brigadegenerals – das ist nicht zu übersehen. Der Vater stammt aus dem Nordsudan, die Mutter aus dem Süden. Amira steht zwischen beiden Kulturen. Dem Aussehen nach folgt sie ihrer Mutter. Sie ist sehr dunkelhäutig, mit feinen Gesichtszügen. Im Charakter folgt sie ihrem Vater. Selbstbewusst sitzt sie da, schlägt die Beine übereinander und zündet sich eine Zigarette an. Dann entspannt sie sich und beginnt zu sprechen.

Kindheit
Zunächst muss ich Einzelheiten meines Familienhintergrunds erzählen; denn der hat meine Kindheit sehr beeinflusst. Der Vater meiner Mutter war aus dem Südsudan und ebenfalls Brigadegeneral, wie mein Vater. So kam die Verbindung zwischen meinen Eltern zustande. Mein Vater und sein Schwiegervater, mein Großvater, waren Freunde. Daher hatte mein Vater sehr gute Verbindungen und viel Verständnis für den Südsudan. Die Einigung des Nordens mit dem Süden war ständig das Bemühen meines Vaters.

Ich habe zwei Brüder und eine Schwester. Nach seiner Pensionierung begann mein Vater ein Projekt in Sennar. Er begann Baumwolle anzupflanzen. Dadurch hat er sehr gute wirtschaftliche Sachkenntnisse erlangt. Er hatte auch sehr gute Verbindungen zu Führern in Ägypten sowie dem Süd- und Nordsudan. Das alles beeinflusste die Verbindung zwischen den Familien meiner Mutter und meines Vaters. Aber die Familien waren nicht mit der Ehe meiner Eltern einverstanden. Sie hielten nichts davon, dass ein Mann aus dem Norden eine Frau aus dem Süden heiratet. Sie war die Frau aus dem Süden, obgleich meine Mutter im Norden geboren wurde, dort aufgewachsen ist und ihre Mutter sudanesisch-ägyptischer Abstammung ist. Bis heute gibt es große Probleme zwischen unseren Familien. Unsere Familien sind das beste Beispiel, wie groß die Differenzen zwischen Nord- und Südsudan sind.

Probleme zwischen Nord- und Südsudanesen – was sind deine Erfahrungen?
Die Frage, zu welcher Seite ich mich hingezogen fühle, ist für mich kein Problem, sondern eine Sache des Wissens. Wir sind alle menschliche Wesen. Man sollte einen Menschen nach seiner Lebensweise, seiner Erziehung, seinem Verständnis gegenüber anderen Kulturen, seinem Bemühen und seinen Taten sowie seiner Liebe zu seinem Land beurteilen. So beurteile ich einen Menschen. Es ist nicht wichtig, ob man vom Norden oder Süden ist, afrikanisches

oder arabisches Blut in sich hat. Heute ist nicht die Zeit für solche Probleme.

Ich muss jedoch sagen, dass die Nordsudanesen die Südsudanesen nicht korrekt behandeln. Sie benutzen noch immer das Wort *abd*, das „Sklave" bedeutet. Ich kann hier ein Beispiel angeben. Bei einer wichtigen Konferenz über die Probleme zwischen Nord- und Südsudan, an der ich teilnahm, hörte ich Folgendes: „Sieh dir doch diesen Sklaven an!" Dies wurde von einem Konferenzteilnehmer aus dem Norden über einen Südsudanesen gesagt, der einen Vortrag hielt. Diese Art der Anspielungen haben meine ganze Kindheit beeinflusst; denn meine Mutter ist aus dem Süden, und ich habe auch eine sehr dunkle Hautfarbe. Es wird immer wieder die Entschuldigung hervorgebracht, dass die Kolonialmächte die Wurzeln gesetzt hätten für die Differenzen zwischen Norden und Süden. Aber wir haben unsere Unabhängigkeit seit 1956. Und noch heute werden wichtige Ministerposten wie Außen- und Innenminister, Verteidigungsminister, nur mit Nordsudanesen besetzt, und die weniger wichtigen Ministerien werden an Südsudanesen vergeben.

Bildung

Mein Vater war sehr fortschrittlich. Alle seine Kinder, Jungen wie Mädchen, haben die gleichen Ausbildungschancen bekommen. Während der Grundschuljahre war ich bei den katholischen Schwestern, als Mittelschülerin besuchte ich die Regierungsschulen, und meine letzten Schuljahre verbrachte ich auf der Unity Highschool. Mein Vater war sehr frei denkend in seiner Weltanschauung und hat uns diese Freiheit des Denkens und Handelns übermittelt. Daher bin ich so erfolgreich, Gott sei Dank! Meine beiden Brüder sind ebenfalls zur Armee gegangen. Der eine hat Rechtswissenschaft studiert und ist ebenfalls ein Brigadegeneral. Meine Schwester hat sofort nach ihrem Oberschulabschluss geheiratet.

Ich habe die Höhere Handelsschule besucht und dann gearbeitet. Aber dann habe ich mich sehr mit Politik befasst und wechselte meine Arbeit. Ich wurde für Sport-Aufgaben bei der Regierung angestellt und in Ägypten und Nordkorea in Sport ausgebildet. Ich trainierte Gymnastik in Verbindung mit der politischen Entwicklung des Sudan. Zum Beispiel, was das Land in der Landwirtschaft erreichte, wurde durch Sportveranstaltungen vorgezeigt. Das war unter der Regierung Nimeiris, des vor Kurzem gestürzten Präsidenten. Ein sozialistisches System halte ich für sehr gut, besonders da es die Jugend inspiriert. Jugendgruppen aus allen Teilen des Landes machen die Übungen gemeinsam. Das entwickelt ein Gefühl der Einheit. Es ist Sport, und gleichzeitig lernt die Jugend etwas über Landwirtschaft. Dadurch wird die Jugend motiviert, in den Ferien in der Landwirtschaft zu arbeiten. Wir haben mehrmals erfolgreich mit Jugendlichen in verschiedenen Teilen des Landes gearbeitet.

Danach habe ich dann Sozialwissenschaften an der Universität Khartum studiert und wurde Direktorin für Ausländische Angelegenheiten im Jugend- und Sportministerium. Kurz nach dem Sturz der Militärregierung wurde ich jedoch in den Ruhestand versetzt; denn ich sage, was ich denke, und das hat der heutigen Regierung nicht gepasst. Ich mag nicht unter dem Druck irgendeiner politischen Partei sein. Ich bin weder rechts noch links, aber ich liebe mein Land sehr. Ich mag keinen Zwang!

Ehe und Scheidung

Ich habe 1979 geheiratet und ich habe einen Sohn. Er ist heute 11 Jahre alt. Ich bin jetzt geschieden. Mein Mann und ich, wir haben uns ganz ruhig entschlossen, uns zu trennen. Es ging alles sehr friedlich vonstatten. Mein Mann ist Regierungsangestellter. Er ist ein guter Mann, aber der Unterschied in unserer Kultur, das war unser großes Problem. Er ist Nordsudanese und steht politisch sehr rechts. Und dann die wirtschaftlichen Probleme des Landes, das unsichere Leben vieler Sudanesen, das hat alles unser Eheleben beeinflusst. Wir hatten Meinungsverschiedenheiten, und wie ich schon sagte, mein Vater hat mich sehr frei erzogen. Das hat mir sehr viel Selbstsicherheit gegeben, und dann ist es sehr schwierig, mit einem sudanesischen Mann zusammenzuleben. Aufgrund meiner Erfahrung und aufgrund von Diskussionen mit anderen sudanesischen Frauen denke ich, dass eine Ehe für sudanesische Männer nur eine sexuelle Vereinigung ist. Verbal nennen sie es Partnerschaft, aber im praktischen Leben ist es nur das Sexuelle, was wirklich zählt. Ich möchte dagegen lesen, diskutieren, und außerdem bin ich sehr ehrgeizig. Das waren Gründe, die nicht mit den Vorstellungen meines Mannes übereinstimmen.

Ich kannte meinen Mann, bevor wir heirateten. Er kommt aus demselben Stadtteil in Omdurman wie ich. Unsere Familien waren miteinander bekannt, aber wir sind nicht verwandt. Er ist ein Baggara aus Kordofan. Ich hatte freie Wahl, ich konnte meinen Mann auswählen. Ich sagte schon, meine Eltern waren anders als normale sudanesische Eltern.

Männer und Polygamie
Polygamie! (Amira lacht verbittert.) Lass uns zuerst über den Mann sprechen. Der sudanesische Mann übernimmt die Ansichten seiner Eltern. Er denkt zuerst an seine Bequemlichkeit. Ist er reich, dann wird er daran denken, wer nun sein Geld erben soll, und daher wird er eine Verwandte heiraten. Danach hat er in seinen Gedanken und in seinem Herzen den Wunsch, eine andere Frau zu heiraten. Die erste Frau ist für das Erbe und die zweite für die Liebe. Mit den dann noch folgenden Frauen will er signalisieren: Seht, ich bin reich, ich kann mir vier Familien erlauben. Er will seine Familie vergrößern, deshalb heiratet er mehrere Frauen und zeugt weitere Kinder. Wirtschaftliche, soziologische und psychologische Faktoren spielen eine große Rolle dabei.

Du fragst, ob intellektuelle Männer anders denken? Nein, gar nicht. Wenn sie es sich leisten könnten, dann würden sie mehr als eine Frau heiraten. Oder sie sitzen mit ihrer Familie in einer Riesenvilla, aber zwischen den Partnern ist kein emotioneller Kontakt. Die meisten Ehen im Sudan sind nur Schau nach außen, keine Partnerschaft. Zu Anfang denken sie, es ist Partnerschaft und Liebe. Sie treffen sich an der Universität oder bei der Arbeit, aber später ... Am Anfang versprechen die Männer Liebe und alles andere. Aber wenn sie verheiratet sind und die Frau hat ihr Haus betreten, dann werden alle Versprechungen vergessen.

Eine zweite Frau zu akzeptieren, ist für jede Frau mit sehr vielen Problemen verbunden. Es ist ein sehr schlimmes Gefühl für sie; denn Frauen – und ich spreche hier nicht nur von sudanesischen Frauen – sind allgemeinen sehr treu. Ihr Ziel ist es, eine gute und glückliche Familie zu haben. Frauen leiden viel zuviel.

Du möchtest wissen, weshalb denn eine Frau einen Mann heiratet, der schon verheiratet ist? Ja, vielleicht ist da etwas, was sie an ihm attraktiv findet, sein Geld, seine schönen Worte. Vielleicht hat er eine gewisse Ausstrahlung. Man weiß nicht, wie er es schafft, dass sie zustimmt. Vielleicht ist es auch der Druck ihrer Familie.

Frauenbewegung

Die Frauenbewegungen versuchen, die Lage der sudanesischen Frauen zu verbessern, aber es ist nicht so leicht. Der Islam hat einen sehr großen Einfluss, er gibt die Macht den Männern. Deshalb glaube ich, dass es im Moment nicht so einfach ist, hier viel zu tun. Aber ich glaube, dass Bildung sehr wichtig ist, und nur auf diesem Wege können Frauen sich selbst helfen.

Weibliche Beschneidung

Bei der Bekämpfung der weiblichen Beschneidung wurde viel getan. Viele Komitees haben erfolgreich gearbeitet und die Verbreitung der Beschneidung unterbrochen. Es ist ganz klar, dass im städtischen Bereich die weibliche Beschneidung fast nicht mehr vorkommt. Auch in den ländlichen Regionen wird es weniger. Prozentual wird es weniger. Aber da ist eine Sache: die Männer sind noch immer ein Problem. Die Ehe ist für sudanesische Männer nur eine sexuelle Vereinigung, sodass die Beschneidung für sie nützlich ist. Ich glaube, die Männer haben bei einer beschnittenen Frau ein sehr großes sexuelles Vergnügen. Die Frau leidet sehr dabei. Die Beschneidung war früher eine Frauensache, aber das ist jetzt anders. Heute werden Mädchen oft nicht mehr beschnitten. Aber Frauen opfern sich immer. Eine Frau möchte, dass ihr Mann glücklich ist, und oft nach der Heirat möchte der Mann zu seinem Vergnügen, dass seine Frau sich beschneiden lässt. Und sie wird es tun. Aber es ist dann die Entscheidung der Frau selbst. Viele unbeschnittene Frauen lassen sich nach dem ersten Kind beschneiden. Die Beschneidung kann nur durch Aufklärung und Bildung der Frauen und natürlich auch der Männer unterbunden werden.

Doch die weibliche Beschneidung ist heutzutage nicht unser Hauptproblem, sondern eines unserer Probleme. Wir haben große wirtschaftliche Probleme. Frauen stehen unter sehr starkem wirtschaftlichen Druck. Dadurch fehlt ihnen die Unabhängigkeit für Entscheidungen. Die größten Schwierigkeiten im Sudan sind wirtschaftlicher Art. Wenn wir diese Schwierigkeiten unter Kontrolle haben, dann können wir auch andere Probleme wie die Beschneidung lösen.

Der „Böse Blick" und Zar

Natürlich glaube ich nicht an den „Bösen Blick", obgleich er im Koran erwähnt wird. Ich habe mehrere *Zar*-Feste besucht. Frauen trinken das Blut von geschlachteten Tieren, Blut von Tauben und Hammeln. Es ist kaum zu glauben, wenn sie vom *Zar* besessen sind, machen sie so unheimlich starke und ungewöhnliche Bewegungen, die sie niemals in normaler Geistesverfassung machen könnten. 70-jährige Frauen springen in Trance hier und da hin. Man sagt, dass diese Frauen vom *Zar* besessen sind, und der wird diese Frauen nur verlassen, wenn seine Wünsche erfüllt werden. Die Wünsche sind sehr bescheiden. Sie reichen vom Alkohol über Kleidung und Schmuck, und oft tanzen die Frauen auch nur in Männerkleidung. Ich glaube, dass viele Frauen zum *Zar* gehen, weil sie nichts anderes zu tun haben. Wenn man beschäftigt ist, produktiv in der Arbeit, dann braucht man nicht zum *Zar* zu gehen. Ich glaube nicht an *Zar*. Ich habe keine Zeit für diese Dinge. Aber ich glaube, dass es einen Teufel gibt, und wenn man nicht aufpasst, dann kann er von einem Besitz ergreifen.

Geld und Gold

Geld ist für mich wichtig, um meine Bedürfnisse zu befriedigen, aber es ist nicht mein Leben. Wenn ich genügend Geld zum Leben habe, so genügt mir das. Viel Geld würde mir nur Sorgen bringen. Meine Mutter hat viel Gold. Sie hat auch sehr viel für mich gesammelt. Aber ich trage es nicht, da ich Goldschmuck nicht mag.

Status von Mann und Frau

Wir gehen mit der Zivilisation, mit der Welt; denn wir sind von der übrigen Welt nicht abgeschlossen. Ich glaube an die Gleichheit von Männern und Frauen. Im Islam, in der *Scharia*, haben die Frauen nicht die gleichen Rechte. Aber heutzutage sollten Frauen gleiche Rechte haben. Die *Scharia* passt sich der Modernität nicht an. Besonders in Ländern wie dem Sudan, mit gesellschaftlichen und wirtschaftlichen Problemen, sollten wir Frauen uns zusammentun und um gleiche Rechte kämpfen. Frauen sollten mehr Chancen bekommen, um an der Entwicklung ihres Landes teilnehmen zu können. Einer der Hauptgründe der Unterentwicklung im Sudan ist, dass Frauen nicht die gleichen Chancen wie Männer haben. Obgleich im Augenblick viele sudanesische Männer die islamischen Gesetze in ihrem Kopf haben, so sollte sie dies doch nicht davon abhalten, Frauen zu erlauben, berufstätig zu sein, damit sie bei der Entwicklung des Landes mithelfen können.

Religion und Politik

Außerhalb des Hauses tragen die Mädchen in Khartum heute die sogenannte „Islamische Bekleidung". Ich glaube, das hat nichts mit der neuen islamischen Bewegung zu tun, es ist einfach Mode. Aber die National Islamic Front benutzt dies, um die Jugend zu beeinflussen. Die Politik der National Islamic Front ist sehr klug. Sie beginnen schon in der Schule die Kinder zu beeinflussen. Kinder sind sehr leicht zu beeinflussen. Dieser Einfluss geht dann automatisch weiter über die Oberschulen an die Universitäten. An der Universität sind die Muslimbrüder und -schwestern in der Mehrzahl. Sie haben viel Geld zur Verfügung. Sie unterstützen arme Studenten und Studentinnen finanziell. Der größte Teil der sudanesischen Studierenden stammt aus ärmlichen Verhältnissen. Sie benötigen Geld, um ihr Studium zu finanzieren. Die National Islamic Front benutzt diesen Konflikt der jungen Menschen, um ihre Macht zu verbreiten. Sie beeinflussen auf diese Weise nicht nur Studenten und Studentinnen, sondern auch andere Menschen. Die Menschen fühlen sich verpflichtet, Mitglied in der Vereinigung zu werden. Oder sie werden zumindest Sympathisanten. Nach dem Ende des Studiums werden die Mitglieder bei der Arbeitsbeschaffung unterstützt. Die National Islamic Front hat überall ihre Leute in hohen Positionen. Ich sehe in dieser Entwicklung eine Gefahr, da sie einseitig ist und wir unsere Demokratie verlieren könnten.

Was sind deine Wünsche für die Zukunft?

Mein Sohn ist der Sudan. Wenn der Sudan eine gute Zukunft hat, dann hat mein Sohn auch eine gute Zukunft. Ich möchte mich auf Frauen und Entwicklung konzentrieren. Ich werde mich mit den sudanesischen Frauen befassen. Ich habe beobachtet, dass bei dem letzten Regierungsabkommen keine Garantie für die zukünftige Sicherheit der Frauen gegeben wurde. Dieses Abkommen sollte von der „Ständigen Verfassung" abgesichert werden, und wenn dieses Abkommen nicht eigenständig erwähnt wird, dann existiert in der Zukunft kein Gesetz, das die bisherigen Errungenschaften der Frauen schützt. Ich will dies den Frauen bewusst machen. Leider sind die sudanesischen Frauen nicht vereinigt. Es existiert keine nationale Vereinigung der Frauen. Jede politische Partei hat ihre eigenen Pläne und ihre eigene Arbeit und ihre eigenen Errungenschaften; aber die Errungenschaften werden in alle Winde zerstreut sein. Meine Hoffnung ist jetzt nur, dass die Regierung zumindest das beschützen wird, was wir Frauen bisher erreicht haben. Aber bisher hat die Ständige Verfassung (Permanent Constitution) nichts abgesichert.

Die sudanesischen Frauen sollten sich vereinigen und sich nicht verzetteln. Aufgrund dieser Uneinigkeit haben wir Frauen bei den Konferenzen sehr viel verloren, denn die Parteien arbeiten nur für ihre Politik und nicht für die sudanesischen Frauen. Wir haben die Unterstützung von UNICEF und anderen Organisationen verloren, weil wir uns nicht einig sind.

Ich weiß im Moment noch nicht, was ich machen werde. Ich wurde von der Regierung suspendiert, da die politische Situation nicht klar ist. Ich möchte privat arbeiten, aber wie? Momentan beginne ich gemeinsam mit einer Freundin ein Kleingewerbe. Wir wollen Frauenkleidung aus sudanesischer Baumwolle herstellen. Ich bin für die Öffentlichkeitsarbeit verantwortlich. Ich kann ihr sehr helfen, da ich nationale und internationale Erfahrungen habe. Aber ich möchte eigenständig sein; denn die Arbeit bei meiner Freundin ist nicht sicher. Falls wir eine islamische Regierung bekommen, wird es uns Frauen vielleicht nicht gestattet sein, zu arbeiten. Die Männer werden eifersüchtig sein, denn wir sind die ersten, die sudanesische Kleidung exportieren werden. Wir werden unser Bestes tun, und wir haben noch viele Pläne. Aber haben wir eine Garantie für die Zukunft?

Was rätst du den sudanesischen Frauen?
Mein Rat an die sudanesischen Frauen ist: Bildet euch! Bildet euch und eure Kinder! Vereinigt euch, denn die Frau ist das Herz aller Dinge! Wenn man Sudan sagt, dann heißt es, Sudan ist weiblich, und das heißt Mutter. Die Frau ist alles. Wenn sie die Chance bekommt, Kontrolle auszuüben, so kann sie ein Gleichgewicht herstellen. Die Frauen sollten sich ihrer Vergangenheit und der Traditionen erinnern. Aber sie sollten schlechte Bräuche wie die weibliche Beschneidung abschaffen und die Erfahrungen nutzen. Sie sollten ihre Kinder in diesem Sinne erziehen und nicht nur abhängig sein von Familie und Ehemann. Sie sollten einen Teil ihrer Zeit für die bessere Stellung der Frau in der Gesellschaft einplanen. Die Frau muss stark sein. Sie muss unabhängig sein. Sie muss ihren eigenen Charakter entwickeln. Sie kann all das durch Bildung erreichen. Wo Bildung ist, da ist Entwicklung. Wenn wir uns nicht bilden, dann werden wir immer unterentwickelt bleiben!

Einige Wochen nach dem Interview erfolgte ein militärischer Umsturz, der von der National Islamic Front unterstützt wurde. Der Sudan verlor seine Demokratie. Bis heute sind National Islamic Front und Militär an der Macht. Über Amiras heutigen Aufenthalt konnte bisher nichts in Erfahrung gebracht werden. Vielleicht ist sie – wie viele Gleichgesinnte – nach Kenia, USA oder England ausgewandert?

MUNIRA
Liebe und Betreuung erhielt ich von meiner Mutter, Großmutter und meiner Tante

Munira (48), ist mit einem Deutschen verheiratet, lebt in Deutschland und zurzeit auch in Großbritannien. Sie reist oft in den Südsudan und nach Khartum. Munira hat drei Kinder, einen Sohn und zwei Mädchen. Sie studiert momentan Marketing und Design (Interior Design) in London.

Kindheit und Bildung

Ich bin im Südsudan geboren und dort aufgewachsen. Aufgrund meiner Erziehung und meines kulturellen Erbes fühle ich mich nicht ausschließlich als Südsudanesin. Liebe und Betreuung erhielt ich von meiner Mutter, Großmutter und meiner Tante. Meine Tante war, während ich im Südsudan aufwuchs, mit dem König der Anuak (Stamm meiner Mutter) verheiratet.

Ich habe zwei Brüder und drei Schwestern, die zurzeit alle in Europa leben. Ich liebe meine Familie sehr und bin meiner Mutter sehr dankbar, die leider schon vor 25 Jahren starb. Sie hatte ein sehr schweres Leben und musste hart arbeiten, um uns Kindern eine gute Bildung zu ermöglichen. Durch die Unterstützung unserer Mutter sind wir alle im Leben gut vorangekommen.

Ich habe im Südsudan Schulen besucht, die in englischer und arabischer Sprache unterrichten. Nach dem Ausbruch des zweiten Bürgerkriegs zwischen Nord- und Südsudan ist unsere Familie von Malakal im Südsudan nach Khartum umgezogen. Meine jüngeren Geschwister besuchten daher die Schulen in Khartum. Der Unterricht ist dort nur in arabischer Sprache.

Frauenstatus und Beruf

Seit dem *Comprehensive Peace Agreement 2005* (Friedensabkommen zwischen Nord- und Südsudan) hat sich die Situation für Frauen im Südsudan verbessert, zumindest für Frauen mit entsprechender Bildung bzw. Ausbildung. Wir, die gebildeten Frauen, fühlen uns verpflichtet, die Frauen über ihre jetzigen Rechte zu informieren. In der Tradition ist es üblich, Mädchen schon mit 14 Jahren zu verheiraten, da der zukünftige Ehemann an den Brautvater den Brautpreis zahlen muss. Der Brautpreis der meisten Volksgruppen im Südsudan sind Kühe. Die Familie der Braut benötigt die Kühe für die Mitgift eines Sohnes für seine zukünftige Braut. Diese Vorgehensweise des Brautpreises ist vergleichbar mit der Mitgift in anderen Kulturen. Im Sudan ist es heute mehr eine symbolische Transaktion.

Seit dem Friedensabkommen sind Frühehen nicht mehr erlaubt, da junge Mädchen sonst keine Bildungschancen haben. Sie sind Hausfrauen und Mütter bevor sie sich entscheiden können, ob sie heiraten wollen oder Bildung und Beruf vorziehen. Mädchen müssen sich bewusst sein, was ihnen zusteht. Sie müssen über ihr Recht aufgeklärt werden und stark genug werden, um sich durchsetzen zu können. Sie müssen darauf bestehen, dass sie das Recht haben, zur Schule zu gehen, zu studieren und zu arbeiten.

Die Situation besonders der Frauen hat sich sehr verbessert. Viele hochgebildete Frauen, die aufgrund des Bürgerkriegs im Ausland studierten, sind zurückgekommen. Eine meiner Nichten studierte trotz des Bürgerkriegs in Khartum unter schrecklichen Bedingungen. Sie hatte als Mädchen aus dem Süden im Norden große Probleme. Ich bewundere sie, dass sie trotz der beängstigenden Situation ihr Studium beendete.

Heute studieren viele Südsudanesen in Europa, Australien und den USA. Das wird für den Fortschritt in Zukunft von großem Nutzen sein. Die Mehrheit der Frauen wird ihr Studium beenden und dann hoffentlich in die Heimat zurückkehren. Wir haben jetzt schon viele Ärztinnen, Ingeneurinnen, weibliche Polizeioffiziere und sogar Verkehrspolizistinnen.

Wir haben aufgrund der Machtaufteilung im Südsudan Parlament 6 Ministerinnen, da 25% der Mitglieder der Regierung weiblich sein müssen. Außerdem hat jeder der 10 Staaten im Südsudan ein eigenes Parlament, ein Mitglied muss eine Frau sein.

Es bildet sich ebenfalls die Tendenz, dass Ehen zwischen Frauen aus dem Süden und Männern aus dem Norden akzeptiert werden.

Zwar gab es diese „Mischehen" schon seit Jahrzehnten, aber man redete nicht öffentlich darüber. Diese Ehen werden heute akzeptiert und vielleicht wird sich daraus in Zukunft auch mehr Verständnis und Respekt zwischen Nord und Süd entwickeln.

SOFYA
Nach sieben Monaten habe ich endlich meine Scheidungsurkunde erhalten. Ich bin sehr erleichtert und glücklich.

Farida (46), die jüngste Tochter einer deutschen Mutter und eines sudanesischen Vaters, wurde in Omdurman geboren. Sie hat noch zwei ältere Schwestern und zwei jüngere Brüder. Ihre Mutter ist gelernte Bankkauffrau, doch nach der Hochzeit und fünf Kindern war sie ausschließlich Hausfrau. Der Vater, ein hoher Offizier in der sudanesischen Armee, starb überraschend vor vielen Jahren. Farida ist groß und schlank. Sie ist attraktiv und sieht viel jünger aus. Sie hat einen angenehmen entschlossenen Charakter. An der Universität Khartum studierte sie Volkswirtschaft. Sie hat sehr jung geheiratet, ist Mutter von zwei Söhnen (19 und 20 Jahre) und seit einem Jahr geschieden. Beide Söhne studieren in Khartum Maschinenbau.

Kindheit
Ich hatte eine angenehme Kindheit mit islamischem Hintergrund. Meine Schwestern und Brüder sind alle Akademiker. Die ersten drei Jahre meines Lebens verbrachte ich mit meiner Familie in Deutschland. Mein Vater war dort an der sudanesischen Botschaft angestellt. Ich habe einen katholischen Kindergarten besucht. Später ging ich auf eine katholische Schule.

Wir lebten in einem großen Haus und wir Kinder hatten eine sehr glückliche Kindheit.

Als ich noch Studentin an der Universität Khartum war, starb mein Vater ganz plötzlich.

Das war ein schrecklicher Schock für uns alle. Dadurch dass wir einen engen Zusammenhalt in der Familie hatten, haben wir dieses schreckliche Ereignis durchstehen können. Meine Mutter und wir Geschwister haben darum gekämpft, dass wir in unserem Haus gemeinsam ohne unseren Vater leben konnten. Das ist im Islam nicht üblich, aber wir wollten unabhängig von der sudanesischen Familie sein. Nur eine meiner Schwestern hat zu der Zeit gearbeitet und Geld verdient. Die anderen haben noch studiert. Da wir wenig Geld besaßen, hat meine Mutter für Freunde genäht. Nachdem ich mein Studium beendet hatte, habe ich für deutsche Firmen gearbeitet, weil ich neben Arabisch fließend Deutsch und Englisch schreibe und spreche.

Ehe und Kinder
Mit 24 Jahren habe ich einen Lehrer geheiratet. Ich habe ihn durch Freunde und Verwandte kennengelernt. Mein Mann ist 21 Jahre älter als ich. Wir lebten in einem Teil des Hauses meiner Schwiegereltern. Seit einem Jahr bin ich von meinem Mann geschieden. Aber ich habe noch immer ein gutes Verhältnis zu meiner Schwiegermutter, meiner Schwägerin und einer Tante.

Die ersten Jahre meiner Ehe waren normal. Ich habe für ausländische Firmen gearbeitet. Aber nachdem mein erster Sohn geboren wurde und ich kurz darauf wieder schwanger wurde, habe ich aufgehört zu arbeiten. Ich war eine glückliche Mutter und habe versucht, mein Wissen, das ich von meinen Eltern gelernt habe, an meine Söhne weiterzugeben. Nach einigen Jahren wurde das Verhältnis zwischen meinem Mann und mir ein bisschen schwierig. Der Altersunterschied war wohl der Hauptgrund. Ich hatte das Gefühl, dass mein Mann zu alt war für kleine Kinder. Mein Mann war auch sehr eifersüchtig. Ich durfte nicht allein zum Markt gehen. Obgleich ich eine sehr konservative Einstellung habe und ich ihm niemals Grund zur Eifersucht gegeben habe, wurde er immer strenger. Ich habe das Haus nur verlassen wenn es notwendig war und immer in Begleitung seiner Schwester, die noch immer eine enge Freundin von mir ist. Später haben mich auch meine Söhne begleitet.

Aber dann verlor mein Mann seine Arbeit und war sehr verärgert. Das beeinflusste unser Familienleben sehr. Als meine Söhne 10 und 11 Jahre waren, ist eine deutsche Firma an ihn herangetreten, um ihn zu fragen, ob ich bei ihnen arbeiten könnte. Er war damit einverstanden und ich wurde wieder berufstätig. Es war eine große Chance für mich. Jetzt wurde mit klar, wie abgeschnitten ich 11 Jahre von der „Welt" war. Denn mein Mann war sogar dagegen, dass ich meine Großfamilie besuchte. Er war nicht glücklich, wenn ich mit meiner Schwester oder Mutter das Haus verließ.

Aber meine Söhne waren sehr glücklich, dass ich die Arbeit bekommen habe und sie unterstützten mich. Nach einigen Jahren ärgerte sich mein Mann sogar, wenn ich mit seiner Schwester oder meinen Söhnen das Haus verließ. Er hatte keine Arbeit und ich war die Einzige, die in der Familie Geld verdiente. Meine Söhne waren sehr unglücklich über diese Situation und besonders der jüngere rebellierte manchmal gegen seinen Vater.

Ehescheidung

Scheidung war niemals ein Thema. Aber eines Tages, während einer lauten Diskussion zwischen meinem Mann und mir, weil ich mit meiner Schwester einkaufen gegangen war, rief mein Mann zwei männliche Verwandte als Zeugen und ließ sich von mir scheiden, indem er die Scheidung vor den beiden Zeugen aussprach. Da er und ich Muslime sind, ist das „Sharia"- Recht rechtsverbindlich, wenn ein Mann sich von seiner Frau scheiden lassen will.

Für mich war diese Scheidung ein wunderbares Gefühl. Ein schweres Gewicht schien von meinen Schultern zu fallen. Ich rief sofort meine Schwester an. Sie war mit mir zum Markt gegangen und dieser „Ausflug" hatte die Reaktion meines Mannes hervorgerufen. Das war gegen 21 Uhr. Meine Schwester wollte mich sofort abholen, aber ich habe es vorgezogen, in dem Zimmer meiner Söhne zu übernachten. Die Reaktion der anwesenden Verwandten meines Mannes war nicht überraschend. Sie haben sich ruhig verhalten, denn mein Mann ist der älteste Sohn, der sich alles erlauben kann. Am nächsten Tag übernahm mein Schwager die Angelegenheit. Er ist auch mein Cousin und Oberhaupt der Familie. Ich zog mit meinen Söhnen zu meiner Schwester und innerhalb eines Monats habe ich eine Wohnung in ihrer Nähe gemietet. Meinen Söhnen habe ich die Wahl gelassen, mit wem sie leben wollten. Sie haben sich entschieden, hauptsächlich bei mir zu wohnen. Sie besuchen ihren Vater ab und zu.

Im Islam kann der Mann innerhalb von drei Monaten die Scheidung rückgängig machen. Wenn die Frau damit einverstanden ist, kann sie zu dem Mann zurückkehren. Als ich mit meinen Söhnen und meinem Cousin zum Familienhaus meines Mannes fuhr, um meine Haushaltsgegenstände abzuholen, brachte mein Mann zwei Nachbarn als Zeugen und sagte, dass er mich wieder als seine Frau zurücknehmen wollte. Die männlichen Zeugen waren schockiert, da sie keine Ahnung hatten, für was sie geholt wurden. Ich sagte den netten alten Männern, die ich auch kannte, dass ich nicht zu meinem Mann zurückkehren will. Ich verließ dann das Haus mit meinen Haushaltsgegenständen. Aber das war noch nicht das Ende meiner Scheidung. Zwei Monate hörte ich nichts von meinem Mann, obgleich ich nach Islamischen Recht noch immer mit ihm verheiratet war. Mit Unterstützung meines Cousins, der regelmäßig in Kontakt mit meinem Mann war, habe ich endlich nach sieben Monaten meine Scheidungsurkunde erhalten. Ich bin sehr erleichtert und glücklich.

Religion

Ich bin Muslimin und lebe nach dem Islamischen Recht. Die Stellung der Frau im Islam ist in Ordnung. Aber das Islamische Recht wird oft verzerrt ausgelegt, um es der Sichtweise der Männer und der allgemeinen Gesellschaft anzupassen.

Aber der „Böse Blick" *a'in* scheint einigen Muslimen Probleme zu machen. Ich glaube eigentlich nicht daran, obgleich ich manchmal etwas Unerklärliches fühle.

Zar-Zeremonie

Ich habe noch nie an einer *Zar*-Zeremonie teilgenommen und weiß deshalb nicht, was da genau passiert. Aber im allgemeinen denke ich, dass es ein Weg für Frauen ist, sich von der Anspannung einer unterdrückenden Gesellschaft zu befreien.

Frauen, Bildung und Beruf

Die besten Zeugnisse in sudanesischen Schulen erhalten Mädchen, die dadurch die Chance haben, an einer sudanesischen Universität zu studieren. Wenn die jungen Frauen einen akademischen Abschluss erreicht haben, fühlen sie sich sicherer und unabhängig. Familien unterstützen jetzt die Mädchen, gute Zeugnisse zu bekommen, um dann zu studieren und einen Beruf ausüben zu können. Frauen und Mädchen haben mehr Freiheit und durch ihren Beruf können sie zum Haushaltbudget beitragen. Heutzutage arbeiten Frauen in hohen Positionen. Sie arbeiten in Banken, als Ärztin und Ingenieurin. Nach meinen Erfahrungen sind junge Frauen verantwortlicher als Männer und sie werden sehr geschätzt. Ausländische Firmen bevorzugen oft junge Frauen in verantwortlichen Stellungen. Aus diesem Grund sind junge Frauen und Mädchen sehr darauf bedacht, eine gute Bildung zu erhalten.

Status und Einstellung von Frauen und Männern heute
Normalerweise akzeptieren sudanesische Männer Frauen als erfolgreiche Arbeitskollegen auf allen Gebieten. Die Anzahl der weiblichen Arbeitskräfte steigt. Für einige Männer kann es schwierig sein, die Entwicklung zu verfolgen. Aber durch die wirtschaftlichen Veränderungen muss das Land sich anpassen.

Weibliche Beschneidung (FGM)
Weibliche Beschneidung ist uralter Brauch, der Gott sei Dank bei den meisten städtischen Familien verschwindet. Heute akzeptieren die jungen Familien, dass ihre Töchter so bleiben wie Gott sie geschaffen hat.

Die Zukunft des Sudan
Wir als Frauen und Mütter sollten unsere Kinder dazu erziehen – Mädchen wie Jungen – Eigeninitiative zu ergreifen und selbstständig ihr Ziel zu erreichen. Normalerweise wollen Sudanesen mit wenig Anstrengung etwas erreichen. Ich weiß, das ist bei fast allen Arabern so, aber die Zeiten ändern sich.

Die gute Tradition der engen Familienbindung sollte beibehalten werden. Familienmitglieder besuchen sich regelmäßig und helfen, wenn immer nötig. Kinder wachsen gemeinsam auf mit ihren Kusinen und Cousins, sodass der Familienkontakt weiterbesteht.

Möchtest du lieber im Sudan, im Land der Mutter oder in einem anderen Land leben?
Seit meinem dritten Lebensjahr lebe ich im Sudan und ich sehe das Land als meine Heimat an. Doch Deutschland ist meine zweite Heimat und ich liebe es, dort meinen Urlaub zu verbringen.

SAMIRA
Das Leben ist schwer und wir haben so wenig Geld und selten Glück.

Samira (etwa 50, wie bei vielen älteren Sudanesen wurde seinerzeit ihre Geburt nicht registriert) ist schmächtig und wirkt verhärmt. Sie lacht selten, wirkt bedrückt und unglücklich.

Samira lebt in Umbedda, einem Stadtbezirk weit außerhalb von Omdurman. Hier wohnen Menschen, die von dem Luxus und Wohlstand der boomenden Hauptstadt – Khartum mit den beiden Vorstädten Omdurman und Khartum-Nord – vergessen werden. Die Häuser sind aus Lehm gebaut, bestehen meistens nur aus einem oder zwei Zimmern und sind von einer Lehmmauer umgeben. Es gibt hier keinen Wasseranschluss und oft keine Elektrizität. Wasser kaufen die Menschen von einem Mann, der mit einem Eselskarren vorbeikommt. Es existieren jetzt auch einige Gemeinschaftsbrunnen, gebohrt von nationalen und internationalen Nichtregierungsorganisationen. Die kleinen Lehmhäuser sind ohne Planung von den Menschen selbst gebaut worden. Sie werden häufig im Auftrag der Regierung von Bulldozern entfernt. Die Fahrt von Umbedda mit dem Bus oder Sammeltaxi in die Stadt dauert über eine Stunde.

Wie viele Menschen in Umbedda und Umgebung leben, ist unbekannt. Man schätzt etwa eine Million aus allen Teilen des Landes. Es sind Menschen, die auf Arbeit und Glück hoffen. Sie sehen in der Hauptstadt den Reichtum, den eine kleine Gruppe durch das reiche Ölvorkommen des Landes erzielt, und können nicht daran teilnehmen.

Kindheit

Ich bin in El Obeid (Kordofan) geboren. Mein Vater stammte aus Südkordofan, meine Mutter aus dem Südsudan. Ich bin die Älteste von 6 Geschwistern – wir sind drei Brüder und drei Schwestern. Mein Vater hatte einen guten Posten bei der Armee. Ich bin die Einzige, die einen Schulabschluss hat. Meine jüngeren Geschwister haben nur einige Jahre die Grundschule besucht. Uns ging es sehr gut, bis mein Vater starb. Er war schon älter, als er unsere Mutter als Zweitfrau heiratete. Sie war die Tochter eines Freundes von ihm. Die erste Frau meines Vaters, die nur eine Tochter hatte, lebte mit meiner Mutter und ihren 6 Kindern in einem großen Hof in El Obeid. Jede Frau hatte ihr eigenes Haus und ein drittes Haus war für die Männer und Gäste. Die erste Frau war sehr nett zu uns und unserer Mutter. Das lag sicher auch an meiner Mutter, die sehr bescheiden und höflich war. Der Streit begann erst, als unser Vater starb und die Erbschaft aufgeteilt werden sollte. Dieser Streit ist bis heute nicht beendet. Meine Mutter und die erste Frau meines Vaters sind tot. Einer meiner Brüder ist auf das Gelände eingezogen und bisher hat sonst niemand etwas geerbt.

Bildung

Nach meiner Schulausbildung hat mich mein Vater beim Militär untergebracht. Ich lernte nähen und habe die Uniformen genäht. Später war ich auch einige Zeit bei der Polizei als Wärterin im Frauengefängnis. Das war sehr hart. Die Frauen wurden auf engstem Raum mit ihren kleinen Kindern gefangen gehalten.

Ehe

Ich habe auch als Zweitfrau einen älteren Mann geheiratet. Die Kinder seiner ersten Frau hätten altersmäßig meine Geschwister sein können. Ich zog mit meinem Mann in den Südsudan. Er war auch beim Militär. Mein Vater hatte die Ehe arrangiert. Im Süden ging es mir sehr gut. Wir bewohnten ein großes Haus. Ich hatte Dienstmädchen und bekam viel Gold von meinem Mann. Ich habe vier Kinder von ihm, zwei Söhne (25, 23) und zwei Töchter (22, 18). Mein Mann trennte sich nach einigen Jahren von mir. Er lebt heute noch. Er will oder kann meine Kinder nicht sehen. Meine

Söhne sind ein paar Mal zu seinem großen Haus gegangen, aber ihre Halbgeschwister lassen sie nicht ins Haus.

Vor etwa 15 Jahren habe ich wieder geheiratet, einen Bäcker. Er verdient nicht viel. Ich habe von meinem letzten Mann 4 Kinder bekommen, zwei sind als Kleinkinder gestorben. Wir wohnen in Umbedda und alles ist sehr schmutzig. Kinder werden hier immer krank und Medizin können wir nicht bezahlen. Meine beiden jüngsten Kinder sind gestorben. Meine ältesten Söhne sind 10 und 12 Jahre alt, sie leben bei mir. Ihren Vater habe ich verlassen. Ich konnte mich nicht mit ihm vertragen. Aber obgleich er sehr wenig verdient, gibt er mir für die Kinder immer etwas Geld. Am Wochenende holt er die Jungen ab und verbringt den Tag mit ihnen bei seiner Familie. Beide Jungen gehen zur Schule, der Vater besteht darauf.

Arbeit

Ich kann nicht mehr hart arbeiten. Ich helfe aus bei Hochzeiten und Beerdigungen und bei meiner jüngeren Schwester, die einen wohlhabenden Mann geheiratet hat. Ich bin viel umgezogen. Da ich selten die Miete bezahlen kann, muss ich immer wieder das Haus verlassen. Mein Leben ist nicht einfach. Ich kann mir und meinen Töchtern selten eigene Kleidung kaufen, wir bekommen von meiner Schwester oft das, was sie und ihre Töchter nicht mehr wollen.

Kinder

Mein ältester Sohn war beim Militär. Er kämpfte im Südsudan gegen die Rebellen. Er war viel zu jung und hat viel Schreckliches gesehen. Jetzt ist er nervlich krank, hat oft Angst und kann nicht mehr arbeiten. Mein zweiter Sohn wurde von meiner Mutter adoptiert. Als meine Mutter starb, hat meine reiche Schwester ihn aufgenommen. Der Mann meiner Schwester bezahlt ihm eine Ausbildung als Bauingenieur. Dafür ist mein Sohn ihm sehr dankbar und er studiert hart, um erfolgreich zu werden und genügend Geld zu verdienen.

Meine Töchter gehen noch zur Schule. Beide wollten zur Schule gehen, da sie sahen, dass ihre Kusinen durch Bildung eine Zukunft haben.

Die Jüngste (18) hat jetzt keine Lust mehr und will heiraten. Sie ist sehr hübsch und da wird es keine Schwierigkeiten geben. Dann ist sie versorgt. Meine älteste Tochter tut alles, um weiterhin zur Schule zu gehen. Sie will selbstständig werden und eigenes Geld verdienen. Sie will daher noch nicht heiraten. Ich finde es gut, dass meine Tochter so willensstark ist und unterstütze sie so weit ich kann. Aber das Leben ist schwer und wir haben so wenig Geld und selten Glück.

REHAB
Meine Mutter war sehr unglücklich, als mein Vater eine zweite Frau heiratete.

Rehab (28) ist eine gut aussehende schlanke Frau. Ihr Vater stammt aus Südkordofan, Westsudan. Rehab wurde in Omdurman geboren und ist in Khartum aufgewachsen. Ihre Mutter ist Hausfrau und die erste Frau ihres Vaters. Rehab ist das siebte von acht Kindern. Sie hat noch drei Brüder und fünf Schwestern. Rehabs Vater ist Geschäftsmann. Er besitzt mehrere Häuser, die er verpachtet, und eine Getreidemühle, die er stundenweise vermietet. Nach der Geburt des jüngsten Kindes von Rehabs Mutter heiratete der Vater eine zweite Frau, mit der er sieben weitere Kinder hat. Jede der beiden Frauen hat mit ihren Kindern in dem großen Haus einen eigenen separaten Wohnteil.

Kindheit
Ich hatte eine sehr glückliche Kindheit in Omdurman. Obgleich meine Mutter sehr unglücklich war, als mein Vater eine zweite Frau heiratete. Aber sie musste es akzeptieren. Meine Mutter hatte ihren Wohnteil auf dem Familiengelände und hielt sich dort auch immer auf. Aber wir Kinder haben zusammen gespielt und für mich war es kein Problem, meine Halbgeschwister zu akzeptieren. Mein Vater hielt sich jedoch in seiner Freizeit nur noch bei seiner zweiten Frau

auf. Meine Mutter bekommt nur wenig Geld von meinem Vater und das macht das Leben für uns alle nicht leicht.

Bildung

Mein Vater wollte, dass alle seine Kinder, Mädchen und Jungen, eine gute Ausbildung erhalten. Aber obgleich er Mieteinnahmen der Häuser und der Getreidemühle bekommt, wurde es doch schwierig für ihn, die Schulgebühren für alle seine Kinder zu bezahlen. Ich hatte Glück, ich war klug und gehörte zu seinen ersten Kindern. Da war noch Geld für die Schulgebühren. Ich habe Privatschulen besucht: Comboni School Omdurman für Mädchen, danach Omdurman Secondary School for Girls, dann die Ahlia Universität. Die Ahfad University for Girls konnte ich leider nicht bis zum Examen besuchen, da mein Vater die Schulgebühren nicht mehr bezahlen konnte. Alle Mädchen in unserer Familie haben die Secondary School besucht, aber nicht alle Jungen. Im Gegensatz zu uns Mädchen waren sie nicht daran interessiert zu lernen.

Ich begann dann selbst Geld zu verdienen und arbeitete in verschiedenen Geschäften für Telekommunikation. Später habe ich im Privatsektor gearbeitet. Zuerst im Empfang bei einer koreanischen Firma. Meine letzte Beschäftigung war bei einer australisch-sudanesischen Firma.

Für diese Firma musste ich oft ins Ausland reisen. Das hat mir sehr gut gefallen und mich sehr unabhängig und selbstbewusst gemacht. Außerdem arbeitete ich als Model für Schmuck.

Heirat, Weiterbildung und Berufstätigkeit

Gemeinsam mit Freundinnen war ich auf einer Geburtstagsparty eingeladen, und dort traf ich meinen späteren Mann. Wir kennen uns jetzt vier Jahre. Er hat einen sudanesischen Vater und eine deutsche Mutter. Wir lieben uns sehr und haben am 3. September 2007 geheiratet. Ich erwarte unser erstes Kind im Oktober 2008. Mein Vater, meine Mutter und meine Schwiegermutter waren sehr glücklich über unsere Heirat. Wir leben jetzt in Deutschland in der Nähe meiner Schwiegermutter. Ich nehme jetzt Deutschunterricht und hoffe, dass ich so schnell wie möglich eine Arbeit finde. Mein Ziel ist der Beruf Psychologin für Kinder.

Kinder

Ich liebe Kinder und möchte eine gute Mutter sein, die engen Kontakt zu ihren Kindern hat.

Bis meine Kinder verantwortungsbewusst sind und sich selbst organisieren können, werde ich mich um sie kümmern und werde alles tun, damit sie eine gute Ausbildung erhalten. Ich glaube, Deutschland ist ein guter Platz für meine Kinder. Hier können sie ihre mentalen Fähigkeiten gut entwickeln und eine gute Bildung erhalten und vielleicht auch in Deutschland arbeiten. Die Zukunft wird es zeigen.

Weibliche Beschneidung (FGM)

Ich wurde beschnitten aber nur auf die leichte Art (Sunna). Ich bin sehr gegen FGM!

Während meiner Schulzeit war ich Mitglied der Girls' Scouts (Pfadfinder) in Khartum. Wir organisierten Vorträge, um die Leute über die negativen Aspekte von FGM zu informieren. Wir gingen auch in die Schulen, um Jungen und Mädchen über die negativen Auswirkungen zu informieren. Wir organisierten Seminare, in denen wir in einfacher Sprache Mütter mit wenig Bildung aufklärten. Obgleich es verboten ist, müssen viele Mädchen auf dem Lande noch die radikale Form „Pharaonic Circumsicion" erleiden.

Wenn eine „daya" (Hebamme) trotz Verbots die radikale Beschneidung durchführt, wird sie ihre „Midwife box" verlieren, die notwendige Instrumente für Hebammen enthält. Aber man muss auch die Männer berücksichtigen, die, falls ihre zukünftige Frau noch nicht beschnitten ist, von ihr verlangen, sich noch vor der Heirat beschneiden zu lassen.

Seitdem ein Nachbarsmädchen von 10 Jahren bei einer Beschneidung starb, wird kein Mädchen in unserer Familie beschnitten.

Der „Böse Blick" „a'in"

Ja, ich glaube an den „Bösen Blick", weil er in der „Sunna" erwähnt wird. Wenn Leute „ma sha'Allah" sagen, hält es den „Bösen Blick" zurück. Aber ich glaube nicht an die Macht vom „*hijab*", ein kleiner Lederbeutel, den Leute um den Hals und/oder am Arm tragen.

Der „*hijab*" enthält Koransprüche und einige Leute glauben, dass er Unglück und den „Bösen Blick" fernhält.

Zar – ein böser Geist, der in Menschen einfährt
Ich glaube nicht an *Zar*. Außerdem hat die sudanesische Regierung *Zar*-Parties seit drei Jahren verboten.

Religion
Ich bin Muslimin und bedecke mich entweder mit dem traditionellen „*tob*" (einem Tuch von 5m x 1.20 m) oder „*hijab*", d.h. Kopftuch und ein Kleid, das meinen Körper bedeckt. Aber das Wichtigste ist nicht das Kopftuch und das lange Kleid, sondern ein angemessenes Benehmen. Ich bete regelmäßig.

Stellung der Frau, Bildung und Arbeit
Bildung ist das aller Wichtigste für jeden Menschen, aber es ist am wichtigsten für Frauen.

Gebildete Frauen arbeiten heutzutage gemeinsam mit Männern und sie beziehen dieselben Gehälter. Die Regierung unterstützt Bildung. Regierungsschulen sind frei für alle, aber die Probleme liegen außerhalb Khartums, besonders auf dem Land. Es gibt dort nicht genügend Schulen für Weiterbildung.

Frauen können entsprechend ihrer Bildung und Ausbildung arbeiten, was sie wünschen. Wir haben momentan drei Ministerinnen: Bedria Suliman (Soziales), Samia Mohamed Ahmed (Gesundheit) und Tabita Potros (Bildung).

Die gesellschaftliche Stellung von Witwen war in einigen Familien bescheiden. Wenn sie finanziell unabhängig sind, haben sie keine Probleme.

Verbieten Ehemänner ihren Frauen zu arbeiten oder zu studieren?
Überhaupt nicht, da die Lebensbedingungen so teuer sind, dass zwei Gehälter für den Lebensunterhalt notwendig sind.

Wenn der Mann wohlhabend ist, behält die Frau ihr eigenes Geld für sich selbst. Das ist die Tradition. Es ist außerdem kein Problem mehr, wenn Frauen allein, ohne Erlaubnis Ihres Mannes, reisen.

Frauen und Hochschulbildung

An den Universitäten studieren momentan mehr Frauen als Männer. Mädchen arbeiten unentwegter und erzielen bessere Zensuren, die sie brauchen, um bei den Universitäten angenommen zu werden. Mädchen wissen, dass nur mit einer guten Bildung sie eine Chance in einem männerorientierten Land haben. Früher wurden Fächer wie Medizin und Jura von Studentinnen bevorzugt. Heute sind es Ingenieur, Chemie, Betriebswirtschaft, Management und Bankwesen. Bevor sie die Erlaubnis zum Studium erhalten, müssen Studenten 45 Tage *„ezet-el-sudan"* Training für die Armee verrichten. Studenten und Studentinnen müssen nach dem Studium zwei Jahre für die Regierung arbeiten.

Die meisten Mädchen möchten nicht außerhalb der Städte arbeiten. Ihre Familien sind auch dagegen. Aber auf dem Lande werden vor allem Lehrer benötigt, daher müssen Lehrerinnen nach dem Studium auch außerhalb der Städte arbeiten. In der Vergangenheit haben Mädchen – nach Aussagen von Professoren – hauptsächlich studiert, um einen wohlhabenden Mann zu heiraten. Wenn sie dann verheiratet sind, bleiben sie zu Hause und genießen das Leben.

Heute ist das nicht mehr so. Mädchen studieren, um unabhängig zu werden. Aber es gibt da ein Problem. Viele Männer wollen keine Frau mit Hochschulbildung. Es scheint eine gewisse Unfähigkeit der Männer, Frauen mit höherer Ausbildung als sie selbst haben, zu akzeptieren. Nur um zu heiraten – wie es gesellschaftlich erwartet wird – ehelichen Mädchen Männer mit geringer Bildung.

Sudanesische Männer und ihr Verhältnis zu Frauen

Traditionell glauben die meisten Männer, dass sie zuerst kommen und dann die Frauen.

Männer essen zuerst, Frauen essen nach den Männern. Das beste Zimmer im Haus – „salun" – ist nur für Männer. Doch bei modernen Eheleute ändert sich das: Männer und Frauen sitzen und essen gemeinsam.

Gold und Geld – wie wichtig ist das für Frauen?

Alle sudanesischen Frauen lieben Gold und Geld für *„tobs"*, Kleider und Schmuck. Aber es ist auch aus Sicherheitsgründen. Vor allem, wenn ein Mann sich scheiden lässt, dann hat die Frau wenigstens ein gewisses Auskommen.

Sind sudanesische Frauen mit ihrer Situation zufrieden?
Was halten sie vom modernen Einfluss des Westens?
Der Sudan mit seinen Traditionen wie *scharia* und Betragen ist gut. Das ist wie ein Kreis.

Das Leben mit anderen Ländern zu vergleichen ist nicht gut. Mehr Freiheit ist nicht notwendig. Traditionell sollten junge Mädchen nicht mit fremden Jungen und Männern sprechen. Aber besonders Mädchen vom Lande glauben an Freiheit in jeder Hinsicht. Sie sind aber nicht für das Stadtleben vorbereitet und bekommen Probleme. Sie tragen luftige Kleidung und durch ihr Benehmen ermutigen sie die falschen Männer. Es ist wie bei einer verschlossenen Flasche: Wenn der Korken entfernt wird, gerät der Inhalt außer Kontrolle. Es gibt jetzt sehr viele illegitime Babys in Khartum. Migoma, das Waisenhaus für uneheliche Kinder, kann kaum noch Kinder aufnehmen. Geheime Abtreibungen sind das Ergebnis. Das führt zum Tod der Babys und oft auch der Mütter.

WISAM
Solange wir unsere traditionellen Rollen als Töchter, Ehefrauen und Mütter einhalten, unterstützen uns unsere Väter, Ehemänner und Brüder darin, unsere eigene Entwicklung voranzutreiben.

Wisam (32) ist eine sehr gut aussehende selbstbewusste junge Frau. Sie denkt positiv und möchte bestimmte Ziele erreichen. Ihre Mutter nennt sie „meine Freundin" und Vertraute. Neben der Unterstützung ihres Vaters hat sie ihre Weiterbildung durch viele kurzfristige Arbeiten selbst finanziert. Sie hat auch als Kindermädchen gearbeitet.

Kindheit und Bildung
Ich wurde in Halfayat Elmiluk in der Nähe von Khartum geboren. Unsere Familie gehört zu den *Shaiqiya*, einer Volksgruppe, die am

Nil im Nordsudan lebt. Es wird uns nachgesagt, dass wir sehr stolz sind und es vorziehen, innerhalb der Familie zu heiraten. Ich hatte eine sehr glückliche Kindheit. Die Art, wie meine Eltern mich und meine Schwestern erzogen, hat zu meiner Entwicklung beigetragen, dass ich so bin, wie ich heute bin. Das offene Verhältnis, das wir hatten, besonders mit meinem Vater, machte es für mich und meine Schwestern leichter, offener zu diskutieren und Meinungen auszutauschen. Ich habe auch viel durch seine akademische Bildung und Lebenserfahrung profitiert. Er ist mein Ideal. Er und meine Mutter sind meine Freunde und Berater.

Ich ging in Elhafaya zur Schule. Danach war ich Studentin an der American University in Bonn und Heidelberg. Ich habe die Universität mit einem BA in Business Administration verlassen. Daraufhin begann ich für eine internationale Organisation in Bonn zu arbeiten und später in West- und Zentralafrika (Liberia, Sierra Leone und Kongo). Momentan arbeite ich mit einer internationalen Organisation in Bonn und arbeite an dem Diplom für MBA (Master of Business Administration).

Ehe

Ich habe meinen Cousin geheiratet, den ich seit meiner Kindheit kenne, da wir an dem gleichen Ort aufwuchsen. Unsere Ehe war nicht arrangiert, aber glücklicherweise waren alle unsere Verwandten einverstanden. Wir hatten uns vor langer Zeit für die gemeinsame Ehe entschlossen. Mein Mann unterstützt meinen Bildungsehrgeiz und meine Karriere. Ich bin mit ihm als Ehemann gesegnet.

Kinder

Wir haben bisher keine Kinder. Aber ich möchte, dass meine Kinder von Anfang an mehrere Sprachen lernen. Sie sollten wenigstens zweisprachig aufwachsen, das würde ihnen helfen, andere Menschen und Kulturen zu verstehen.

Wir, mein Mann und ich, denken so. Wir möchten die Möglichkeiten für unsere Kinder dann später schon frühzeitig fördern, um eine solide Basis in Kultur und Religion, gutes Benehmen, Selbstbewusstsein und Respekt aufzubauen. Trotz alledem sollten sie für sich selbst entscheiden.

Weibliche Beschneidung (FGM/C = Female Genital Mutilation/C)
FGM/C ist eine sehr schlechte Gewohnheit. Die Leute hören jetzt viel über Todesfälle und Gesundheitsprobleme, die durch FGM hervorgerufen werden.

Der Zugang gegen FGM/C sollte mehr von innen als von außen kommen. Die Menschen akzeptieren keine Ratschläge von außerhalb. Grassroot-Arbeit ist die Antwort.

Zeremonien und Feste
Für mich sind Hochzeiten, Ramadan und die islamischen Feiertage am interessantesten.

Der „Böse Blick" – a'in — glaubst Du daran?
Es wird im Koran erwähnt (Surat Al Masad) und es ist manchmal da und es veranlasst Unbehagen für Leute, das nicht erklärt werden kann.

Zar – Zeremonie
Ich halte *Zar* für eine besondere Veranstaltung für Frauen, die psychologische Behandlung einschließt. Frauen treffen sich und atmen tief durch, außerhalb von Männerkreisen. Sie benehmen sich frei. Tanzen, singen, rauchen, zeigen ihre Kleidung und präsentieren sich.

Religion
Ich stamme aus einer muslimischen Familie. Obgleich ich nicht den *hijab* trage, bin ich doch sehr schicklich in meiner Erscheinung. *Hijab* bedeutet nach muslimischer Kleidungsordnung: den ganzen Körper bedecken, ausgenommen sind Gesicht, Hände und Füße. Ich möchte den *hijab* später irgendwann gern tragen. Da ich in Deutschland lebe, ist der Ramadan neben den täglichen Gebeten und sich damit an Gott zu erinnern, die äußerste Vorgehensweise, den Islam zu praktisieren. Es ist voll von heiligen und spirituellen Gefühlen.

Unsere traditionelle Kleidung *tob* ist die Kleidung, die ich bevorzuge und ich finde sie schön, schicklich und modisch. Der *tob* verleiht den sudanesischen Frauen besondere Eleganz und Stolz.

Doch es ist nur für unser heißes Klima geschaffen, das macht es leider beschwerlich, ihn im deutschen Wetter und zu deutschen Aktivitäten zu tragen.

Frauenstatus, Bildung und Beruf
Ich glaube, Frauen erhalten einen höheren Status durch bessere Bildung. Durch einen akademischen Grad haben sie die Möglichkeit, hohe Positionen in Berufen zu bekommen. Bewusstsein ist das Beste für Frauen. Mit guter Bildung und Ehrgeiz können sudanesische Frauen hochrangige nationale und internationale Stellungen erreichen. Auch die Gesellschaft öffnet sich. Sie akzeptiert Frauen mit Bildung und Karriere in und außerhalb Sudan. Viele von uns reisen ins Ausland zum Studium und um Erfahrung zu sammeln, und wir werden sogar von unseren Vätern, Ehemännern und Familien dabei unterstützt.

Bevorzugtes Studium, Berufswünsche
Ich glaube, sudanesische Mädchen in und außerhalb Khartums können und sind fähig, das zu studieren, was sie interessiert. Wir können sehen, in welchen zahlreichen Positionen und Feldern Frauen involviert sind. Ärztinnen Ingenieurinnen, Regierungsangestellte, Ministerinnen, Geschäftsfrauen, Geologinnen, Bankangestellte usw. Ich glaube, solange wir unsere traditionellen Rollen als Töchter, Ehefrauen und Mütter durchführen, erlauben und unterstützen uns unsere Väter, Ehemänner und Brüder, unsere eigene Entwicklung voranzutreiben.

Sudanesische Männer und ihre Einstellung gegenüber Frauen
Traditionell, glaube ich, sehen unsere Männer Frauen nicht als Gleichgestellte. Auch gebildete Männer tun nur so, als ob sie ihre Frauen als Gleichgestellte akzeptieren. Trotzdem erwarten sie von ihnen, dass sie die traditionellen Normen und Werte weiterführen. Das Gleiche gilt für eine traditionelle Frau, obgleich sie unabhängig und erfolgreich in ihrer Karriere ist, wird sie den Standard der traditionellen Hausfrau halten. Es gibt natürlich Ausnahmen mit dominanten Frauen Aber in der sudanesischen Kultur sind es nur wenige.

Gold und Geld – wie wichtig sind sie für dich?
Ich verstehe das Konzept Sicherheit für die Frauen. Aber ich bin gegen das zur Schau stellen von Reichtum, wo bei sehr viel Gold zur Schau gestellt wird.

Modernität – Internet Einfluss
Es kommt darauf an, wie Internet benutzt wird. Wie der oder die Benutzer dieses Werkzeug nutzen. Es kann beides sein: guter oder schlechter Einfluss. Für mich ist das Internet ein wichtiges Hilfsmittel.

ZIRYAB
Meine Mutter war Lehrerin. Sie arbeitete nach dem Tod meines Vaters als alleinerziehende Mutter. Das ist im Sudan auch heute noch sehr ungewöhnlich.

Ziryab (58), ist im Vergleich mit sudanesischen Frauen ihres Alters sehr informiert über die Möglichkeiten des modernen Lebens. Sie gehört zur Volksgruppe der Shaiqiya (aulad al bahr = Nilbewohner), die sich selbst als herrschenden Stamm gegenüber angrenzenden sudanesischen Volksgruppen bezeichnet. Ziryab ist verheiratet. Sie hat fünf Töchter und drei Enkel. Den größten Teil ihres Lebens hat sie im Sudan verbracht. 1995 zog sie mit ihrer Familie nach Deutschland, um sich ihrem Mann anzuschließen, der in Deutschland arbeitete, nachdem er an der Universität Heidelberg seinen Doktortitel erhielt. Sie ist jedoch regelmäßig in ihrer Heimat. Doch Deutschland gab ihr die Chance, viele Dinge zu tun, die für sie im Sudan nicht möglich wären. Sie verlässt ohne Begleitung ihr Haus. Sie ist sehr an Technologie interessiert. Sie benutzt einen Computer, sendet SMS und Emails. Jetzt lernt sie schwimmen, Fahrrad fahren und besucht Kurse der Volkshochschule und des DAAD. Außerdem ist sie ein aktives Mitglied beim Internationalen Frauenzentrum in Bonn.

Kindheit und Bildung
Ich bin das dritte von vier Kindern – zwei Jungen und zwei Mädchen. Mein Vater starb, als ich zwei Jahre alt war. Meine Mutter

lehnte es ab, wieder zu heiraten, wie es die Familie vorschlug. Sie war Lehrerin und arbeitete als alleinerziehende Mutter. Das ist im Sudan auch heute noch sehr ungewöhnlich.

Meine Mutter, Farahin, arbeitete sehr hart, um uns Kindern eine gute Bildung geben zu können. Um zusätzlich Geld zu verdienen, nähte sie Kleider für Frauen aus Halfaya, unserem Dorf in der Nähe von Khartum, in dem fast nur Verwandte von uns wohnen. Später wurde meine Mutter Schulinspektorin. Sie war eine bekannte und geachtete Frau. Außerdem sind ihre Gedichte berühmt.

Ich besuchte die Evangelische Schule in Khartum und danach die Oberschule. Dort studierte ich Englisch, Arabisch und Schreibmaschine schreiben. Nach dem Schulabschluss arbeitete ich für SUDANOW, eine englischsprachige Zeitung in Khartum. Anschließend war ich in London für die sudanesische Botschaft sechs Monate tätig. 1974 habe ich geheiratet. Ich habe nach meiner Heirat aufgehört zu arbeiten und lebte mit meinem Mann in Khartum.

Familienleben

Mein Mann ist ein Cousin von mir. Wir kannten uns seit unserer Kindheit. In London einigten wir uns zu heiraten. Danach fragte er meine Mutter und einen Onkel, ob sie mit unserer Heirat einverstanden seien. Sie gaben ihre Zustimmung und freuten sich, dass mein zukünftiger Mann aus unserer Großfamilie stammte. Ich wurde gefragt, ob auch ich zustimmen würde, da ein anderer Heiratsantrag von außerhalb vorlag. Ich habe meinen Cousin gewählt, da Ehen zwischen Mitgliedern unserer Großfamilie immer noch vorgezogen werden. Mein Ehemann ist ein aufgeschlossener Mann. Er hat mich nicht davon abgehalten, mein Deutsch zu verbessern, meine Qualifikationen in Bezug auf Internet und Computer zu erweitern und Mitglied von einer Frauenorganisation, die im sozialen Bereich tätig ist, zu werden.

Kinder

Ich habe fünf Mädchen, sie sind 32, 29, 27, 23, 19 Jahre alt. Zwei von ihnen wurden im Sudan geboren, drei in Deutschland. Alle sind im Sudan zur Schule gegangen. Sie sollten in der sudanesischen Tradition aufwachsen. Eine Tochter hat ihren Schulabschluss im Sudan gemacht. Die anderen Mädchen haben ihren Abschluss in der arabischen Schule in Bonn gemacht, die 1995 in Bonn eröffnet wurde. Eine meiner Töchter lebt und studiert in den USA. Sie hat einen Cousin geheiratet und ist mit ihm in die USA immigriert. Drei Töchter, ebenfalls mit Verwandten verheiratet, leben und arbeiten in Deutschland. Sie studieren weiterhin. Die jüngste Tochter ist noch nicht verheiratet, sie studiert seit kurzem BWL in Bonn.

Ich wünsche meinen Töchtern und ihren Ehemännern alles Glück und dass sie ihre Kinder genau so erziehen, wie mein Mann und ich es getan haben.

Weibliche Beschneidung (FGM)
FGM ist eine schlechte Gewohnheit, die im Sudan langsam verschwindet.

Die Mütter und junge Menschen lernen in Seminaren, über Radio und über das Fernsehen, dass FGM ein abscheulicher und gefährlicher Brauch ist.

Die Beschneidung von Jungen wird jetzt in Krankenhäusern durchgeführt, auch ohne ein Fest zu feiern.

Zeremonien und Feste
Hochzeiten und religiöse Feste wie Ramadan sind für mich die wichtigsten Veranstaltungen.

Zar-Zeremonie
Ich denke, *Zar* ist eine sehr gute Therapie für Frauen, die Probleme haben.

Die Musik entspannt die Frauen. Es ist eine Art psychologische Behandlung. Viele Frauen nehmen nur am *Zar* teil, um die Musik und die Gesellschaft anderer Frauen zu genießen. Der Trommelschlag erinnert mich an die Reaktion und den Tanz der Derwische bei Mohamed el Nil in Omdurman.

Religion
Ich bin eine muslimische Frau und ich bete jeden Tag zu Hause. Jeden Abend, bevor ich einschlafe, lese ich einen Teil aus dem Ko-

ran. Das, was die islamischen Terroristen machen, ist gegen den islamischen Frieden.

Frauenstatus und Beruf/Arbeit

Die meisten Frauen kennen ihre Rechte, z.B. dasselbe Gehalt wie Männer für dieselbe Arbeit. Gebildete Frauen haben mehr Chancen und einen höheren Status in der Gesellschaft. Wir haben heute im Sudan zum Beispiel drei Frauen in folgenden Ministerien: Gesundheit (Tabitha), Soziales (Samia), Handel (Najad Hassan). Männer unterstützen heutzutage Frauen beim Lernen, da das Gehalt der Frauen für den Haushalt, die Ausbildung der Kinder, die medizinische Behandlung usw. benötigt wird.

Bevorzugte Fächer der Studentinnen

Mädchen und Frauen können studieren, was sie wollen, so lange sie die Basis dafür besitzen. Sie können jetzt auch überall arbeiten, wo immer sie wollen, auch in gefährlichen Gebieten wie Darfur. Sie wollen Arbeit und Unabhängigkeit.

Eine Universität ist auch ein guter Platz, andere Studenten und Studentinnen kennenzulernen. Eine große Zahl der Bekanntschaften endet mit der Heirat. Die meisten Männer ziehen es vor, gebildete Mädchen zu heiraten.

Einstellung der Männer zu Frauen

Wie überall behandeln einige Männer ihre Frauen schlecht, besonders die ungebildeten.

Moderne und Einfluss der westlichen Kultur?

Es besteht ein großer kultureller Unterschied zwischen Städterinnen und Frauen aus ländlichen Regionen. Man findet die Moderne und den Einfluss der westlichen Kultur in den Großstädten, vor allem in der Hauptstadt Khartum. Dagegen halten Frauen aus fernen ländlichen Regionen noch immer an der Tradition und alten Gewohnheiten fest. Dort sollte der Schwerpunkt der Entwicklung gelegt werden, um schlechte Gewohnheiten wie FGM und Gesichtsnarben auszurotten, wie auch die Verbesserung von Bildung und medizinischen Einrichtungen voranzubringen.

Rehab   Nada

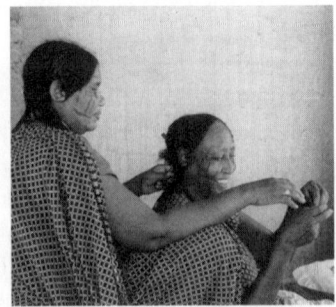

Bilgiz und ihre Mutter   Aisha beim Haareflechten

Fatma

Ziryab und Ehemann mit Enkel

246

Ikhlas und Zeinab Hassan

Mädchen – Zukunft des Sudan

Projektleiterin
aus dem
Südsudan

Glossar

agid	Heiratsvertrag
agriba	Blutsverwandte
a'ib	Schande
'amm	Verwandte väterlicherseits
arab	Sudanesen benutzen dieses Wort für die Bezeichnung für Nomaden.
arusa	Braut
,asaba	Blutsverwandte väterlicherseits
bikr	(klass.Arab. buka) Trauerfeierlichkeiten
e'id al fitr	Festtage nach dem Ramadan Fasten-monat
e'id al dahiya	Festtage, 60 Tage nach dem *eid alfitr* Rückkehr der Pilger aus Mekka. Hammel werden geopfert.
a'in	Der Böse Blick
faki	Heiliger Mann, oft Lehrer einer Koranschule. Der Faki schreibt Verse aus dem Koran auf Papier- oder Stoffstückchen, die dann in kleinen Leder- und Metall-Amuletten *(hijab)* am Arm oder um den Hals getragen werden. Sie sollen eine Schutzfunktion für den Träger darstellen. Der *Faki* wird auch in Krankheitsfällen zu Hilfe gerufen.
hadith	schriftliche Überlieferungen des Propheten Mohammed
haram	bedeutet „verboten", z.B. Alkohol und Schweinefleisch
hosh harem	verbotene Frauenquartiere
halawa	etwas Süßes, auch Kosmetika für Frauen. Es wird beim Entfernen der Körperhaare benutzt. Eine Substanz aus Zucker, Zitronensaft und Wasser wird gekocht, bis eine klebrige Masse entsteht, die auf behaarte Körperteile gerollt und abgezogen wird.
henna	rotbrauner Farbstoff, aus den Blättern der Henna Pflanze gewonnen, zum Haare färben und für Körperdekorationen
higsa	unrein (nicht beschnittene Frau)
hijab	Amulett (s. Faki)
Infibulation	Bezeichnung im Sudan „Pharaonische Beschneidung" und seit 1946 verboten (Abschnitt Genitalverstümmelung)

karama	Sittsamkeit der Frau und Ehre des Mannes. Der Begriff beinhaltet auch eine Opfergabe an Gott zu besonderen Gelegenheiten, z.B. Geburt, Genesung nach Krankheit.
khal	Verwandte mütterlicherseits
khalwa	Koranschule
kisra	Hirsefladen, neben azida (Hirsebrei) Grundnahrungsmittel der Sudanesen
Koran	Heiliges Buch des Islam
lachma	Blutsverwandte mütterlicherseits
Mahdi	Wort bedeutet Messias. Im Sudan wird Mohammed Ahmed (1843–1885) aus Dongola so genannt, ein charismatischer Anführer, der mit seinen Anhängern die türkisch-ägyptischen Besatzer bekämpfte und besiegte. Dabei wurde der von Großbritannien eingesetzte General Gordon getötet. 1899 sandte die britische Regierung General Kitchener in den Sudan, um den Aufstand der Mahdisten niederzuschlagen. Anschließend wurde der Sudan bis 1956 eine Kolonie Großbritanniens.
mazoum	Amtierender Geistlicher, der die Aufsicht über die Unterzeichnung des Ehevertrages führt.
muslim brothers/ sisters	Mitglieder der Fundamentalistischen Islamischen *Muslim Brotherhood* Bewegung
nasaba	angeheiratete Verwandte
Omda	Ombudsmann
rih	bedeutet Wind
rih at-tahara	reinigender Wind (in der *Zar*-Zeremonie)
sharaf	Familienehre
schariʿa (scharia)	Islamisches Gesetz
Scheich/Scheicha	bedeutet Ältester, Ehrentitel für islamische Geistliche und Gelehrte
sunna	bedeutet Tradition, die überlieferten Aussprüche und Lebensgewohnheiten des Propheten Mohammed als Richtschnur des islamischen Lebens. Im Sudan wird auch die mildeste Form der weiblichen Beschneidung *sunna* genannt.
tob	auch traditionelles äußeres Gewand der sudanesischen Frauen. Es besteht aus einem fünf Meter langen Stoffstück, das um den Körper und den Kopf gewunden wird; das Gesicht wird nicht bedeckt.
zar	Geisterbeschwörung, (s. Art. *Zar*)